ACCESO GRATIS *a la Lectura en la Nube*

Para visualizar el libro electrónico en la nube de lectura envíe junto a su nombre y apellidos una fotografía del código de barras situado en la contraportada del libro y otra del ticket de compra a la dirección:

ebooktirant@tirant.com

En un máximo de 72 horas laborales le enviaremos el código de acceso con sus instrucciones.

La visualización del libro en **NUBE DE LECTURA** excluye los usos bibliotecarios y públicos que puedan poner el archivo electrónico a disposición de una comunidad de lectores. Se permite tan solo un uso individual y privado

LA VIOLENCIA SOBRE LA INFANCIA Y SU PROTECCIÓN EN EL SISTEMA PENAL

LA VIOLENCIA SOBRE LA INFANCIA Y SU PROTECCIÓN EN EL SISTEMA PENAL

Silvia Sempere Faus
DIRECTORA

tirant lo blanch
Valencia, 2024

En caso de erratas y actualizaciones, la Editorial Tirant lo Blanch publicará la pertinente corrección en la página web www.tirant.com.

Añadir en la página del copyright esto:

La presente obra ha sido sometida a la revisión de pares ciegos según el protocolo de publicación de la editorial a efectos de ofrecer el rigor y calidad correspondiente tanto en su contenido como en su forma, aplicándose los criterios específicos aprobados por la Comisión Nacional E 016 (BOE num. 286, de 26 de noviembre de 2016).

Esta publicación ha sido financiada con la ayuda TSPUNI/2022/46/16

EDITA: TIRANT LO BLANCH
C/ Artes Gráficas, 14 - 46010 - Valencia
TELFS.: 96/361 00 48 - 50
FAX: 96/369 41 51
Email: tlb@tirant.com
www.tirant.com
Librería virtual: www.tirant.es
DEPÓSITO LEGAL: V-696-2024
ISBN: 978-84-1197-432-5

Si tiene alguna queja o sugerencia, envíenos un mail a: *atencioncliente@tirant.com*. En caso de no ser atendida su sugerencia, por favor, lea en *www.tirant.net/index.php/empresa/politicas-de-empresa* nuestro procedimiento de quejas.

Responsabilidad Social Corporativa: http://www.tirant.net/Docs/RSCTirant.pdf

Índice

Las competencias autonómicas para erradicar la violencia contra la infancia y la adolescencia: una visión panorámica desde la Comunidad Valenciana

BORJA SÁNCHEZ BARROSO
Prof. Acreditado como Contratado Doctor de Derecho Constitucional
Universidad Católica de Valencia San Vicente Mártir

I. INTRODUCCIÓN

No podemos comenzar esta contribución sin un agradecimiento sincero a la Prof. Dra. Silvia Sempere, que organizó las II Jornadas Científicas en torno a "*La violència sobre la infància i l'adolescència en l'àmbit de la Comunitat Valenciana des d'un prisma multidisciplinari: especial referencia a la Llei 26/2018*", y ahora coordina la presente obra. Unas jornadas y una obra absolutamente pertinentes, necesarias y de gran actualidad, especialmente tras el marco dibujado por la Ley Orgánica 8/2021, de 4 de junio, de protección integral a la infancia y la adolescencia frente a la violencia (en adelante, "LOPIVI"). Como es de sobra conocido, esta norma ha venido a incidir fuertemente sobre la protección de la infancia y la adolescencia en España, un ámbito donde las Comunidades Autónomas ("CCAA") habían asumido tradicionalmente un encomiable liderazgo. Incluida la Comunidad Valenciana, a la que tomaremos como referencia, y su avanzada Ley 26/2018, de 21 de diciembre, de la Generalitat Valenciana, de la Infancia y la adolescencia (la "Ley 26/2018").

En el presente capítulo, nos apartaremos mínimamente del eje que guía la presenta obra, como es la articulación de la protección de niños, niñas y adolescentes ("NNA") en el sistema penal. Nos centraremos así en aspectos previos a la protección penal. En concreto, en la prevención, detección y reacción administrativa frente a la violencia sobre la infancia y la adolescencia y, en particular, los aspectos competenciales que afectan a esta triple labor. Sin embargo, la distancia que tomaremos es solo aparente, pues nos permitirá analizar y poner en perspectiva todos los mecanismos de protección existentes en la actualidad, que conducen como última ratio al instrumento de protección más intenso e incisivo: el sistema de protección penal.

Para analizar estos aspectos, examinaremos en primer lugar la competencia autonómica en materia de infancia y adolescencia, desde una perspectiva histórica y con una mención especial a la Ley 26/2018, que ejemplifica a la perfección la interpretación tradicional de dicha competencia. En segundo lugar, analizaremos cómo ha influido la LOPIVI en el marco competencial aplicable en este ámbito, al amparo del artículo 149.1.1ª de la Constitución ("CE") que permite al Estado regular las condiciones básicas para el ejercicio de derechos constitucionales en todo el territorio nacional. En tercer lugar, examinaremos otros aspectos competenciales que, de forma indirecta pero con enorme impacto, inciden en la protección de los NNA frente a la violencia. En especial, abordaremos el reparto de legislación básica y de desarrollo entre Estado y CCAA en ámbitos como la educación, la salud o el régimen jurídico de las Administraciones Públicas, junto con otras técnicas de distribución de competencias.

II. LA COMPETENCIA AUTONÓMICA SOBRE LA PROTECCIÓN DE LA INFANCIA Y LA ADOLESCENCIA

1. Perspectiva histórica

La protección a la infancia y la adolescencia, a la cual la CE suele referirse como protección de la "juventud" en el último caso, se encuentra expresamente contemplada en diversos preceptos constitucionales[1]. El primero de ellos —art. 20.4 CE— contiene una referencia indirecta a la protección de NNA, como límite externo a los derechos fundamentales del artículo 20 CE. Los siguientes —arts. 39 y 48 CE— establecen mandatos a los poderes públicos en forma de principios rectores de la política social y económica (protección de la familia y de los hijos,

---

1 La Constitución contiene la semilla de la actual diferenciación lingüística y conceptual entre niños y adolescentes, al referirse por separado a los niños y a la juventud (arts. 20.4, 39.4 y 48 CE), por oposición a los "menores de edad". Solo se emplea implícitamente el concepto de menor edad por oposición a la mayoría de edad (12 CE) y, de forma expresa, en relación con la Corona (arts. 59 y 60 CE).

protección de los niños, promoción de la participación de la juventud…), y equiparan el nivel de protección a la infancia con el establecido en los acuerdos internacionales ratificados por España, entre los cuales destaca la Convención sobre los Derechos del Niño de 1989. Además de los anteriores, existen derechos constitucionales implícitamente referidos a la infancia y la adolescencia, como el derecho a la educación incluido en el art. 27 CE y otros que, sin estar limitados a los NNA, presentan particularidades cuando afectan a la población menor. Por ejemplo, el derecho a la intimidad personal y familiar (art. 18 CE), el derecho a la salud (art. 43.1 CE), la educación sanitaria, física y el deporte (art. 43.3 CE), la protección de las personas con discapacidad (art. 49 CE) o la defensa de consumidores y usuarios (art. 51 CE).

Sin embargo, en ninguna de estas ocasiones la CE precisa quiénes son los poderes públicos competentes para garantizar estos derechos, o los encargados de proteger a la infancia y la juventud en general. Al acudir al marco general de distribución de competencias previsto en el Título VIII CE, no encontramos una respuesta clara, puesto que la infancia o la juventud no aparecen mencionadas en los arts. 148 y 149 CE. Estos solo mencionan materias u ámbitos generales con una incidencia indirecta en la protección de menores (deporte y ocio, asistencial social, sanidad e higiene, desarrollo del art. 27 CE…). A la vista de este marco constitucional, por tanto, la protección a la infancia y la adolescencia no tendría, desde el punto de vista competencial, una sustantividad propia. Solo existiría como concepto asociado a otras materias o sectores[2].

---

2 Al analizar la asunción de una genérica competencia autonómica sobre "menores" por parte de Cataluña, el Tribunal Constitucional asumió implícitamente que se trataba de una materia en sentido

Sin embargo, ante el aparente silencio constitucional, los Estatutos de Autonomía ("EEAA") no tardaron en consagrarla como materia autónoma, de competencia autonómica, al amparo del título sobre asistencia social previsto en el artículo 148.1.20ª CE o de la primera cláusula residual del art. 149.3 CE[3]. Como es sabido, esta cláusula permite asumir a las CCAA todas las materias no atribuidas expresamente al Estado por la Constitución, lo que ha llevado a muchas CCAA a ser ampliamente creativas en la búsqueda y definición de nuevas competencias[4].

Esta asunción inicial se encontraba ligada, en la mayoría de los casos, a la protección de niños especialmente vulnerables o en situación desamparo: los EEAA se referían a la competencia sobre "protección y tutela de menores"[5] o, de forma toda-

---

propio, no incluida en el artículo 149.1 (STC 31/2010, de 28 de junio, F. J. 33.b).

3 MARTÍNEZ GARCÍA, C., "Distribución territorial de competencias en el sistema de protección a la infancia y la adolescencia en España: el encuadre normativo de la pobreza infantil en nuestra legislación", en *Presupuesto y gasto público,* n. 98, 2020, pp. 113 y ss.

4 Un ejemplo que ilustra bien este punto es la diferencia entre las "relaciones internacionales", competencia exclusiva del Estado, y las actividades de las CCAA "con proyección exterior", que muchas CCAA han asumido y el propio Tribunal Constitucional ha validado. Dicha diferencia ha sido esgrimida por el Tribunal Constitucional, por ejemplo, para anular parcialmente el Real Decreto 165/2019, de 22 de marzo, por el que se aprueba el Reglamento de Adopción internacional, en uno de los primeros casos que abordan específicamente el Derecho aplicable a la infancia desde el punto de vista competencial (STC en el conflicto positivo de competencia núm. 4088-2019, de 18 de febrero de 2021).

5 Véanse los EEAA iniciales de Asturias y Castilla-La Mancha. Ambos son analizados en RAVETLLAT BALLESTÉ, I., "Protección a la infancia en la legislación española. Especial incidencia en los malos tratos (parte general)", en *Revista de Derecho UNED,* n. 2, 2007, pp.

vía más explícita, a las "instituciones públicas de protección y tutela de menores"[6]. En el caso de la adolescencia, los EEAA emplearon fórmulas similares al artículo 48 CE, centrado en promover la participación de la juventud a todos los niveles[7]. Esta consideración de la protección de la infancia y la adolescencia ligada a la asistencia social no se vio modificada en la primera ola de ampliación de competencias autonómicas, que siguieron contemplando a los menores como objetos de especial protección junto con otros colectivos vulnerables[8]. Las numerosas leyes autonómicas de servicios sociales y de protección

---

87 y ss. Un estudio comparado sobre los diversos EEAA puede encontrarse en Ministerio de Política Territorial y Administración Pública, *Estatutos de autonomía por materias*, Madrid, Ministerio de Política Territorial y Administración Pública, 2011, pp. 16 y 314.

6 Véanse los EEAA iniciales de Andalucía, Baleares, Canarias, Cataluña, Navarra (nos referimos a la Ley Orgánica 13/1982, de 10 de agosto, de reintegración y amejoramiento del Régimen Foral de Navarra), Comunidad Valenciana o País Vasco. Para algunos autores, llama la atención la incongruencia entre el reflejo de la protección a la infancia en muchos de estos EEAA como principio rector y su paralelo reconocimiento como derecho en la legislación autonómica de desarrollo (LÓPEZ MENUDO, F., "Los derechos sociales en los Estatutos de Autonomía", en *Administración de Andalucía: revista andaluza de administración pública*, n. 73, 2008, pp. 104-105).

7 Véanse los EEAA iniciales de Andalucía, Aragón o Extremadura. Otros EEAA se referían, de forma más escueta, a la competencia sobre "juventud" o sobre "política juvenil" (Asturias -tras su reforma en 1994-, Baleares, Cantabria, Cataluña, Murcia, Navarra, La Rioja, Comunidad Valenciana o País Vasco).

8 Véanse las cláusulas competenciales empleadas en los EEAA de la Comunidad Valenciana -1982-, al que nos referiremos más adelante (art. 31.27), o Murcia en 1998 (art. 10.1.18). Se trataba para algunos de un tratamiento diferenciado justificado, propio de un Estado social (RUIZ-RICO RUIZ, G., "El Estado social autonómico: eficacia y alcance de las normas programático-sociales de los Estatutos

de menores aprobadas en las primeras décadas de vida constitucional también fueron en la misma dirección.

En paralelo, las normas estatales respetaron esta concepción competencial dibujada por los EEAA, especialmente la Ley Orgánica 1/1996, de 15 de enero, de protección jurídica del menor ("LOPJM"), considerada en su día el hito normativo fundamental para la protección de la infancia[9]. Pero también las demás leyes que modificaron parcialmente, a posteriori, el sistema español de protección de la infancia y la adolescencia[10]. En todos estos casos, el título competencial principal esgrimido por el Estado fue el establecido en el artículo 149.1.8ª CE sobre legislación civil. Se añadía, además, que las normas estatales eran legislación supletoria en materia de asistencia social (por aplicación de los artículos 149.3 *in fine* y 148.1.20ª CE), o desarrollo de derechos fundamentales con naturaleza de Ley Orgánica, sin cobertura competencial específica (considerando, parece, que encontraban amparo suficiente en el artículo 81 CE, pese a que el Tribunal Constitucional desmintió a la postre dicha posible interpretación)[11].

---

de Autonomía", en *Revista Española de Derecho Constitucional*, n. 65, 2002, p. 28).

9 ÁLVAREZ VÉLEZ, M. I. y De MONTALVO JÄÄSKELÄINEN, F., "La protección del menor como víctima frente al derecho constitucional de defensa. Aspectos constitucionales de la victimización secundaria", en *Derecho Privado y Constitución*, n. 27, 2013, p. 255.

10 Por ejemplo, la Ley Orgánica 8/2015, de 22 de julio, de modificación del sistema de protección a la infancia y a la adolescencia; la Ley 26/2015, de 28 de julio, de modificación del sistema de protección a la infancia y a la adolescencia; o la Ley 54/2007, de 28 de diciembre, de adopción internacional.

11 Véase la Disposición final vigésima primera de la LOPJM. El Tribunal Constitucional ha señalado que no debe confundirse el origen, la evolución y el fundamento de los artículos 81 y 149 CE, pese a su posible

De esta forma, se fue dibujando una distribución de competencias entre Estado y CCAA que mimetizaba la concepción sustantiva de los "menores de edad" en aquel momento. Por un lado, como hijos y miembros de una familia, que legitimaban la intervención estatal al amparo de la legislación civil. Por otro lado, como objetos de protección, con un foco particular en las situaciones de especial vulnerabilidad, para justificar la intervención autonómica al amparo de títulos referidos a la asistencia social y la tutela de grupos desfavorecidos.

Fue en la segunda gran fase de reformas estatutarias, iniciada en el año 2006 (el "*segundo proceso autonómico*" como se ha llamado o los EEAA de segunda generación)[12] cuando varios de los EEAA reformados pasaron a referirse, de forma mucho más amplia, a la promoción de los derechos de NNA, o a la competencia exclusiva sobre "menores", en vez de limitarse a la tutela de NNA en situaciones de desprotección[13]. Se adoptaba por fin, de esta forma, el cam-

---

interpretación sistemática (STC 173/1998, de 23 de julio, F. J. 7). La interpretación del art. 81 CE como norma competencial, más que como pieza del sistema de fuentes, ya había sido discutida también por parte de la doctrina (BARCELÓ I SERRAMALERA, M., *La Ley Orgánica. Ámbito material y posición en el sistema de fuentes*, Barcelona, Atelier, 2005, pp. 50-51).

12 CRUZ VILLALÓN, P., "La reforma del Estado de las Autonomías", en *Revista d'estudis autonòmics i federals*, n. 2, 2006, pp. 79 y ss.; o TUDELA ARANDA, J., "¿Reforma constitucional en clave federal? (sistematización de problemas generados por las reformas y posibles soluciones)", en *Revista de Estudios Políticos*, n. 155, 2011, p. 232.

13 Véanse los EEAA de Andalucía en 2007 (arts. 61 y 74), Aragón en 2007 (art. 71.34ª a 39ª), Cataluña en 2006 (art. 166.3) o Extremadura en 2011 (art. 9.26). Algunos EEAA han incorporado estas competencias más recientemente (EEAA de Canarias en 2018, arts. 146 y 147). En otros, las competencias sobre infancia y adolescencia permanecieron casi inalteradas. Un resumen del desarrollo autonómico en ALEMÁN BRACHO, C., "Políticas

bio de paradigma introducido hacía más de 30 años por la Convención sobre los Derechos del Niño, en paralelo al establecimiento de listas de derechos en los propios EEAA, alguno de ellos específicamente dirigidos a la población menor. Los NNA pasaron así de ser un simple objeto de protección a auténticos sujetos de derechos[14]. Y este enfoque de derechos produjo a su vez una modificación no solo sustantiva, sino también competencial, algo más inesperada.

Veremos un ejemplo claro de ello en el siguiente apartado, con la normativa de la Comunidad Valenciana. Aunque la reforma de su EEAA en 2006 no introdujo cambios expresos en las competencias autonómicas relativas a la infancia y la adolescencia, toda la normativa legal posterior sí asumió una interpretación amplia de los títulos competenciales autonómicos, ligada al enfoque de derechos propuesto en esas mismas normas. Lo analizamos con más detalle a continuación.

2. La Ley 26/2018, de 21 de diciembre, de la Generalitat Valenciana, de la Infancia y la adolescencia

La Ley autonómica 12/2008, de 3 de julio, de protección integral de la infancia y la adolescencia fue la primera norma relativa a la infancia aprobada en la Comunidad Valenciana desde la reforma de su EEAA en 2006[15]. Siguiendo las pioneras

---

públicas y marco de protección jurídica del menor en España", *Revista de Derecho Político*, n. 90, 2014, pp. 114-119.

[14] La progresiva construcción del niño como auténtico sujeto de derechos ha sido analizada en RAMIRO, J., "Los derechos de los niños en las políticas españolas para la infancia", *Revista de Derecho Político*, n. 95, 2016, pp. 128 y ss.

[15] Sobre la reforma del EEAA de la Comunidad Valenciana, vid. MARTÍN CUBAS, J., "La reforma del Estatuto de la Comunitat Valenciana", en *Revista De Las Cortes Generales*, n. 66, 2005, pp. 149-190.

actuaciones de la Comunidad Valenciana en materia de infancia y adolescencia, la ley instituyó la base de una protección integral de los NNA en toda su extensión. Por ello, aunque su preámbulo señaló expresamente que se basaba en "*la competencia exclusiva que la Generalitat tiene en materia de instituciones públicas de protección y ayuda de menores y jóvenes, de conformidad con el artículo 49.1.27.ª del Estatut d'Autonomia de la Comunitat Valenciana*", la interpretación de dicho título resultaba más amplia que la mera protección institucional de menores en situaciones de riesgo o desamparo. Como el mismo preámbulo indicaba, se trataba más bien de garantizar la protección integral de NNA "*abordando una regulación completa de los distintos órdenes competenciales que la Generalitat tiene en el ámbito de la protección del menor*", mediante avanzadas políticas de protección, educación e integración del menor dirigidas al desarrollo y a la implantación efectiva de numerosos derechos y garantías del niño. El concepto sustantivo amplio -menor como sujeto de derechos- conllevó así una interpretación extensiva del título competencial habilitante para la actuación de la CCAA.

Esta mutación competencial se consolidó posteriormente con la Ley 26/2018, de 21 de diciembre, de derechos y garantías de la infancia y la adolescencia, anterior a la LOPIVI pero actualmente vigente en la Comunidad Valenciana. En su preámbulo, la norma insiste en la inspiración normativa de la Convención sobre los Derechos del Niño, que la propia Constitución protege a través de dos mecanismos: la obligación de los padres de prestar asistencia a sus hijos menores, dentro o fuera del matrimonio, y la de los poderes públicos de asegurar su protección. No es de extrañar así que, frente a esta dualidad, la propia Ley 26/2018 reconozca la competencia del Estado para regular la situación de los NNA en cuanto hijos de familia menores de edad (al amparo del título sobre la legislación civil), pero asegure que el desarrollo de la protección integral de la infancia y la adolescencia corresponde en cambio a la

Comunidad Valenciana, unida a la defensa de los derechos sociales reconocidos en el propio EEAA valenciano[16]. El enfoque transversal de protección a la infancia y la adolescencia, que posteriormente adoptará también el Estado en la LOPIVI, permitió así a la Comunidad Valenciana interpretar su competencia sobre infancia y adolescencia en un sentido amplio. La Ley 26/2018 llega a señalar que "*con este texto se pone orden al ámbito competencial europeo, estatal y autonómico para poner en el centro de las políticas públicas a las personas menores de edad y articular el sistema valenciano de protección de la infancia y la adolescencia*".

En efecto, como la propia norma reconoce, el legislador estatal también ha regulado esta materia al amparo de sus competencias civiles, y esta "*confluencia en el ámbito de la infancia de competencias conexas hace particularmente importante, en aras de la seguridad jurídica, que entre la legislación estatal y autonómica haya una total congruencia*". Por ello, sin perjuicio de armonizar las normas de infancia valencianas y la LOPJM estatal, la Ley 26/2018 regula con gran detalle todas las políticas públicas de infancia y adolescencia en múltiples sectores, enmarcados por un extenso catálogo de principios y derechos que amplían en muchos casos los contemplados a nivel estatal: derechos asociados a la ciudadanía activa, escucha y participación infantil, derechos educativos, sanitarios... así como el principio del interés superior del NNA, la no discriminación o la prevención de la violencia en todas sus formas, entre muchos otros. La norma autonómica también articula importantes mecanismos de coordinación y cooperación con las entidades locales para la protección de la infancia y la adolescencia, a las que

---

16 Sobre el problemático reconocimiento de derechos en los EEAA, vid. *in extenso* CABELLOS ESPIÉRREZ, M. A., "La relación derechos-Estado autonómico en la Sentencia sobre el Estatuto valenciano", en *Revista d'estudis autonòmics i federals*, n. 7, 2008, pp. 106-144.

se asegura un importante papel en la promoción y defensa de los derechos de NNA.

Pese a esta ambiciosa regulación de la protección a la infancia y la adolescencia, ya comenzaron a vislumbrarse en la tramitación de la Ley 26/2018 alguno de los problemas competenciales que se suscitarían, a nivel estatal, con la posterior elaboración de la LOPIVI. Por ejemplo, el informe de necesidad y oportunidad de la norma valenciana ya apuntó que las competencias del Estado "*inciden de manera evidente en competencias exclusivas de la Generalitat, como los servicios sociales o las instituciones públicas de protección de menores*". Es más, la propia normativa estatal, sigue el informe, hace patente esta confluencia de competencias por el hecho de que la propia LOPJM reconoce su carácter supletorio frente a la legislación autonómica de las CCAA con competencias en este ámbito[17].

Además, en sentido parcialmente divergente, frente a la categórica afirmación de la memoria económica elaborada para la aprobación de la Ley 26/2018, según la cual dicha norma se funda en la competencia exclusiva de la Comunidad Valenciana sobre instituciones de protección y ayuda de menores, la Abogacía de la Generalitat manifestó en su informe sus reservas frente a parte del contenido de la norma[18]. En concreto, señaló que, probablemente por influencia del complejo enfoque transversal adoptado para abordar todo lo relacionado con el desarrollo de la infancia y la adolescencia, "*la reiteración de la*

---

17 El informe puede consultarse en: https://inclusio.gva.es/documents/610460/167365492/02+Informe+necessitat+i+oportunitat.pdf/4878a0fa-ba22-4820-b50c-94c082e32e04?t=1547552522143 (última consulta: 27-03-23).

18 En: https://inclusio.gva.es/documents/610460/167365492/03+Mem%C3%B2ria+econ%C3%B2mica.pdf/f958afc0-aefa-4bc2-9edf-7516b62e40f1?t=1547552555196 (última consulta: 27-03-23).

remisión a lo dispuesto en leyes estatales y la reproducción, en algunos casos literal, pero en otros no, de regulación estatal dictada al amparo de competencias básicas o exclusivas del Estado" podía resultar problemática[19]. Podía provocar, por ejemplo, "*riesgos y efectos no deseados (confusiones competenciales o de rango normativo, con la consiguiente vulneración del principio de seguridad jurídica)*", como la invasión de competencias estatales por parte de la CCAA[20]. Y el informe del Consejo Jurídico Consultivo de la Comunidad Valenciana apuntaba en la misma dirección. Aunque la CCAA cuenta con competencias para la protección de la infancia y la adolescencia (tanto específicas, sobre las instituciones públicas de protección, como genéricas, derivadas de la competencia sobre asistencia social), la regulación transversal establecida por la Ley 26/2018 podía presentar problemas de índole competencial, especialmente al establecer nuevos derechos cuya regulación correspondería al Estado por medio de una Ley Orgánica, como desarrollo de los derechos fundamentales preexistentes reconocidos en la Constitución[21].

---

19 En: https://inclusio.gva.es/documents/610460/167365492/10.1+Informe+de+la+Abogac%C3%ADa+General.pdf/9dea40bd-5835-4f54-91e5-85285b356554?t=1547552674546 (última consulta: 27-03-23).

20 Se toma como base la STC 25/2017, de 16 de febrero, y la jurisprudencia constitucional que en ella se cita, sobre el problema de la *lex repetita* y la potencial extralimitación competencial por esta vía (*ídem*).

21 Puede consultarse el informe en: https://inclusio.gva.es/documents/610460/167365492/11+Dictamen+Consell+Juridic+Consultiu.pdf/4b5ef61f-2087-42ac-b0ff-0dcbad735d32?t=1547552713471 (última consulta: 27-03-23).

III. LA INFLUENCIA DE LA LOPIVI EN LA COMPETENCIA AUTONÓMICA SOBRE INFANCIA Y ADOLESCENCIA

1. La LOPIVI y el problema competencial

En este contexto de difícil delimitación competencial, la reciente LOPIVI ha venido a añadir un cierto grado de complejidad adicional. En efecto, los títulos competenciales que la norma estatal expresamente cita como base son mucho más amplios que la anterior "legislación civil" citada en la LOPJM. Menciona así, por ejemplo, la regulación de las condiciones básicas para el ejercicio de derechos constitucionales (art. 149.1.1ª CE), la regulación de la nacionalidad y extranjería (149.1.2ª CE) y la regulación del régimen jurídico básico de las Administraciones Públicas (149.1.18ª), así como muchos otros títulos competenciales específicos, sobre educación, sanidad, legislación penal y procesal, seguridad pública, etc.[22] La regulación transversal que algunas CCAA ya habían adoptado, como la Comunidad Valenciana a través de su citada Ley 26/2018, es adoptada ahora por el Estado para la protección integral de la infancia y la adolescencia contra la violencia[23]. Es fruto, aunque

---

22 La disposición final decimoctava de la LOPIVI indica que se dicta al amparo de lo previsto en los artículos 149.1.1ª, 2ª, 5ª, 6ª, 7ª, 8ª, 16ª, 18ª, 27ª, 29ª y 30ª de la Constitución.

23 Este interés legislativo del Estado contrasta con su llamativa reticencia para ejercer sus competencias en materia de protección de menores en otras ocasiones. sobre todo en relación con los menores extranjeros no acompañados o aquellos próximos a la mayoría de edad, en Ceuta, Melilla o Canarias. Véanse las insistentes recomendaciones y quejas del Defensor del Pueblo en relación con estas dos cuestiones, en DEFENSOR DEL PUEBLO, "El Defensor

muy tardío, del cambio de paradigma señalado con anterioridad (los menores como sujetos de derechos) y de la influencia que la propia Convención sobre los Derechos del Niño debe ejercer sobre la interpretación de la Constitución y, por tanto, también sobre la legislación estatal que la desarrolla[24].

No es de extrañar así que la cuestión competencial resultara uno de los puntos más controvertidos en el procedimiento de elaboración de la LOPIVI, hasta el punto de motivar importantes cambios de voto de diversos Grupos Parlamentarios. A pesar de que la mayoría de los grupos se encontraba de acuerdo con el contenido y la necesidad de la norma, la cobertura competencial (o la falta de ella según algunos grupos) casi resulta un escollo insalvable para obtener el amplio consenso perseguido. El día mismo de la votación plenaria en el Senado, después de que ya se hubiera iniciado el debate de la norma, tuvieron que ser presentadas dos enmiendas transaccionales para solucionar esta dificultad.

El problema lo resumió bien el Diputado del Grupo Parlamentario Vasco en el Congreso D. Iñigo Barandiaran Benito, al explicar que votaría en contra de la futura LOPIVI en el Pleno del Congreso: "*con harto dolor de corazón, porque entendemos que sustantivamente es una ley que aporta al conjunto de la protección de la infancia unos parámetros que no solo compartimos, sino que replicamos*

---

reclama al Ministerio de Derechos Sociales actuaciones para mejorar la protección de los menores extranjeros no acompañados", 11 de mayo de 2021, disponible en https://www.defensordelpueblo.es/noticias/ninos-ninas-solos/ (última consulta: 23-03-2023).

24 Sobre los problemas generados hasta ahora por la sola invocación de los títulos relativos a la legislación civil, vid. DE PALMA DEL TESO, A., "Las competencias de la Generalitat de Cataluña en materia de protección pública de menores", en *Revista d'estudis autonòmics i federals*, n. 5, 2007, pp. 421 y ss.

[…] *con eso no queremos decir que no se deban adoptar estas medidas, se deben adoptar, y las vamos a apoyar allí donde se tienen que apoyar, que entendemos que es en el ámbito del Parlamento vasco*"[25]. O, en palabras de la Senadora del mismo grupo, Sra. Vaquero Montero, en la Comisión de Derechos Sociales del Senado: "*En definitiva, nuestra posición al dictamen, si no se salva el ámbito competencial, va a ser un voto en contra, y lo digo con mucho dolor porque no estamos en contra del fondo de la ley, creemos que es una ley necesaria, pero no entendemos cómo no se puede salvar el ámbito competencial*"[26].

Frente a este problema competencial, solo pudo adoptarse, mediante las citadas enmiendas transaccionales, una solución precaria de naturaleza política, que no resuelve la cuestión a nivel jurídico. Se introdujeron en las disposiciones que abordan el marco competencial de la LOPIVI dos nuevos incisos, por los cuales el Estado se obligaba a respetar las competencias que las CCAA habían asumido en sus propios EEAA y se establecía el carácter ordinario, no orgánico, de dos preceptos de la LOPIVI: el artículo 11, que reconoce el derecho de las víctimas a ser escuchadas, y la disposición final novena, referida a la modificación de la Ley de Enjuiciamiento Civil en materia de protección de menores.

Estas enmiendas, aunque esenciales a nivel político, no añaden como se ve nada desde un punto de vista estrictamente jurídico, puesto que el respeto de las competencias autonómicas por parte del Estado es algo implícito en el diseño constitucional español. Debe ser aplicado en todos los casos y en relación

---

25 Véase el Diario de Sesiones del Congreso n. 95, 15 de abril de 2021, en https://www.congreso.es/public_oficiales/L14/CONG/DS/PL/DSCD-14-PL-95.PDF#page=17 (27-03-23).

26 Véase el Diario de Sesiones del Senado n. 208, 6 de mayo de 2021, en https://www.congreso.es/public_oficiales/L14/SEN/DS/CO/DS_C_14_208.PDF (27-03-23).

con todo tipo de normas, aunque éstas no lo indiquen expresamente[27]. En otras palabras, si una CCAA ha asumido una determinada competencia (ya sea a través de su EEAA o por otros medios, como una ley orgánica de transferencia o delegación), y dicha asunción competencial es acorde al marco diseñado por la CE (arts. 148 y 149 CE), el Estado se ve obligado en todo caso a respetar su ejercicio y ha de ejercer sus competencias propias sin menoscabar las competencias autónomicas. Y viceversa, la CCAA afectada también debe respetar las competencias estatales a la hora de ejercer las propias.

Lo difícil, en tales casos, es delimitar adecuadamente las competencias de Estado y CCAA, interpretar su contenido y alcance, e interpretar también, por último, aquello que pueda suponer menoscabo o vulneración de unas u otras. Como ha sucedido en otras ocasiones, tomando las palabras del TC, "*la cuestión, por tanto, reside en el correcto deslinde de los diversos títulos competenciales mencionados que, como se pone de manifiesto en la jurisprudencia constitucional (y como recuerdan todas las partes en sus alegatos) se entrecruzan, siendo necesario encontrar reglas que delimiten el legítimo ejercicio de cada una de ellas sin menoscabar ni vaciar el contenido de competencias ajenas* [...]" (STC 8/2016, de 21 de enero, F. J. 3). Esta difícil cuestión no ha recibido respuesta en la LOPIVI

2. *¿Afecta la LOPIVI a la competencia autonómica sobre infancia y adolescencia? ¿O afecta más bien a la materia en sí?*

Una pregunta legítima que puede surgir es si el Estado ha afectado de alguna forma a la competencia autonómica sobre infancia y adolescencia, a la que nos referimos en apartados

27 *Vid.* STC 13/1992, de 6 febrero, STC 45/1991, de 28 febrero, o STC 36/2021, de 18 febrero, entre otras.

anteriores. La aprobación de la LOPIVI, en un ámbito donde las CCAA ya habían legislado intensamente, suscita fácilmente esta duda. Sin embargo, como veremos, no creemos que dicha competencia autonómica se haya visto afectada por la LOPIVI: una ley estatal no podría hacerlo, so pena de resultar inconstitucional por vulnerar la distribución de competencias entre el Estado y las CCAA. Recordemos que dicha distribución no depende de las leyes estatales, ni de las leyes autonómicas, sino que deriva de la propia Constitución y se desarrolla en normas especiales previstas en la misma Constitución: los EEAA, con carácter principal, y las leyes del artículo 150 CE con carácter excepcional (leyes marco, leyes orgánicas de transferencia o delegación, y leyes de armonización). Lo que sí se ha visto afectado, de forma muy intensa, es el sector sobre el que recaen las normas autonómicas (infancia y adolescencia), es decir, la materia, pero no la competencia en sí.

En efecto, la mayor parte de la LOPIVI se basa en un título competencial muy especial, que es considerado generalmente como uno de los más complejos de interpretar, y que mayores problemas ha presentado en la práctica. Se trata del título previsto en el artículo 149.1.1ª CE, según el cual el Estado tiene competencia exclusiva para establecer "*la regulación de las condiciones básicas que garanticen la igualdad de todos los españoles en el ejercicio de los derechos y en el cumplimiento de los deberes constitucionales*". De este título se ha llegado a decir que "*se sigue moviendo en un terreno de cierta nebulosa o ambigüedad*"[28]. Las razones de dicha ambigüedad son muchas.

---

[28] PEMÁN GAVÍN, J., "La cláusula de igualdad en las condiciones básicas", en la obra *Comentarios a la Constitución Española, Tomo II* (dirs. Rodríguez-Piñero y Bravo Ferrer, M. y Casas Baamonde, M. E.), Las Rozas, BOE-Wolters Kluwer, 2018, pp. 1222-1223.

En primer lugar, a diferencia de lo que sucede con otros títulos competenciales, el artículo 149.1.1ª CE no menciona un ámbito material determinado, un sector de actividad o un tipo de actuación concreta por parte del Estado. Se trata de un título horizontal o transversal, con un radio de acción potencial "*extraordinariamente amplio*", puesto que se refiere, en general, al ejercicio de todos los derechos y deberes constitucionales[29]. Estos derechos y deberes son extremadamente heterogéneos, en cuanto a su estructura, su contenido, las garantías que requieren, etc. En segundo lugar, el art. 149.1.1ª CE se superpone con otros títulos competenciales más específicos (alguno de ellos analizado en el presente capítulo) y constituye así, en cierto modo, una "regla de cierre" del sistema competencial, que permite una actuación adicional del Estado. En tercer lugar, las expresiones empleadas por el art. 149.1.1ª CE, como la de "condiciones básicas", ofrecen un amplio margen de interpretación al legislador estatal y al propio Tribunal Constitucional. Por último, en la práctica, el Estado ha esgrimido este título competencial en numerosas ocasiones y el Tribunal Constitucional se ha visto obligado a interpretarlo recurrentemente, lo que ha generado una jurisprudencia heterogénea y no siempre consistente, muy difícil de sistematizar y con importantes votos particulares.

Sin embargo, pese a las evidentes dificultades interpretativas, el Tribunal Constitucional ha precisado paulatinamente el alcance de este título competencial, gracias a cuatro elementos:

(i) la actuación de "regulación" permitida al Estado, como actuación normativa distinta de la ejecución o gestión asu-

---

29 *Ibid.*, p. 1212.

mible por las CCAA[30] (al Estado le está permitido, además, una mínima actividad de diseño organizativo para establecer instituciones comunes de garantía en relación con un determinado derecho)[31];

(ii) el establecimiento de unas "condiciones básicas" como objeto de dicha regulación[32], que no suponen el establecimiento de nuevos derechos o deberes particulares en un determinado sector, sino un límite mínimo, una barrera, que las CCAA deben respetar y asegurar[33] (estas condiciones no pue-

---

30 STC 188/2001, de 20 de septiembre, F. J. 13.; STC 1/2011, de 14 de febrero, F. J. 9.

31 Por ejemplo, en relación con la AEPD y la atribución de funciones y potestades -de información, inspección y sanción) a dicha agencia- (STC 290/2000, de 30 de noviembre, F. J. 14); con la Oficina estatal del Censo Electoral (STC 154/1988, de 21 de julio, F. J. 3); o con el Consejo Nacional de Objeción de Conciencia (STC 290/2000, de 30 de noviembre, F. J. 13).

32 Se trata de un concepto distinto a la "legislación básica". Mientras que esta última exige una cierta complementariedad entre el Estado y las CCAA, entre unos principios generales y su desarrollo o concreción posterior por parte de cada Comunidad Autónoma, las "condiciones básicas" señaladas en el art. 149.1.1ª CE corresponden en exclusiva al Estado. No exigen ningún tipo de desarrollo normativo por parte de las CCAA, sino que se limitan a la regulación que de ellas haga el Estado, como tope a la actuación de las CCAA (STC 61/1997, de 20 de marzo, F.J.7).

33 No se trata por tanto de una actividad regulatoria plena, sino de una actuación de condicionamiento (STC 173/1998, de 23 de julio, F. J. 9.). En relación con su contenido, las "condiciones básicas" se refieren al "*contenido primario (STC 154/1988) del derecho, a las posiciones jurídicas fundamentales (facultades elementales, límites esenciales, deberes fundamentales, prestaciones básicas, ciertas premisas o presupuestos previos...)*" (STC 61/1997, de 20 de marzo, F. J. 8); o aquellos "*criterios que guardan una relación necesaria e inmediata con aquéllas, tales como el objeto o ámbito material sobre el que recaen las facultades que integran el derecho* [...]*; los deberes, requisitos mínimos o condiciones básicas en que ha*

den agotar la regulación de los derechos, sino que deben dejar un margen suficiente de actuación a las CCAA)[34];

(iii) la finalidad determinada de dichas condiciones básicas, como es la de "garantizar la igualdad de todos los españoles", como "*elemento teleológico o finalista del título competencial que aquí se considera, el único que justifica y ampara el ejercicio de esta competencia estatal*"[35]; y

(iv) el "*ejercicio de los derechos* [...] *constitucionales*" (y el cumplimiento de deberes emanados de la CE), como realidad sobre la que recae la deseable igualdad (distinta, por tanto, de los sectores materiales en los que éstos se insertan y, en consecuencia, solo predicable de aquellas "*condiciones que guarden una estrecha relación, directa e inmediata, con los derechos que la Constitución reconoce*")[36].

---

de ejercerse un derecho (SSTC 5/1981, fundamento jurídico 26; 37/1981, fundamento jurídico 2); los requisitos indispensables o el marco organizativo que posibilitan el ejercicio mismo del derecho (como la inscripción censal para el derecho de sufragio; STC 154/1988, fundamento jurídico 3); etc." (STC 61/1997, de 20 de marzo, F. J. 8).

34 *Ibid.*, F. J. 7.; o STC 111/2012, de 24 de mayo, F. J. 6.

35 Esta igualdad no puede ser entendida como una "*igualdad formal absoluta*" o una "*identidad de las situaciones jurídicas de todos los ciudadanos en cualquier zona del territorio nacional (lo que por otra parte sería incompatible con la opción por un Estado organizado en la forma establecida en el título VIII de la Constitución)*" sino como un "*mínimo común denominador* [para el ejercicio de un derecho o deber]", que debe ser interpretado además de forma proporcionada (vid. STC 37/1987, de 26 de marzo, F. J. 3.; STC 135/2006, de 27 de abril, F. J. 2.).

36 Se trata solamente de "*los derechos constitucionales en sentido estricto, así como los deberes básicos*". Por tanto, el artículo 149.1.1ª CE no ampara el establecimiento de condiciones básicas para el ejercicio de aquellos derechos reconocidos en los EEAA u otras normas autonómicas "*que no reproduzcan los derechos constitucionales*" (STC 61/1997, de 20 de marzo, F. J. 7.; STC 247/2007, de 12 de diciembre, F. J. 17).

En ese marco, el Estado puede tener una amplia incidencia normativa sobre materias que, en sus aspectos sustantivos, han sido asumidas como competencias propias por las CCAA. Dicha incidencia consiste precisamente, en nuestro caso, en la fijación de condiciones mínimas e indispensables para la protección a la infancia y la adolescencia en cada sector, incluidos aquellos reservados a la regulación autonómica (servicios sociales, deportes y ocio, ámbito familiar…). El artículo 149.1.1ª CE no puede alterar, por esta vía, el régimen sustantivo de distribución de competencias ni suponer una prohibición de divergencia autonómica en ámbitos de su competencia[37]. Pero tampoco puede ser considerado un "*título residual*" que el Estado solo pueda emplear excepcionalmente[38]. Se trata de un mecanismo constitucional plenamente válido para armonizar mínimamente el ejercicio de derechos y deberes constitucionales, que en este caso se traduce en el establecimiento de un marco común para la protección de la infancia y la adolescencia frente a la violencia en todo el territorio nacional. Dicha materia se ve afectada por la LOPIVI; la competencia autonómica sobre infancia y adolescencia (u otras competencias a las que nos referiremos en el siguiente apartado, como el desarrollo y gestión de la sanidad o la educación) queda intacta.

---

[37] El fin de asegurar una mínima igualdad en el ejercicio de derechos y deberes por parte del Estado no puede interpretarse entonces como un título que permita "*vaciar el contenido de las numerosas competencias legislativas atribuidas a las CCAA cuyo ejercicio incida, directa o indirectamente, sobre los derechos y deberes garantizados por la misma*" (STC 37/1987, de 26 de marzo, F. J. 9).

[38] STC 61/1997, de 20 de marzo, F. J. 7.

IV. OTROS ASPECTOS COMPETENCIALES QUE, DE FORMA INDIRECTA PERO CON GRAN IMPACTO, INCIDEN SOBRE LA INFANCIA Y LA ADOLESCENCIA

1. Legislación básica y desarrollo de materias específicas junto con otras técnicas de distribución de competencias

La competencia atribuida por el art. 149.1.1ª CE cede o queda desplazada en presencia de otros títulos competenciales a favor del Estado, en especial aquellos que permiten al Estado condicionar la regulación de una materia por medio de legislación básica. Solo en ausencia de otros títulos prevalentes se ha admitido por parte del Tribunal Constitucional la invocación autónoma del art. 149.1.1ª CE como título competencial habilitante para uniformizar el ejercicio de derechos y deberes en todo el territorio nacional. Debemos tener en cuenta, por tanto, muchos otros títulos competenciales que indirectamente inciden sobre la infancia y la adolescencia. La mayoría de estos títulos se refieren a competencias compartidas entre el Estado y las CCAA. Citaremos únicamente aquí los más relevantes a favor de las CCAA que los hayan asumido, sin entrar en profundidad en su interpretación, compleja y muy casuística en casi todos los casos.

El supuesto de reparto competencial que más dificultades interpretativas ha motivado es aquel en el que el Estado debe fijar la "legislación básica", "normas básicas" o "bases" sobre una materia y las CCAA desarrollarla o complementarla (además de llevar a cabo su gestión y ejecución)[39]. A lo largo de

---

[39] De hecho, la mayor parte de la doctrina considera que "*la legislación básica, tal como ha sido interpretada por la jurisdicción constitucional, ha fracasado como técnica de delimitación de competencias en el Estado autonómico diseñado por la Constitución de 1978*" (ARZOZ SANTISTEBAN,

las últimas décadas, ha tenido que ser el Tribunal Constitucional el que aclare y perfile progresivamente estos conceptos, en relación con cada una de las materias afectadas: ¿qué es lo básico en cada caso?, ¿hasta dónde está legitimado a regular el Estado sin invadir competencias autonómicas? A pesar de las particularidades propias de cada materia, pueden distinguirse dos grandes perspectivas sobre el concepto de lo "básico", material y formal. La perspectiva material supone que "*lo básico es el común denominador normativo que, ofreciendo una regulación uniforme, esencial y directamente aplicable, protege el interés general*", mientras que la perspectiva formal es la "*que el legislador define como tal, con independencia de su naturaleza, la importancia de sus contenidos, o aquello que pretenda asegurar*"[40]. En esta segunda perspectiva, las normas básicas del Estado deben ser incluidas en una Ley votada en las Cortes Generales que se designe como normativa básica o que esté dotada de una estructura de la cual se infiera ese carácter.

El Tribunal Constitucional ha combinado ambas perspectivas para entender, por un lado, que "*lo básico es, de esta forma, lo esencial, lo nuclear, o lo imprescindible de una materia, en aras de una unidad mínima de posiciones jurídicas que delimita lo que es competencia estatal y determina, al tiempo, el punto de partida y el límite a partir del cual puede ejercer la Comunidad Autónoma, en defensa*

X., "¿Reforma o abandono de la legislación básica como técnica de delimitación de competencias?", en *Revista d'estudis autonòmics i federals,* n. 23, 2016, p. 2).

40 JIMÉNEZ CAMPO, J., "¿Qué es lo básico? Legislación compartida en el Estado Autonómico", en *Revista Española de Derecho Constitucional,* n. 27, 1989, pp. 44, 53 y ss.; TORNOS MAS, J., "La legislación básica en la jurisprudencia del Tribunal Constitucional", en *Revista Vasca de Administración Pública,* n. 31, 1991, pp. 275 y ss.

del propio interés general, la competencia asumida en su Estatuto"[41]. Además, ha recordado que el Estado, al legislar sobre lo básico, no puede dejar sin contenido, ni cercenar completamente las competencias autonómicas, como tampoco puede agotar la regulación de la materia, pues debe dejar un margen normativo a las CCAA[42]. Entre las competencias que siguen este modelo de distribución y que más inciden en la infancia y la adolescencia encontramos las competencias en materia de sanidad, de educación y de régimen jurídico de las Administraciones Públicas.

En el primer caso, el artículo 149.1.16ª CE reconoce al Estado la competencia exclusiva "*sobre la sanidad exterior*", sobre "*las bases y coordinación general de la sanidad y sobre la legislación de productos farmacéuticos*". A estos ámbitos se une la "alta inspección" en sanidad, que supone un título competencial del Estado reconocido paradójicamente en varios EEAA y desarrollado en el artículo 43 de la Ley 14/1986, de 25 de abril, General de Sanidad. A su vez, el artículo 148.1.21ª CE establece que las CCAA pueden asumir competencias en materia de "*sanidad e higiene*". Estas competencias pueden englobar el desarrollo legislativo y ejecución de la legislación básica del Estado en materia de sa-

---

41 Véanse, entre otras, las SSTC 1/1982, de 28 de enero, F. J. 1; 69/1988, de 19 de abril, F. J. 5; 102/1995, de 26 de junio, FF. JJ. 8 y 9; 197/1996, de 28 de noviembre F. J. 5; 223/2000, de 21 de septiembre, F. J. 6; 188/2001, de 20 de septiembre, F. J. 8; 126/2002, de 23 de mayo, F. J. 7; 24/2002, de 31 de enero, F. J. 6; 37/2002, de 14 de febrero, F. J. 9; o 1/2003, de 16 de enero, F. J. 8.

42 Entre muchas otras, puede citarse la STC 50/1999, de 6 de abril, F. J. 3 ("[...] *como hemos declarado en múltiples resoluciones, el Estado al establecer el común denominador normativo que encierran las bases* [...] *no puede hacerlo con un grado tal de detalle y de forma tan acabada o completa que prácticamente impida la adopción por parte de las Comunidades Autónomas de políticas propias en la materia mediante el ejercicio de sus competencias de desarrollo legislativo*".

nidad interior e higiene, la gestión de estas materias, así como la ordenación y coordinación de los recursos, servicios e instituciones sanitarios, incluidos los recursos hospitalarios.

De esta forma, queda reservada al Estado la coordinación general de la sanidad, entendida "*como la fijación de medios y de sistemas de relación que hagan posible la información recíproca, la homogeneidad técnica en determinados aspectos y la acción conjunta de las autoridades sanitarias estatales y comunitarias en el ejercicio de sus respectivas competencias de tal modo que se logre la integración de actos parciales en la globalidad del sistema sanitario*"[43]. También queda reservado al Estado el establecimiento de los principios generales que informan y ordenan la materia sanitaria y que constituyen el marco o denominador común en el territorio nacional. Ello incluye definir el modelo sanitario (en el caso español, modelo asistencial de financiación pública), la definición de "los beneficiarios de las prestaciones sanitarias", el catálogo y el contenido "de dichas prestaciones" y "sus modalidades" (las denominadas carteras comunes de servicios: básicas, suplementarias y de servicios accesorios); y "el sistema de financiación de la sanidad y, por tanto, la modalidad de financiación aplicable a las diferentes prestaciones sanitarias"[44].

En cambio, como el Estado no puede agotar toda la regulación de la materia, sin dejar margen de actuación a las CCAA[45], estas últimas pueden introducir las particularidades que consideren más oportunas, siempre que desarrollen las bases estatales. Por ejemplo, pueden aprobar modelos de gestión diferenciados, prestaciones sanitarias propias y financiación de medicamentos con recursos propios, etc. Las CCAA pueden,

---

43 STC 82/1983, de 20 de octubre.

44 SSTC 136/2012, de 19 de junio, y 71/2014, de 6 de mayo.

45 STC 98/2004, de 25 de mayo.

en particular, mejorar la protección sanitaria (aunque no empeorarla), siempre que se hagan cargo de su financiación y no desatiendan el principio de solidaridad y la igualdad sustancial de todos los ciudadanos españoles[46]. Todo ello puede influir en la garantía del derecho a la salud de todos los NNA.

En el segundo caso, el artículo 149.1.30ª CE reserva al Estado la competencia exclusiva para establecer la "*regulación de las condiciones de obtención, expedición y homologación de títulos académicos y profesionales y normas básicas para el desarrollo del artículo 27 de la Constitución* [derecho a la educación], *a fin de garantizar el cumplimiento de las obligaciones de los poderes públicos en esta materia*". Además de regular en toda su extensión la expedición de títulos y las pruebas de evaluación que conducen a los mismos (primer apartado de este artículo), el Estado puede regular así, según el Tribunal Constitucional, aspectos tales como la ordenación general del sistema educativo, la fijación de las enseñanzas mínimas y la alta inspección[47]; la programación general de la enseñanza no universitaria, cuyo ejercicio debe dejar margen a las CCAA para completar esa programación e impulsar sus políticas educativas o la identificación de las etapas y especialidades básicas de todo el sistema educativo[48]; así como la determinación de la estructura, las finalidades, los objetivos

---

46 Esta posibilidad se ha limitado en cierta medida a raíz de la jurisprudencia del Tribunal Constitucional que impidió ampliar los sujetos beneficiarios de atención sanitaria y algunas prestaciones, por considerar que eran aspectos básicos de la materia reservados al legislador estatal. En extenso, SÁENZ ROYO, E., "La prestación sanitaria en el Estado autonómico: las incongruencias entre el modelo competencial y su financiación", en *Revista Española de Derecho Constitucional*, n 119, 2020, pp. 119-149.

47 STC 6/1982, F. J. 4.

48 SSTC 131/1996, de 11 de julio, 47/2005, de 3 de marzo, o 51/2019, de 11 de abril.

y la evaluación de la educación primaria, secundaria y bachillerato, entre otros[49].

Más allá de esta legislación básica, las CCAA pueden asumir (y han asumido casi todas en la práctica) las demás competencias relacionadas con la educación, que son en la práctica extraordinariamente amplias. Incluyen el desarrollo legislativo y reglamentario de la normativa básica aprobada por el Estado, así como la mayor parte de las competencias de gestión y de ejecución, dentro de sus respectivos ámbitos territoriales, tales como la ordenación de los recursos humanos y materiales, o de las infraestructuras educativas. También se incluyen en las competencias autonómicas contenidos educativos conexos, que no formen parte estrictamente de la legislación básica. Es decir, aquellos contenidos incorporados a la formación del alumnado, pero dirigidos a otros fines principales propios de las CCAA, como la protección de consumidores y usuarios a través de una mayor formación[50]. En ese marco, el deslinde entre lo que constituye la legislación básica y lo que se adentra más allá, en el desarrollo de la materia, resulta especialmente problemático. Ello ha llevado a conflictos especialmente numerosos entre las competencias estatales y las autonómicas en este campo, que inciden intensamente sobre la regulación de un aspecto central en la vida de los NNA.

Finalmente, en el tercer caso, el artículo 149.1.18ª CE otorga al Estado competencias exclusivas para elaborar, entre otras, "*las bases del régimen jurídico de las Administraciones públicas* [así como] *el procedimiento administrativo común, sin perjuicio de las especialidades derivadas de la organización propia*

49 SSTC 77/1985, de 27 de junio, 14/2018, de 20 de febrero, 31/2018, de 10 de abril o 51/2019.

50 STC 15/1989, de 26 de enero.

de las Comunidades Autónomas [...]". Por su parte, el artículo 148 CE señala que las CCAA pueden asumir competencias sobre la "*organización de sus instituciones de autogobierno*". Por tanto, las competencias estatales sobre el régimen y la organización de la Administración no pueden implicar el establecimiento de un régimen uniforme para todas las CCAA, sino que debe permitir opciones diversas. El Tribunal Constitucional ha excluido así de la legislación básica las cuestiones que afectan "*primordialmente a la organización y al funcionamiento interno de los órganos de las Administraciones públicas* [de cada CCAA]" (para las cuales el alcance de lo básico será menor), en comparación con aquellas que sí "*inciden más directamente en su actividad externa, sobre todo cuando afectan a la esfera de derechos e intereses de los administrados*", que pueden ser ejercidas más fácilmente por el Estado, aunque no siempre es fácil separar ambos casos[51]. De forma similar, ha dejado fuera del concepto de legislación básica la "*regulación de carácter marcadamente formal o procedimental que desciende a cuestiones de detalle*"[52]. Estas cuestiones, que exceden de lo básico, han sido asumidas en la práctica por las CCAA. Se trata de competencias relevantes para la infancia y la adolescencia, pues gran parte de su protección depende del régimen jurídico de las Administraciones Públicas y de su funcionamiento. Permite así a las CCAA, por ejemplo, crear órganos administrativos específicos, adaptar procedimientos administrativos, atribuir competencias a un determinado órgano, etc. para proteger a los NNA.

Además de estas competencias que siguen la distribución legislación básica - legislación de desarrollo, muchas otras, que también inciden en la infancia y la adolescencia, siguen

---

51 STC 2/1981, de 28 de julio.

52 STC 55/2018, de 24 de mayo.

ejes de reparto particulares. Apuntamos aquí tres de ellas, simplemente para dar cuenta de la complejidad del reparto competencial en el ámbito que nos atañe: las competencias en materia de justicia, en materia de seguridad pública, y sobre servicios sociales.

En relación con la justicia, el Estado tiene la competencia exclusiva para impartir justicia (juzgar y hacer ejecutar lo juzgado), para regular el núcleo de esta actividad y sus aspectos más básicos, así como para establecer y regular cuerpos nacionales únicos para desempeñar este núcleo (jueces y magistrados, letradas de la Administración de Justicia, fiscales, etc.). En cambio, las CCAA pueden asumir la competencia de "administrar" la Administración de Justicia: establecer órganos y servicios de apoyo, comunes y accesorios, regular y gestionar cuestiones de personal, instalaciones, sedes, etc. Esta distribución viene detallada en la Ley Orgánica del Poder Judicial y otras normas infraconstitucionales, que disciplinan de forma particular cada uno de los ámbitos atinentes a la "administración de la Administración de Justicia"[53]. La incidencia de los procedimientos judiciales en la vida de los NNA, ya sea como víctimas o como personas en conflicto con la ley, viene determinada en parte por el ejercicio de estas competencias.

De forma similar, en relación con las fuerzas y cuerpos de seguridad, el Estado es quien tiene la competencia exclusiva sobre seguridad pública, pero las CCAA pueden crear Policías autonómicas (artículo 149.1.29ª CE), y muchas lo han

---

53 Por ejemplo, la Ley 50/1981, de 30 de diciembre, por la que se regula el Estatuto Orgánico del Ministerio Fiscal; el Real Decreto 1109/2015, de 11 de diciembre, por el que se desarrolla la Ley 4/2015, de 27 de abril, del Estatuto de la víctima del delito, y se regulan las Oficinas de Asistencia a las Víctimas del Delito.

hecho en la práctica. En ese sentido, salvo en lo que se refiere a su coordinación con los cuerpos nacionales, todas las competencias relacionadas con estos cuerpos policiales corresponden a dichas CCAA. Algunas CCAA tienen, a su vez, una unidad adscrita del Cuerpo Nacional de Policía, que depende de las autoridades autonómicas para el ejercicio de sus funciones. Estas funciones varían también según la CCAA. Finalmente, casi todas las CCAA han asumido alguna competencia limitada para coordinar las Policías Locales. En todos estos casos, la actuación de los cuerpos y fuerzas de seguridad, que tiene una incidencia directa en la vida de muchos NNA, viene regulada por distintos entes territoriales.

Finalmente, y siempre a título de ejemplo, la distribución de la competencia sobre servicios sociales entre el Estado y las CCAA no presenta tantos problemas como las anteriores. En efecto, el artículo 149.1 CE no contiene ninguna reserva expresa a favor del Estado en este ámbito, mientras que el artículo 148.1.20ª CE sí especifica como una de las competencias que las CCAA pueden asumir la "*asistencia social*". En la práctica, todas las CCAA han asumido estatutariamente esta competencia. Sin embargo, las competencias de las entidades locales en este ámbito sí son muy relevantes y no pueden dejarse de lado. En efecto, el artículo 27.3 de la Ley 7/1985, de 2 de abril, Reguladora de las Bases del Régimen Local establece que tanto la Administración del Estado como la Administración de cada CCAA podrán delegar a las entidades locales, siguiendo criterios homogéneos, competencias tales como la "*prestación de los servicios sociales, promoción de la igualdad de oportunidades y la prevención de la violencia contra la mujer*". En la práctica, esta delegación varía en función de cada CCAA y el tipo de municipio implicado (en especial, de su tamaño). Deberá comprobarse, por tanto, en la normativa autonómica específica de cada CCAA, en caso de que exista, si y cómo ha delegado la competencia sobre servicios sociales a sus entidades locales, ya sea de forma completa o parcial (regulación, gestión, ejecución, determinados servicios y no otros, etc.)[54]. Se trata nuevamente de una competencia que tiene una incidencia muy importante en la vida de numerosos NNA en situación de protección.

2. *El reparto competencial entre Estado y Comunidades Autónomas en la práctica: menor autogobierno, pero más cooperación*

Tras haber analizado la complejidad teórica del reparto competencial entre el Estado y las CCAA en relación con la infancia y adolescencia, no podemos terminar esta contribución sin una mención, aunque breve, a la complejidad práctica del modelo. En efecto, como es sabido, el modelo territorial español es un modelo prácticamente inédito en el mundo, que ha ido cambiando extraordinariamente desde la aprobación de la Constitución[55]. Las causas de su complejidad y de su constante evolución son muy numerosas. Se trata de un modelo abierto e inacabado, que no depende solamente de la Constitución, sino de muchas otras normas inferiores (EEAA, leyes orgánicas de transferencia…). También es un modelo asimétrico, basado en el principio dispositivo y variable según la voluntad política de cada CCAA, pactada con el Estado[56]. Y es un modelo ambiguo,

---

[54] Una aproximación puede encontrarse en ARENAS VIRUEZ, M., "La cuestión competencial en materia de servicios sociales", en *Temas Laborales*, n. 133, 2016, pp. 69-112.

[55] *In extenso*, AJA, E., *Estado autonómico y reforma federal*, Alianza, Madrid, 2014.

[56] Este modelo ha sido calificado por algunos como "protofederal" (HÄBERLE, P., "Comparación constitucional y cultural de los modelos federales", trad. M. Azpitarte, en *Revista de Derecho Constitucional Europeo*, n. 8, 2007, p. 185) o "prefederal" (CRUZ VILLALÓN, P., *La curiosidad del jurista persa, y otros estudios sobre la Constitución*, CEPC, Madrid, 1999, p. 442).

que depende necesariamente de la interpretación del Tribunal Constitucional, marcadamente casuística[57].

En este modelo abierto, la organización de los poderes estatales y autonómicos admite numerosas variantes, a las cuales hemos asistido durante las últimas décadas. Una de ellas, especialmente a partir de la última ola de reformas de los EEAA, implicó la asunción por parte de todas las CCAA de un nivel de autogobierno sin precedentes, superior incluso al de muchos Estados dentro de los Estados federales[58]. Otra, especialmente a raíz de la pandemia provocada por la COVID-19 y de una primera fase de recentralización de competencias sanitarias para hacerle frente, supuso un intento de "cogobernanza", donde la actuación de Estado y CCAA debía estar coordinada, pero admitía algunas divergencias dentro del marco fijado por el Estado y otras medidas pactadas entre Estado y CCAA[59]. Este

57 En este modelo, no obstante, existen algunas líneas rojas que se deben respetar: algunas comunes a los modelos federales, como el derecho a la autonomía (art. 2 CE), otros propios de los Estados compuestos de naturaleza intermedia o "regional", similares al modelo italiano, como la soberanía única a nivel nacional (art. 1.2 CE) (PEGORARO, L., "Para una teoría integradora del federalismo y la plurinación", en *Federalismi.it*, n. 19, 2016, pp. 14-17).

58 ARAGÓN REYES, M., "La construcción del Estado autonómico", en *Cuadernos Constitucionales de la Cátedra Fadrique Furió Ceriol*, n. 54/55, 2006, p. 88.

59 El concepto de "cogobernanza" fue citado en la exposición de motivos del Real Decreto 537/2020, de 22 de mayo, por el que se prorrogó el estado de alarma declarado en marzo de 2020. Dio inicio a una nueva fase de gestión territorial de la pandemia y adquirió especial protagonismo en la fase de "desescalada" del primer estado de alarma, así como en el segundo estado de alarma a nivel nacional frente a la COVID-19. *In extenso*, BIGLINO CAMPOS, P., "El impacto de la covid en la distribución de competencias" en la obra *Estado Autonómico y COVID-19* (coord. Tudela Aranda, J.), Fundación Ma-

modelo se basó en gran medida en órganos de cooperación específicos, como el Consejo Interterritorial del Sistema Nacional de Salud[60], y un régimen normativo de delegación de decisiones a las autoridades autonómicas especialmente amplio y generoso. Hasta el punto de ser declarado inconstitucional por el Tribunal Constitucional, como es sabido, por su disconformidad con el modelo de control previsto constitucional y orgánicamente para las situaciones de alarma, excepción y sitio (sin pronunciarse, en cambio, sobre su posible validez en tiempos de normalidad constitucional)[61].

Sin embargo, junto con estos modelos, se ha desarrollado también, en algunos ámbitos, un tipo de relaciones distinto entre el Estado y las CCAA, que no ha recibido quizás tanta atención hasta ahora como estos últimos. Nos referimos a la limitación del autogobierno de las CCAA en algunos ámbitos mediante el "uso y abuso", por emplear la conocida expresión, de la cláusula competencial prevista a favor del Estado en el artículo 149.1.1ª CE, a la que ya hemos hecho referencia ante-

---

nuel Giménez Abad, Zaragoza, 2021; o CARMONA CONTRERAS, A., "El estado autonómico y la gestión jurídica de la pandemia", en *Cuadernos Manuel Giménez Abad*, n. 21, 2021, pp. 37-53.

60 *In extenso*, DE MONTALVO JÄÄSKELÄINEN, F., "La competencia constitucional de coordinación sanitaria en tiempos de pandemia: análisis de la naturaleza y eficacia de la Estrategia nacional de vacunación frente a la COVID-19", en *Revista de Derecho Político*, n. 112, 2021, pp. 43-77.

61 STC 183/2021, de 27 de octubre, F. J. 10.

riormente. A través del recurso a este artículo, se ha producido en estos ámbitos un cierto "estrechamiento competencial" de las CCAA, que han visto así reducido su margen de autogobierno en materias propias de su competencia, sin necesidad para el Estado de recurrir a otras vías previstas por la Constitución (como podrían ser las leyes de armonización o, desde otra perspectiva y partiendo de competencias inicialmente estatales, las leyes marco). Uno de los ámbitos donde más claramente se ha visto esta circunstancia es precisamente el de la regulación de la protección de la infancia y la adolescencia.

Debemos tener en cuenta este desarrollo práctico del ejercicio de las competencias para comprender adecuadamente el marco teórico de distribución de competencias que hemos analizado en el presente capítulo. En infancia y adolescencia, este desarrollo ha implicado hasta ahora un gran peso de la negociación política, más que un tratamiento propiamente jurídico, y se ha saldado con acuerdo, en vez del habitual conflicto de competencias. De hecho, parece que este acuerdo se prolonga mediante importantes y numerosos acuerdos de la Conferencia Sectorial de Infancia y Adolescencia, que asegura y potencia la cooperación entre la Administración General del Estado, las CCAA, Ceuta y Melilla, y la Administración Local. Nada garantiza, sin embargo, que esto vaya a ser siempre así. Habrá que analizar en un futuro cómo evoluciona en la práctica el ejercicio de las competencias sobre infancia y adolescencia, tanto por parte del Estado (tras la aprobación de la LOPIVI) como de las CCAA (en ejercicio de sus legítimas competencias), para comprobar si este precario equilibrio político se mantiene.

V. BIBLIOGRAFÍA

AJA, E., *Estado autonómico y reforma federal*, Alianza, Madrid, 2014

ALEMÁN BRACHO, C., "Políticas públicas y marco de protección jurídica del menor en España", *Revista de Derecho Político*, n. 90, 2014

ÁLVAREZ VÉLEZ, M. I. Y DE MONTALVO JÄÄSKELÄINEN, F., "La protección del menor como víctima frente al derecho constitucional de defensa. Aspectos constitucionales de la victimización secundaria", en *Derecho Privado y Constitución*, n. 27, 2013

ARAGÓN REYES, M., "La construcción del Estado autonómico", en *Cuadernos Constitucionales de la Cátedra Fadrique Furió Ceriol*, n. 54/55, 2006

ARENAS VIRUEZ, M., "La cuestión competencial en materia de servicios sociales", en *Temas Laborales*, n. 133, 2016, pp. 69-112

ARZOZ SANTISTEBAN, X., "¿Reforma o abandono de la legislación básica como técnica de delimitación de competencias?", en *Revista d›estudis autonòmics i federals*, n. 23, 2016

BARCELÓ I SERRAMALERA, M., *La Ley Orgánica. Ámbito material y posición en el sistema de fuentes*, Barcelona, Atelier

BIGLINO CAMPOS, P., "El impacto de la covid en la distribución de competencias" en la obra *Estado Autonómico y COVID-19* (coord. Tudela Aranda, J.), Fundación Manuel Giménez Abad, Zaragoza, 2021

Cabellos Espiérrez, M. A., "La relación derechos-Estado autonómico en la Sentencia sobre el Estatuto valenciano", en *Revista d›estudis autonòmics i federals*, n. 7, 2008, pp. 106-144

CARMONA CONTRERAS, A., "El estado autonómico y la gestión jurídica de la pandemia", en *Cuadernos Manuel Giménez Abad*, n. 21, 2021, pp. 37-53

CRUZ VILLALÓN, P., *La curiosidad del jurista persa, y otros estudios sobre la Constitución*, CEPC, Madrid, 1999

CRUZ VILLALÓN, P., "La reforma del Estado de las Autonomías", en *Revista d›estudis autonòmics i federals*, n. 2, 2006

DE MONTALVO JÄÄSKELÄINEN, F., "La competencia constitucional de coordinación sanitaria en tiempos de pandemia: análisis de la naturaleza y eficacia de la Estrategia nacional de vacunación frente a la COVID-19", en *Revista de Derecho Político*, n. 112, 2021, pp. 43-77

DE PALMA DEL TESO, A., "Las competencias de la Generalitat de Cataluña en materia de protección pública de menores", en *Revista d›estudis autonòmics i federals*, n. 5, 2007

DEFENSOR DEL PUEBLO, "El Defensor reclama al Ministerio de Derechos Sociales actuaciones para mejorar la protección de los menores extranjeros no acompañados", 11 de mayo de 2021, disponible en https://www.defensordelpueblo.es/noticias/ninos-ninas-solos/ (última consulta: 23-03-2023)

HÄBERLE, P., "Comparación constitucional y cultural de los modelos federales", trad. M. Azpitarte, en *Revista de Derecho Constitucional Europeo*, n. 8, 2007

JIMÉNEZ CAMPO, J., "¿Qué es lo básico? Legislación compartida en el Estado Autonómico", en *Revista Española de Derecho Constitucional*, n. 27, 1989

LÓPEZ MENUDO, F., "Los derechos sociales en los Estatutos de Autonomía", en *Administración de Andalucía: revista andaluza de administración pública*, n. 73, 2008

MARTÍN CUBAS, J., "La reforma del Estatuto de la Comunitat Valenciana", en *Revista De Las Cortes Generales*, n. 66, 2005, pp. 149-190

MARTÍNEZ GARCÍA, C., "Distribución territorial de competencias en el sistema de protección a la infancia y la adolescencia en España: el encuadre normativo de la pobreza infantil en nuestra legislación", en *Presupuesto y gasto público*, n. 98, 2020

MINISTERIO DE POLÍTICA TERRITORIAL Y ADMINISTRACIÓN PÚBLICA, *Estatutos de autonomía por materias*, Madrid, Ministerio de Política Territorial y Administración Pública, 2011

PEGORARO, L., "Para una teoría integradora del federalismo y la plurinación", en *Federalismi.it*, n. 19, 2016

PEMÁN GAVÍN, J., "La cláusula de igualdad en las condiciones básicas", en la obra *Comentarios a la Constitución Española, Tomo II* (dirs. Rodríguez-Piñero y Bravo Ferrer, M. y Casas Baamonde, M. E.), Las Rozas, BOE-Wolters Kluwer, 2018

RAMIRO, J., "Los derechos de los niños en las políticas españolas para la infancia", *Revista de Derecho Político*, n. 95, 2016

Ravetllat Ballesté, I., "Protección a la infancia en la legislación española. Especial incidencia en los malos tratos (parte general)", en *Revista de Derecho UNED*, n. 2, 2007

RUIZ-RICO RUIZ, G., "El Estado social autonómico: eficacia y alcance de las normas programático-sociales de los Estatutos de Autonomía", en *Revista Española de Derecho Constitucional*, n. 65, 2002

SÁENZ ROYO, E., "La prestación sanitaria en el Estado autonómico: las incongruencias entre el modelo competencial y su financiación", en *Revista Española de Derecho Constitucional*, n 119, 2020, pp. 119-149

TORNOS MAS, J., "La legislación básica en la jurisprudencia del Tribunal Constitucional", en *Revista Vasca de Administración Pública*, n. 31, 1991

TUDELA ARANDA, J., "¿Reforma constitucional en clave federal? (sistematización de problemas generados por las reformas y posibles soluciones)", en *Revista de Estudios Políticos*, n. 155, 2011

Derechos de los niños y niñas en procedimientos judiciales

LARA ESTEVE MALLENT
Magistrada. Doctora en Derecho Penal.

I. INTRODUCCIÓN.

La Ley Orgánica 8/2015[62], y la Ley 26/2015[63], ambas de modificación del sistema de protección de la infancia y la

---

62 Ley Orgánica 8/2015, de 22 de julio, de modificación del sistema de protección a la infancia y a la adolescencia. Boletín Oficial del Estado núm. 175, 23 de julio de 2015.

63 Ley 26/2015, de 28 de julio, de modificación del sistema de protección a la infancia y a la adolescencia.

adolescencia, introdujeron como principio rector de la actuación administrativa y judicial el amparo de las personas menores de edad contra todas las formas de violencia, incluidas las producidas en su entorno familiar, de género, la trata y el tráfico de seres humanos y la mutilación genital femenina. Conforme a estas leyes, los poderes públicos tenían la obligación de desarrollar actuaciones de sensibilización, prevención, asistencia y protección frente a cualquier forma de maltrato infantil, así como de establecer aquellos procedimientos necesarios para asegurar la coordinación entre las administraciones públicas competentes y, en este orden, revisar en profundidad el funcionamiento de las instituciones del sistema de protección a las personas menores de edad y constituir así una protección efectiva ante las situaciones de riesgo y desamparo.

Si bien estas leyes supusieron un avance significativo en la protección de derechos de la infancia contra cualquier forma de violencia, lo cierto es que las mismas son fruto de una larga evolución social y legislativa.

El propio artículo 39 de la Constitución establece la obligación de los poderes públicos de asegurar la protección social, económica y jurídica de la familia, en especial de los menores de edad, de conformidad con los acuerdos internacionales que velan por sus derechos. Y por ello, en cumplimiento de este mandato, el legislador estatal, en el marco de sus competencias, reguló las instituciones jurídico-públicas y privadas sobre las que se asienta la protección del menor.

La primera ley significativa en materia de protección efectiva de infancia fue la Ley Orgánica 1/1996, de 15 de enero, de Protección Jurídica del Menor, de modificación parcial del Código Civil y de Enjuiciamiento Civil. En su garantiza a los niños y niñas una protección uniforme en todo el territorio del Estado, y que sirvió de referencia a la legislación que las Comunidades

Autónomas, las cuales fueron aprobando de acuerdo con su competencia en materia de asistencia social, servicios sociales y protección pública de menores la normativa adecuada.

Sin embargo, tras la publicación de la anterior ley, no encontramos avances legales significativos en materia de protección de menores en los años siguientes. Ello choca con la existencia de importantes cambios sociales que incidían en la situación de los niños y niñas, y que demandaban una mejora de sus instrumentos de protección jurídica en aras del cumplimiento efectivo del citado artículo 39 de la Constitución.

La necesidad de avanzar en esta materia radica en las Recomendaciones contenidas en el Informe sobre «Centros de Protección de Menores con Trastornos de Conducta y en situación de Dificultad Social» del año 2009 y en el «Estudio sobre la escucha y el interés superior del menor, revisión judicial de medidas de protección y procesos de familia del año 2014» del Defensor del Pueblo. En el mismo sentido se pronunció la Fiscalía General del Estado en las Recomendaciones contenidas en su Memoria del año 2010, el Comité de los Derechos del Niño en las Observaciones finales a España de 3 de noviembre de 2010, y la Comisión Especial del Senado de estudio de la problemática de la adopción nacional y otros temas afines, cuyo informe fue publicado en el «Boletín Oficial de las Cortes Generales», Senado, el día 17 de noviembre de 2010. Además, son varios los convenios internacionales que han entrado en vigor en nuestro país en este periodo y que exigen una adaptación normativa.

En este sentido, la Ley Orgánica 8/15 tenía como objeto introducir los cambios jurídicos-procesales y sustantivos necesarios para mejorar los instrumentos de protección, a los efectos de continuar garantizando a los niños y niñas una protección uniforme en todo el territorio del Estado, que sirviera de marco a las Comunidades Autónomas en el desarrollo de su respectiva legislación de protección de infancia, con independencia de su situación administrativa, en caso de personas extranjeras.

Esta Ley introduce cambios fundamentales en la Ley Orgánica de Protección Jurídica del Menor desarrollan y refuerzan el derecho del niño y niña a que su interés superior sea prioritario, principio fundamental en esta materia, pero concepto jurídico indeterminado que fue objeto, a lo largo de los años, de diversas interpretaciones. De esta manera, para dotar de contenido al concepto mencionado, se modificó el artículo 2 incorporando tanto la jurisprudencia del Tribunal Supremo de los últimos años como los criterios de la Observación general n.º 14, de 29 de mayo de 2013, del Comité de Naciones Unidas de Derechos del Niño, sobre el derecho del niño o niña a que su interés superior sea una consideración primordial.

Este principio, junto con la obligación de «escuchar al niño en todas las decisiones que le afecten», contenidos en los arts. 3 y 12 de la Convención respectivamente, deben ser leídos conjuntamente y están en la base del nuevo estatuto del niño como «sujeto de derecho». Así lo expone CARDONA LLORENS[64].

Y la novedad es definir este concepto desde un contenido triple. Por una parte, es un derecho sustantivo en el sentido de que el menor tiene derecho a que, cuando se adopte una medida que le concierna, sus mejores intereses hayan sido evaluados y, en el caso de que haya otros intereses en presencia, se hayan ponderado a la hora de llegar a una solución. Por otra, es un principio general de carácter interpretativo, de manera que si una disposición jurídica puede ser inter-

64 CARDONA LLORENS, J., "El derecho del niño a que su interés superior sea una consideración primordial en toda medida que le concierna a los XXV años de la Convención", en *Cuadernos digitales de Formación* del Consejo General del Poder Judicial nº 24, año 2014, p.2.

pretada en más de una forma se debe optar por la interpretación que mejor responda a los intereses del menor. Pero, además, en último lugar, este principio es una norma de procedimiento. En estas tres dimensiones, el interés superior del menor tiene una misma finalidad: asegurar el respeto completo y efectivo de todos los derechos del menor, así como su desarrollo integral.

A la luz de estas consideraciones, la Ley Orgánica constató que la determinación del interés superior del niño o niña en cada caso debía basarse en una serie de criterios aceptados y valores universalmente reconocidos por el legislador que debían ser tenidos en cuenta y ponderados en función de diversos elementos y de las circunstancias del caso, y que debían explicitarse en la motivación de la decisión adoptada, a fin de conocer si ha sido correcta o no la aplicación del principio.

La Ley Orgánica 8/21 ha mantenido este espíritu, y sin modificar los elementos esenciales introducidos por la Ley Orgánica 8/15, introduce elementos nuevos o actualiza los ya existentes, e incorpora mandatos internacionales derivados de convenios suscritos y ratificados por España consiguiendo así una esfera de protección integral para la infancia en cualquier procedimiento en que sus intereses puedan verse directa o indirectamente afectados.

El cuerpo normativo español ha incorporado importantes avances en la defensa de los derechos de las personas menores de edad, así como en su protección frente a la violencia. La ley integral sobre la violencia contra los niños, niñas y adolescentes no solo responde a la necesidad de introducir en nuestro ordenamiento jurídico los compromisos internacionales asumidos por España en la protección integral de las personas menores de edad, sino a la relevancia de una materia que conecta de forma directa con el sano desarrollo de nuestra sociedad.

El presente artículo tiene dos objetivos. El primero es determinar la afectación de la violencia de género puede causar en la esfera de protección de la infancia, y ofrecer una aproximación a los distintos ámbitos de violencia que pueden sufrir los niños y las niñas. Pretendemos mostrar que la violencia hacia la infancia no siempre se muestra de manera explícita, si no que reviste muy diversas formas, algunas de las cuales pueden pasar desapercibidas sin una adecuada formación en infancia. Analizaremos, en relación con este punto, diferentes respuestas desde ámbitos del derecho civil y penal.

El segundo objetivo es tratar dos elementos fundamentales que la LO 8/21 ha venido a introducir como una práctica procesal necesaria en los procedimientos en que la infancia puede verse afectada: la atención y escucha a niños y a niñas y la prueba preconstituida. Veremos, además, como la LO 8/21 y otras leyes sobre las que se sustenta pueden ofrecer herramientas (procesales, sustantivas y de buenas prácticas) para adecuar la actuación judicial a las nuevas necesidades que la protección a la infancia demanda.

II. LEY ORGÁNICA 1/2004 Y SU IMPORTANCIA EN LA PROTECCIÓN DE NIÑOS Y NIÑAS FRENTE A LA VIOLENCIA.

La redacción originaria de la Ley Orgánica 1/2004 no identificaba a los niños niñas como posibles víctimas de violencia de género, sin perjuicio de ser valorados como víctimas de violencia doméstica si en el ámbito familiar se probaba la existencia de algún hecho delictivo contra ellos o ellas[65]. La ley en su

65 En estos supuestos el bien jurídico protegido era directamente la integridad física, psicológica o sexual de las personas menores de edad.

publicación originaria consideraba que únicamente la mujer que fuera o hubiera sido víctima de un delito a manos de su pareja, ex pareja, cónyuge o ex cónyuge podría serlo, siendo ella la perceptora de derechos derivados del status de víctima de violencia de género.

Expone GARCÍA DOMÍNGUEZ que "las últimas reformas legislativas insisten en la necesidad de reconocer como víctimas a los hijos e hijas menores de edad en los supuestos de violencia de género y doméstica, y los considera titulares de derechos propios, que han de ser respetados teniendo en cuenta su interés superior en la adopción de las medidas y resoluciones judiciales, penales y civiles, que les afecten"[66].

La Ley Orgánica 8/15 es ejemplo de lo anterior. Dicha ley modifica el apartado segundo al artículo 1 de la Ley Orgánica 1/2004, quedando redactado como sigue: "*2. Por esta ley se establecen medidas de protección integral cuya finalidad es prevenir, sancionar y erradicar esta violencia y prestar asistencia a las mujeres, a sus hijos menores y a los menores sujetos a su tutela, o guarda y custodia, víctimas de esta violencia*".

Posteriormente, la Ley Orgánica 8/21[67] añade un cuarto apartado al artículo 1 de la ley Orgánica 1/2004, introduciendo la violencia vicaria como una forma de violencia de género: "*La violencia de género a que se refiere esta Ley también comprende la violencia que con el objetivo de causar perjuicio o daño a las mujeres se*

---

66 GARCÍA DOMÍNGUEZ, C., "La protección de los niños y las niñas en entornos de violencia de género: modificaciones introducidas por la Ley Orgánica 8/2021", en *Cuadernos digitales de formación* del Consejo General del poder Judicial, nº 17 años 2022, p. 4.

67 Ley Orgánica 8/2021, de 4 de junio, de protección integral a la infancia y la adolescencia frente a la violencia, BOE núm. 134, de 5 de junio de 2021.

ejerza sobre sus familiares o allegados menores de edad por parte de las personas indicadas en el apartado primero".

El reconocimiento de los niños y niñas como sujetos pasivos propios en el ámbito de la violencia de género, diferentes a sus madres, supone la superación de concepciones anteriores, en las que los niños y niñas no ostentaban la protección integral como víctimas directas, lo que se logra con la incorporación de estas leyes y con la integración de la Convención de los derechos del niño de 1989 u la Convención de los derechos de las personas con discapacidad de 2006. En este sentido recuerda MECO TEBAR que "ambas convenciones supusieron dejar de considerar, en un caso, a los niños como objetos de protección para pasar a considerarlos como sujetos de derecho"[68].

Esta nueva concepción de los niños y niñas como sujetos de derecho propio va a ser estudiada a lo largo del presente artículo, al analizar las distintas formas de violencia contra la infancia.

III. FORMAS DE VIOLENCIA CONTRA LA INFANCIA.

1. Legislación de protección a la infancia.

La protección de las personas menores de edad es una obligación prioritaria de los poderes públicos, reconocida en el artículo 39 de la Constitución Española[69] y en diversos trata-

---

68 MECO TEBAR, F., "Derechos de la infancia y la adolescencia de la Comunitat Valenciana" en *Comentarios a la Ley valenciana de Infancia y Adolescencia*, (Coord. Meco Tebar, F.), www.tirantonline.com, 2022, p.1.

69 Art. 39.4 CE: *"Los niños gozarán de la protección prevista en los acuerdos internacionales que velan por sus derechos".*

dos internacionales, entre los que destaca la Convención sobre los Derechos del Niño, adoptada por la Asamblea General de las Naciones Unidas el 20 de noviembre de 1989 y ratificada por España en 1990[70].

Los principales referentes normativos de protección infantil circunscritos al ámbito de Naciones Unidas son los tres protocolos facultativos de la Convención y las Observaciones Generales del Comité de los Derechos del Niño[71], que se encargan de conectar este marco de Derecho Internacional con realidades educativas, sanitarias, jurídicas y sociales que atañen a niños, niñas y adolescentes. En el caso de esta Ley Orgánica, son especialmente relevantes la Observación General número 12, de 2009, sobre el derecho a ser escuchado, la Observación General número 13, de 2011, sobre el derecho del niño y la niña a no ser objeto de ninguna forma de violencia y la Observación

---

70 Convención sobre los Derechos del Niño, adoptada por la Asamblea General de las Naciones Unidas el 20 de noviembre de 1989, ratificada por España en BOE núm. 313, de 31 de diciembre de 1990. Entre otros, destacamos el art. 3.2 de dicha Convención: *"Los Estados Partes se comprometen a asegurar al niño la protección y el cuidado que sean necesarios para su bienestar, teniendo en cuenta los derechos y deberes de sus padres, tutores u otras personas responsables de él ante la ley y, con ese fin, tomarán todas las medidas legislativas y administrativas adecuadas"*.

71 El Comité de los Derechos del Niño (CRC, por sus siglas en inglés), es el órgano de 18 expertos independientes que supervisa la aplicación de la Convención sobre los Derechos del Niño por los Estados Partes. El Comité también supervisa la aplicación de los tres Protocolos Facultativos de la Convención, los cuales se refieren a la participación de los niños en conflictos armados (OPAC) y a la venta de niños, la prostitución infantil y la utilización de niños en la pornografía (OPSC), así como al procedimiento de comunicaciones (OPIC), que permite que los/as niños/as presenten denuncias individuales relativas a violaciones específicas de sus derechos.

General número 14, de 2014, sobre que el interés superior del niño y de la niña sea considerado primordialmente.

La Unión Europea, por su parte, expresa la «protección de los derechos del niño» a través del artículo 3 del Tratado de Lisboa[72] y es un objetivo general de la política común, tanto en el espacio interno como en las relaciones exteriores.

El Consejo de Europa, asimismo, cuenta con estándares internacionales para garantizar la protección de los derechos de las personas menores de edad, como son el Convenio para la protección de los niños contra la explotación y el abuso sexual (Convenio de Lanzarote)[73], el Convenio sobre prevención y lucha contra la violencia contra la mujer y la violencia doméstica (Convenio de Estambul)[74], el Convenio sobre la lucha contra la trata de seres humanos o el Convenio sobre la Ciberdelincuencia[75]; además de incluir en la Estrategia del Consejo de Europa para los derechos del niño (2016-2021) un llamamiento a todos los Estados miembros para erradicar toda forma de castigo físico sobre la infancia.

---

72 Tratado de Lisboa por el que se modifican el tratado de la unión europea y el tratado constitutivo de la Comunidad Europea, Diario Oficial de la Unión Europea C306/01, de 17 de diciembre de 2007.

73 Convenio del Consejo de Europa para la protección de los niños contra la explotación y el abuso sexual, hecho en Lanzarote el 25 de octubre de 2007, ratificado por España en BOE núm. 274, de 12 de noviembre de 2010.

74 Convenio del Consejo de Europa sobre prevención y lucha contra la violencia contra la mujer y la violencia doméstica, hecho en Estambul el 11 de mayo de 2011, ratificado por España en BOE núm. 137, de 6 de junio de 2014.

75 Convenio del Consejo de Europa sobre la lucha contra la trata de seres humanos (Convenio nº 197 del Consejo de Europa), hecho en Varsovia el 16 de mayo de 2005, ratificado por España en BOE núm. 219, de 10 de septiembre de 2009.

2. Legislación nacional.

A nivel nacional, la Ley Orgánica 8/21 se relaciona con los compromisos y metas del Pacto de Estado contra la violencia de género[76], así como de la Agenda 2030 en varios ámbitos, y de forma muy específica con la meta 16.2: *"Poner fin al maltrato, la explotación, la trata y todas las formas de violencia y tortura contra los niños"*, dentro del Objetivo 16 de promover sociedades, justas, pacíficas e inclusivas. Las niñas, por su edad y sexo, muchas veces son doblemente discriminadas o agredidas. Por eso esta ley debe tener en cuenta las formas de violencia que las niñas sufren específicamente por el hecho de ser niñas y así abordarlas y prevenirlas a la vez que se incide en que solo una sociedad que educa en respeto e igualdad será capaz de erradicar la violencia hacia las niñas.

Con arreglo a la Convención sobre los Derechos del Niño y los otros referentes mencionados, España debe fomentar todas las medidas legislativas, administrativas, sociales y educativas necesarias para garantizar el derecho del niño, niña o adolescente a desarrollarse libre de cualquier forma de violencia, perjuicio, abuso físico o mental, descuido o negligencia, malos tratos o explotación. Este mandato, que le es exigido a España desde hace años, tardó en cristalizar en nuestra legislación interna. No obstante, a día de hoy podemos decir que el cuerpo normativo español ha incorporado importantes avances en la defensa de los derechos de las personas menores de edad, así como en su protección frente a la violencia. En concreto,

---

[76] Resolución de 8 de septiembre de 2021, de la Secretaría de Estado de Igualdad y contra la Violencia de Género, de transferencias para el desarrollo de nuevas o ampliadas competencias reservadas a las entidades locales en el Pacto de Estado contra la Violencia de Género para el ejercicio 2021, Boletín Oficial del Estado núm. 219, de 13 de septiembre de 2021.

percibimos un notable avance desde 2015, cuando, tras la promulgación de la Ley Orgánica 8/15, la Ley 8/15 26/15 y el Estatuto de la Victima del Delito (EVD)[77], se otorga carta de naturaleza a la situación jurídica de los niños y niñas, quienes pasan a tener la consideración de sujetos propios de derecho en toda su amplitud.

Antes de esa fecha, debíamos atender, para la protección de la infancia, a la Ley Orgánica 1/1996, de 15 de enero, de Protección Jurídica del Menor[78]. Dicha ley modificó parcialmente el Código Civil y de la Ley de Enjuiciamiento Civil. Sin embargo, y a pesar de la existencia de normativa al efecto, lo cierto es que la situación jurídica de los niños y niñas quedaba supeditada, en la mayoría de las ocasiones, a la protección que en su caso se otorgara a las personas responsables de ellos o ellas: sus padres, madres o personas que les representaban. Recuerda MECO TEBAR la necesidad de reconocer a los niños y niñas como seres humanos en el ámbito público y no sólo privado o doméstico, y este carácter público supone la carta de plena ciudadanía. Sus derechos "son inherentes a su existencia, inalienables e interdependientes entre sí. Su titularidad es directa de cada niño o niña y no subsidiaria"[79].

---

[77] Ley 4/2015, de 27 de abril, del Estatuto de la víctima del delito. *Boletín Oficial del Estado núm. 101,* 28 de abril de 2015. A partir de ahora, EVD.

[78] Ley Orgánica 1/1996, de 15 de enero, de Protección Jurídica del Menor, de modificación parcial del Código Civil y de la Ley de Enjuiciamiento Civil. *Boletín Oficial del Estado núm. 15,* 17 de enero de 1996.

[79] MECO TEBAR, F., "Objeto, ámbito y criterios de interpretación" en *Comentarios a la Ley valenciana de Infancia y Adolescencia,* (Coord. Meco Tebar, F.), www.tirantonline.com, 2022, p.10.

La falta de concepción holística en el ámbito de infancia fue denunciada por diferentes colectivos, y también por organismos internacionales.

En este sentido, destacamos el caso de Ángela González Carreño c. España[80]. En 1999, cuando su hija Andrea tenía tres años de edad, la Sra. González Carreño se separó de su esposo después de que él la amenazara con un cuchillo. Durante varios años, la Sra. González Carreño presentó denuncias contra él ante el sistema jurídico español, con el fin de proteger a su hija de manera que la niña no tuviera que pasar tiempo a solas con su padre (visitas del padre a la niña que habían ordenado los tribunales). El 24 de abril de 2003, tras una audiencia judicial sobre el asunto, el esposo de la Sra. González Carreño "*se acercó a ella y le dijo que le iba a quitar lo que más le importaba*", según figura en los documentos del caso examinados por el Comité. Más tarde ese mismo día, la policía encontró los cuerpos sin vida de Andrea y su padre, y concluyó que había disparado a su hija y posteriormente se suicidó.

Tras no obtener amparo en la justicia interna, la Sra. González Carreño interpuso la denuncia presentó su caso ante el Comité para la Eliminación de la Discriminación contra la Mujer alegando que las acciones de las autoridades policiales, administrativas y judiciales constituían una violación de su derecho a no ser objeto de discriminación por motivos de género. En el 2014, el Comité CEDAW concluyó que España había violado sus derechos humanos en virtud de la Convención sobre la Eliminación de Todas las Formas de Discriminación contra la

---

80 Dictamen del Comité para la Eliminación de la Discriminación contra la Mujer en virtud del Protocolo Facultativo de la Convención sobre la eliminación de todas las formas de discriminación contra la mujer (58° período de sesiones). Comunicación núm. 47/2012 González Carreño c. España.

Mujer. Entre otras recomendaciones, la CEDAW recomendó a España que pagara una indemnización a la Sra. González Carreño y que adoptara medidas para que los actos de violencia doméstica cometidos en el pasado se tuvieran en cuenta al determinar los derechos de custodia y visita de los niños[81].

Gran parte de las recomendaciones de la CEDAW son tenidas en cuenta y plasmadas en la Ley Orgánica 8/2015, de modificación del sistema de protección a la infancia y a la adolescencia y Ley 26/2015, de Modificación del sistema de protección a la infancia y a la adolescencia. En concreto, la Ley Orgánica 8/15 reconoce el interés superior del/la niño/a en todas las acciones y decisiones que le conciernan, tanto en el ámbito público como privado (art. 2); les reconoce como víctimas directas de violencia de género, remitiendo al art. 1.2 LO 1/2004[82], y al EVD (Ley 4/15), considerando que los niños y niñas adquieren el estatus de víctimas por el hecho de ser hijos/as de la víctima y/o agresor.

Otra de las innovaciones de la Ley Orgánica 8/15 es la modificación del art. 61 LO 1/2004, que dispone que, en procedimientos de violencia de género, la autoridad judicial deberá pronunciarse en todo caso sobre medidas respecto a la infancia (arts. 64 a 66 LO 1/2004), reconociendo distintas medidas

---

81 https://www.ohchr.org/sp/NewsEvents/Pages/DisplayNews.aspx?NewsID=23849&LangID=S

82 Tras la LO 8/21, el art. 1.2 LO 1/2004 queda redactado así: *"Por esta ley se establecen medidas de protección integral cuya finalidad es prevenir, sancionar y erradicar esta violencia y prestar asistencia a las mujeres, a sus hijos menores y a los menores sujetos a su tutela, o guarda y custodia, víctimas de esta violencia"*. También ver Exposición de Motivos VI de la LO 8/15.

de protección en función de las necesidades del niño o niña (arts. 544 *bis, ter, quinquies*)[83].

Un elemento innovador de la LO 8/15 es la obligación de supervisar las relaciones paterno filiales del padre agresor con hijos/as si no se suspende el régimen de visitas (art. 65 y 66 ley 1/04), entrando a cobrar especial trascendencia los Puntos de Encuentro Familiar.

La Ley 4/2015, de 27 de abril, del Estatuto de la víctima del delito (EVD), completa la protección a la infancia, desarrollando la Directiva 2012/29/UE del Parlamento Europeo y del Consejo de 25 de octubre de 2012[84].

El Estatuto reconoce que la adopción de las medidas de protección del Título III, y especialmente la no adopción de las mismas, deben estar fundamentadas en el interés superior de la infancia[85]. Y este interés superior debe materializarse y no ser algo abstracto que impida su aplicación práctica. En este sentido, CARDONA LLORÉNS pone de manifiesto que

---

83 Esto supone una total innovación, ya que se exhorta a la autoridad judicial a pronunciarse sobre la situación del niño o la niña que se ha visto afectado/a por una situación de violencia de género. Con estos mandatos, se reconoce que la situación de la infancia en los casos de violencia de género requiere una intervención activa de la autoridad judicial, que deberá analizar la situación del niño o niña en ese contexto y resolver lo procedente. Anteriormente a esta norma, salvo la aplicación del art. 158 CC, para adoptar medidas civiles de protección a la infancia se requería que no hubiera medidas civiles previas o que se hubiera solicitado medida de protección civil expresa por la víctima-mayor de edad, en representación del niño o niña.

84 Directiva 2012/29/UE del Parlamento Europeo y del Consejo de 25 de octubre de 2012, por la que se establecen normas mínimas sobre los derechos, el apoyo y la protección de las víctimas de delitos, y por la que se sustituye la Decisión marco 2001/220/JAI del Consejo.

85 EVD, Preámbulo III.

el Comité de Derechos del Niño de las Naciones Unidas alertó sobre la necesidad de ayudar a los Estados a clarificar el significado del interés superior del niño, cómo debe evaluarse y determinarse, qué criterios deben ser utilizados[86].

El Estatuto tiene varios objetivos con respecto a la infancia, entre los que cabe destacar los siguientes:

- Visibilizar como víctimas a los/as niños/as que se encuentran en un entorno de violencia de género o violencia doméstica.
- Garantizarles el acceso a los servicios de asistencia y apoyo, así como la adopción de medidas de protección
- Facilitar su recuperación integral.

Además, realiza una serie de pronunciamientos que posteriormente serán integrados en la Ley Orgánica 8/15, como son:

- Consideración de los niños y niñas como niño/a como víctimas directas de violencia de género[87].
- Obligación del uso de lenguaje apropiado para menores (art. 4).
- Establecer medidas de asistencia y protección para hijos e hijas menores de edad de víctimas de violencia[88].
- Derecho de protección datos (art. 22).
- Evaluación individual para medidas de protección (art. 23).
- Medidas específicas de protección menores y personas con discapacidad necesitadas de protección (art. 26).

---

86 *Op. Cit.*, CARDONA LLORÉNS, J., p. 4.

87 *Op. Cit.*, art. 1 y ver Exposición de Motivos.

88 *Op. Cit.*, Títulos I y III (Derechos básicos y Protección).

- Utilización de declaraciones grabadas (lo que es el antecedente de la prueba preconstituida obligatoria, que después estudiaremos), realizándose a través de personas expertas.
- Nombramiento de defensa judicial si existen intereses contrapuestos con progenitores.
- Presunción de minoría de edad si existe duda sobre la edad.
- Posibilidad de la autoridad judicial de limitar la presencia de las partes en las actuaciones con niños y niñas (DF1.11.- Art. 433 LECrim).

Lo particular de este conjunto normativo es que recoge todas las normas y las afecta directamente a la esfera jurídica del niño o la niña, reconociéndole un estamento jurídico propio y contemplando medidas de protección, acción y respuesta adecuadas a la infancia.

La Ley Orgánica 8/21 supone un paso más en la protección integral a los niños, niñas, adolescentes y personas necesitadas de especial apoyo. Esta Ley tiene como objetivo garantizar los Derechos Fundamentales de la infancia, y en especial su integridad física, psíquica, psicológica y moral frente a cualquier forma de violencia.

Si bien son muchos puntos los coincidentes con leyes anteriores (en especial con la Ley Orgánica 8/15), la Ley 8/21 contempla una serie de novedades, entre las que destacamos:

- Integración (expresa) de la perspectiva del niño/a.
- Consideración de niños y niñas como perceptores autónomos/as de derechos: de información, asesoramiento y atención integral entre otros (concreta lo que ya adelantó la LO 8/15).
- Contemplar la comunicación de las situaciones de violencia a la infancia como un deber de toda la ciudadanía.

- Comienzo del cómputo de prescripción de delitos contra niños/as al alcanzar éstos/as los 35 años.
- En delitos, el perdón será irrelevante si la víctima es menor de edad/con discapacidad necesitadas de especial atención.
- Eliminación del SAP como herramienta contra niño/a, madre y padre.
- Reiteración de la consideración de los niños y niñas como sujetos de derecho propio: a nivel sustantivo, procesal e interpretativo.
- Práctica de la prueba preconstituida obligatoria para niños/as hasta 14 años.
- Inclusión de la violencia vicaria como una forma de violencia contra la infancia[89].

IV. PERSPECTIVA DE INFANCIA.

El acercamiento real a las necesidades de los niños y niñas en cualquier proceso/procedimiento en que puedan verse comprometidos sus intereses conlleva, necesariamente, a integrar la perspectiva de infancia.

Así como la perspectiva de género se encuentra más interiorizada, y ya existen pronunciamientos de largo recorrido que reconocen la misma como un mandato legal, la perspectiva

---

89 La LO 8/21 incorpora el apartado cuarto: "*La violencia de género a que se refiere esta Ley también comprende la violencia que con el objetivo de causar perjuicio o daño a las mujeres se ejerza sobre sus familiares o allegados menores de edad por parte de las personas indicadas en el apartado primero*".

de la infancia es un término relativamente poco conocido en nuestra legislación[90].

En materia de protección a la infancia, tradicionalmente se venía actuando mediante la protección de los niños y las niñas víctimas de violencia desde una perspectiva adulta: no se evaluaba individualmente la situación de los niños y las niñas.

Dicha perspectiva, compatible con la de género, se percibe claramente en la Ley Orgánica 8/15. Esta Ley Orgánica considera que el interés supremo de la infancia se debe tener presente a efectos sustantivos, procesales e interpretativos. Y aclara que la determinación del interés superior del niño o niña en cada caso debe basarse en una serie de criterios aceptados y valores universalmente reconocidos por el legislador, que deben ser tenidos en cuenta y ponderados en función de diversos elementos y de las circunstancias del caso, y que deben explicitarse en la motivación de la decisión adoptada, a fin de conocer si ha sido correcta o no la aplicación del principio.

La perspectiva de la infancia, en palabras de CARDONA LLORÉNS, supone una nueva visión en las relaciones entre adultos y niños, lo que lleva consigo una dinámica democrática en las mismas. Constata este autor que "los niños no pertenecen a nadie, ni siquiera a sus padres. Los niños pertenecen a sí mismos y deben ser considerados como sujetos de derecho, cuyo interés debe ser tenido en cuenta en todas las decisiones que les afecten y cuya opinión debe ser escuchada antes de determinar el contenido de ese interés"[91].

---

90 La perspectiva de género ha sido reconocida en el Convenio de Estambul (art. 49.2), CEDAW (Ángela González Carreño c. España), o STS 217/19, de 25 de abril, STS 145/2020, de 14 de mayo, STS 711/2020, de 18 de diciembre, entre otras.

91 *Op. Cit.*, CARDONA LLORÉNS, J., p. 2.

La perspectiva de la infancia se puede concretar en una serie de actuaciones que tiene un fin común: adaptar la justicia a los niños y niñas, con respeto a las leyes y a su aplicación, teniendo en cuenta su interés superior.

Los principales ítems podríamos definirlos en los siguientes:

- *Tener en cuenta que los niños y niñas son sujetos de derecho propio.*
- *Puede ser un complemento de la perspectiva de género,* que lleva a una interpretación de la situación concreta del niño o niña.
- *Necesidad de escuchar al niño o niña en las decisiones que le afecten a él o ella,* independientemente de la naturaleza del proceso (civil, penal, laboral, administrativo, contencioso o de conformidad), y cuando tengan suficiente juicio.
- *Crear un ambiente adecuado para la realización de las intervenciones con los niños o niñas.* Sobre este punto, decir que lo ideal sería contar en cada juzgado con una "sala amable" donde el niño o la niña se sintiera cómodo/a. Esto es especialmente relevante teniendo en cuenta, tal y como hace constar RIPOLLÉS GARCÍA, que el acudir a los juzgados, "en la mayoría de ocasiones, se vivirá como un suceso ansiógeno que genera cierta preocupación e incomodidad, dado que es un acontecimiento desconocido en el que el niño o la niña no tiene control y cuyo resultado le genera incertidumbre"[92].

---

92 RIPOLLÉS GARCÍA, A., "Impacto psicológico que el paso por los tribunales tiene en los niños y niñas. Recuperación", en *Cuadernos digitales de formación* del Consejo General del poder Judicial, nº 17 2022, p. 3.

- *Usar formas y lenguaje adaptadas a su edad.* La ley obliga a los jueces y juezas a dictar resoluciones que sean accesibles a la ciudadanía. Razón de más para exigir este plus de transparencia y acercamiento cuando la parte implicada es un niño o una niña menor de edad. Y esta labor no tiene por qué condicionar ni la imparcialidad del órgano instructor/sentenciador, ni la calidad de la respuesta judicial[93].
- *Intervención de profesionales.* Deberá analizarse la situación concreta y determinar si la evaluación del niño o niña se puede realizar directamente por la autoridad judicial o precisará de intervención profesional. Consideremos un caso de un divorcio en que el padre y la madre tiene una niña de 17 años. En este supuesto, probablemente la autoridad judicial podrá hablar directamente con la niña para que le informe sobre la situación familiar y su valoración sobre la decisión del padre y la madre respecto de ella. Sin embargo, pensemos ahora en un abuso sexual a un niño de 5 años. Salvo que la autoridad judicial sea experta en psicología (podría serlo), se deberá recabar la presencia del/la profesional de psicología para la explo-

93 Este lenguaje claro y adaptado a su edad debe ir acompañado con una actitud gestual en consonancia. Un sencillo ejemplo: la exploración de un niño, al que tenemos sentado frente a nuestra mesa. Nos acercamos a él y nos situamos cerca (no respetando su espacio), nos quedamos de pie y le realizamos preguntas seguidas, sin dar tiempo a que las procese: el niño se podrá sentir intimidado por la situación, y ello aunque empleemos un lenguaje claro. Si por el contrario nos acercamos respetando su espacio, nos situamos a su altura visual (agachándonos o sentándonos junto a él), eliminando la barrera de la mesa, habrá más posibilidades que el niño se sienta cómodo con nosotros/as.

ración. Este punto se encuentra también relacionado con la prueba preconstituida, a la que posteriormente nos referiremos.

- *Tener en cuenta los antecedentes en violencia doméstica y de género.* El objetivo de esta medida es proteger al niño o a la niña frente a la violencia que puede estar desarrollándose en su ámbito familiar, reconociendo su derecho a crecer en un ambiente libre de violencia, derecho que lógicamente no se protege si no se da si vive en un ámbito de violencia de género o doméstica.

Todos los puntos anteriores están encaminados a proteger la situación del niño o niña en los procesos en que pueden verse afectados sus intereses, y a otorgar al niño o niña un estatus propio dentro de este proceso, teniendo en cuenta su situación de manera global.

V. MODOS DE VIOLENCIA EN INFANCIA.

Una de las consecuencias de considerar a la infancia como sujeto propio de derecho es la distinción entre distintas formas de violencia ejercidas contra ella, que repercute en una merma de los derechos de niñas y niños, en el ámbito penal, civil o de protección social.

La ley de infancia define como violencia *«toda acción, omisión o trato negligente que priva a las personas menores de edad de sus derechos y bienestar, que amenaza o interfiere su ordenado desarrollo»*. Diferenciaremos las violencias ejercidas directamente hacia la persona del niño o niña; la violencia en que el niño o la niña es utilizada como “medio” para llegar a su padre o madre (la denominada violencia vicaria), y la violencia indirecta que se ejerce sobre las niñas y niños, desatendiéndoles económica o asistencialmente.

1.- Violencia directa hacia su persona.

En estos supuestos el bien jurídico protegido es directamente la integridad física, psíquica o patrimonial del niño o de la niña; y ello a pesar de la existencia de otros factores afectados por la comisión del hecho delictivo. Pensemos, a modo de ejemplo, en un delito de lesiones. La intención del autor será atentar contra la persona del niño o niña, siendo el bien jurídico protegido su integridad física. Ello no quita que el padre o la madre del niño o niña puedan verse afectados por ver a su hijo sufrir. Pero, a diferencia de otras modalidades delictivas (como la violencia vicaria), en este caso la intención del autor/a no es la de causar mal al padre o madre. Es un riesgo que el autor no se representa, si no que puede aparecer como consecuencia de los hechos delictivos causados.

Es preciso emplear la perspectiva de la infancia para investigar y tratar los delitos hacia la infancia. Y ello teniendo en cuenta, como establece RIPOLLÉS GARCÍA, que en niños y niñas que han sufrido un hecho traumático, "su paso por los juzgados puede agravar todavía más su malestar, dado que podrían experimentar de nuevo dichas vivencias al tener que relatar lo sucedido"[94].

La Ley Orgánica 8/21 reconoce una serie de elementos innovadores que afectan directamente a los delitos cometidos contra los niños y niñas, como es el deber de la ciudadanía de denunciar los delitos cometidos contra ellos y ellas[95].

---

94 *Op. Cit.*, RIPOLLÉS GARCÍA, A., p. 8.

95 Lo que puede parecer una tautología, pues ya el art. 259 LECrim establece la obligación de las personas de denunciar la comisión de delitos: "*El que presenciare la perpetración de cualquier delito público está obligado a ponerlo inmediatamente en conocimiento del Juez de instrucción,*

Los niños y niñas, como sujetos propios de derecho a nivel sustantivo, procesal e interpretativo precisan de mecanismos propios de protección que reconozcan individualmente la afectación de sus derechos y contengan una solución personal al riesgo o lesión sufrida. En materia penal, podemos incluir los artículos 544 *bis* (orden de alejamiento), 544 *ter* (orden de protección), 544 *quinquies* (medida de protección civil), 94 Código Civil (prohibición de relación del progenitor/a-agresor/a al hijo o hija de la víctima en violencia doméstica o de género), así como los artículos 61 ss de la LO 1/2004.

2. *Infancia como "medio" para dañar a sus madres/padres: violencia vicaria.*

La violencia vicaria, en palabras de VACCARO, puede definirse como "aquella violencia que se ejerce sobre los hijos para herir a la mujer. Es una violencia secundaria a la víctima principal, que es la mujer. Es a la mujer a la que se quiere dañar y el daño se hace a través de terceros, por interpósita persona. El maltratador sabe que dañar, asesinar a los hijos/hijas, es asegurarse de que la mujer no se recuperará jamás. Es el daño extremo"[96]. Dicha autora fue quien cuñó el término "violencia vicaria". Por su parte, LINARES reconoce que "los hijos son utilizados como instrumentos o armas para ejercer violencia de género contra la madre, su víctima"[97].

---

de paz, comarcal o municipal o funcionario fiscal más próximo al sitio en que se hallare, bajo la multa de 25 a 250 pesetas".

96 VACCARO, S., *Violencia vicaria: Un golpe irreversible contra las madres.* Disponible en https://www.soniavaccaro.com/post/ violencia-vicaria -un-golpe-irreversiblecontra-las-madres.

97 LINARES, M., «La violencia vicaria en el marco de la violencia machista» ponencia presentada el 23 de noviembre de 2021, Ilustre

El término "violencia vicaria" pretende hacer constar que en una misma conducta vienen dañados dos bienes jurídicos protegidos: los intereses del niño o niña y los de su madre, receptora final de los ataques a los niños o niñas. Así se recoge en el art. 1.4 LO 1/2004: *"La violencia de género a que se refiere esta Ley también comprende la violencia que con el objetivo de causar perjuicio o daño a las mujeres se ejerza sobre sus familiares o allegados menores de edad por parte de las personas indicadas en el apartado primero"*[98].

Sin embargo, la violencia vicaria debería ser extensiva también a los casos en que el sujeto activo no solo sea el padre, si no cualquier persona unida al niño o a la niña por un vínculo tal que permita ejercer esa influencia en su persona, y a través de ella, a la de otro/a progenitor. Acuñando el término "violencia vicaria" protegemos los intereses amplios del niño o niña (tanto los suyos propios como los de la persona destinataria final, a la que el niño o niña se encuentra unido/a). Pero estos intereses también se ven dañados no solamente si la receptora final es la madre, si no también el padre o cualquier persona unida al niño o niña que se vea afectada por estos hechos. De esta manera, considero que el concepto de "ejercer violencia a través de otra persona", debería comprender cualquier violencia ejercida contra los niños o niñas que tenga como objetivo causar mal a persona unida a ellos/as. De esta manera se protegería de manera unificada los intereses de los niños y niñas en cualquier entorno familiar que sesgara sus derechos y libertades[99].

Abogados de Cataluña.

98 Párrafo añadido por disposición final 10 de la Ley Orgánica 8/2021, de 4 de junio.

99 ESTEVE MALLENT, L., "Clases de violencia contra la infancia. Escucha, atención a la infancia y prueba preconstituida según la Ley Orgánica 8/2021", en *Cuadernos digitales de formación*. Consejo General del Poder Judicial, nº 17 años 2022, p. 9.

A diferencia del punto anterior, en este supuesto la persona autora tiene como fin dañar a una persona que ha sido cercana, y para ello daña a sus seres queridos, consiguiendo así afectar a varios bienes jurídicos: la integridad de los niños o niñas, que se ve afectada por el ataque físico o psicológico de quien agrede; y la persona a la que pretende dañar (madre (en el concepto estricto), padre o persona allegada). Consecuencia de lo anterior, es que nos encontramos ante un delito pluriofensivo. En el apartado anterior el objetivo es dañar los intereses del niño o a la niña, asumiendo (consciente o inconscientemente) que con este daño se va a dañar también a otras personas. La violencia vicaria tiene por objetivo el control y el dominio sobre la persona afectada (principalmente la mujer), en un alarde máximo de posesión en una relación de poder que se sustenta en la desigualdad.

Si nos centramos en el ámbito de violencia de género, hemos de señalar que tradicionalmente se ha venido reconociendo como víctima de violencia de género a las mujeres que siendo o habiendo sido parejas o cónyuges del agresor, eran víctimas de un delito por parte de éste. Sin embargo, los hijos o hijas (o personas especialmente vulnerables que convivieran con víctima o agresor) que quedaban dentro del núcleo familiar no recibían esta condición. Y ello a pesar de verse afectadas por la situación vivida. A partir de 2015, primero con la Ley Orgánica 8/15 y el Estatuto de la víctima del delito, y posteriormente con la aplicación de la Ley Orgánica 8/21, esta situación cambia, pasando a considerarse víctimas directas del delito de violencia de género por el mero hecho de convivir en un ambiente de violencia.

Ello tiene una explicación sencilla pero contundente, y que es proclamada tanto por la LO 8/15 como por la LO 8/21: el derecho de los niños y niñas a vivir en un ambiente libre de violencia, pudiendo desarrollar su personalidad alejados y alejadas de estas condiciones[100].

El otorgamiento a niños y niñas de la condición de víctima no solo supone un cambio de nombre, sino, como hemos señalado, de estatus: como víctima, tienen a su disposición mecanismos de protección que reconoce la LO 1/2004 y no solo ella; también el Estatuto de la Víctima del delito y las dos Leyes Orgánicas de protección a la Infancia de 2015 y 2021. De esta manera, se le otorga el derecho a asistencia jurídica gratuita, así como asistencia psicológica, social y asistencial.

El reconocimiento como víctima de niños y niñas en la violencia vicaria también supone poder valorarlos de manera independiente, teniendo en cuenta los principios de autonomía procesal, sustantiva y de interpretación; y esta valoración deberá realizarse desde el ámbito de la especialización y la profesionalidad en la atención a la infancia.

Podemos encontrar sentencias que hacen mención a la violencia vicaria, como la STS 684/21[101]. Dicha resolución estudia las características que describen el maltrato habitual. Al hacerlo - como tipo penal que evidencia con fuerza la humillación y sometimiento que sufren las víctimas en el hogar- evidencia: *"cuando la víctima se decide a denunciar, o a querer romper su relación ante el carácter insoportable del que se ejerce sobre ella y sus hijos, se incrementa el riesgo de que los actos de maltrato pasen a un escenario de «incremento grave del riesgo de la vida de la víctima, ya que si ésta decide comunicar la necesidad de una ruptura de la relación, o le de-*

---

100 Ver arts. 1, 30, Disposición Final Segunda LO 8/21.

101 Sentencia del Tribunal Supremo, Sala de lo Penal, Sección 1, número 684/21, de 15 de septiembre, ROJ STS 3374/2021. También otras sentencias como la Sentencia Audiencia Provincial Soria, Penal, Sección 1, número 108/21, de 2 de noviembre, ROJ SAP SO 371/2021

nuncia por esos hechos, el sentimiento de no querer aceptar esa ruptura el autor de los mismos provoca que pueda llegar a cometer un acto de mayor gravedad, y que puede dar lugar, incluso, a actos de la denominada violencia vicaria".

Cobra aquí importancia máxima la obligación de atención y escucha, por parte de la autoridad judicial, a la infancia. Y todo ello englobado con la integración de la perspectiva a la infancia. Sobre estos puntos volveremos más tarde.

3. Dejando a la infancia en situación de necesidad.

La diferenciación sobre la violencia obedece a la necesidad de incidir en determinados aspectos que pueden perjudicar claramente a los niños y niñas, y que sin embargo puede pasar desapercibida en la instrucción de la causa. Y en concreto este punto, por su propia naturaleza, queda circunscrito a la violencia ejercida en el ámbito familiar, ya que se da entre personas que son perceptoras/responsables de ayuda y sostenimiento económico o emocional.

Este supuesto podría suponer una especialización de la violencia vicaria, ya que, mediante los actos que vamos a pasar a describir, el autor o autora puede pretender, causar mal, a la madre, padre o persona cercana a los niños y niñas. Y con su acción va a perjudicar también el interés del niño o niña. Nos referimos a la violencia económica y asistencial.

Tratamos la violencia económica y asistencial de manera diferenciada por dos cuestiones: la especialidad de estas conductas, y por la invisibilidad con la que muchos de estos comportamientos aparecen, camuflando como civiles lo que son comportamientos que lesionas bienes jurídicos protegidos en el derecho penal o en otras jurisdicciones. Vemos los dos grupos.

A) Violencia económica.

La utilización de medios de control económicos en el ámbito de violencia de género es un claro ejemplo de la desigualdad y situación de poder que puede ejercer el hombre hacia la mujer. Limitar el uso de recursos económicos, de acceso a las cuentas, empleo de la tarjeta de crédito; solicitar detalle de lo dispuesto y no hacer él lo mismo, son ejemplos de mecanismos de control en la vida de las mujeres. Pero la violencia económica tiene reflejo también en la vida de los niños y niñas, cuando éstos/as se encuentran cuidados por uno/a de los progenitores (en el ámbito de violencia de género, por las mujeres). En estos casos, nos encontramos ante supuestos en los que el autor utiliza estos medios de control que se hacen extensivos a la mujer y a su descendencia.

Ejemplo de ello son los casos en que el autor o autora deja de abonar, o abona irregularmente, cantidades debidas destinadas a cubrir las necesidades de los niños o niñas. Los conceptos más comunes son las pensiones de alimentos.

Tal y como establece la STS 239/21[102], el impago de la obligación de alimentos supone la comisión de un delito de naturaleza pluriofensivo. Ante el incumplimiento, el/la progenitor/a que los tiene consigo debe llevar a cabo un exceso en su esfuerzo de cuidado y atención hacia los hijos e hijas, privándose de atender sus propias necesidades para cubrir las obligaciones que no verifica el obligado a hacerlo. Ello conlleva una doble victimización:

- Sobre los hijos e hijas que necesitados de alimento no lo reciben.
- Sobre progenitor o progenitora, que debe sustituir al progenitor que no cumple.

---

102 Sentencia del Tribunal Supremo, Sala de lo Penal, Sección 1, número 239/21, de 17 de marzo, ROJ STS 914/2021.

La sentencia mencionada concluye que el pago de alimentos no es una cuestión de deseo o preferencias, sino una necesidad, y el incumplimiento de esta obligación puede dejar a los hijos e hijas en una situación de necesidad, y a la progenitora o progenitor, una sobrecarga económica sobrevenida. Se trata de una obligación judicial, no moral o natural[103].

Así como puede ser relativamente sencillo entender el impago de alimentos como un delito de esta naturaleza, no lo es tanto otros impagos que, relacionados con la familia, no están afectos directamente al sostenimiento de las necesidades de los niños o niñas.

En este sentido, si nos referimos de impago de gastos extraordinarios, hipoteca o pensión compensatoria[104], *a priori* podríamos pensar que el incumplimiento podría estudiarse en un procedimiento civil, pero que no adquiere naturaleza penal.

Pues bien, frente a una situación de impago de estas partidas, debemos analizar en primer lugar si el impago de estas cantidades puede suponer un detrimento en las condiciones de las personas beneficiadas por las prestaciones, entendida en sentido amplio (como el conjunto de condiciones susceptibles de garantizar una vida digna). Si concluimos que el niño o la niña quedan afectados/as por el impago de las mismas, podríamos entrar en la esfera penal[105].

---

103 Otras resoluciones hacen referencia a la violencia económica. Véanse AAPM, Sección 26, núm. 1004/21, de 9 de junio; SAPG, Sección 8, número 123/21, de 4 de junio.

104 Véase AAPO, Sección 3, número 240/21, de 6 de abril.

105 La posibilidad de seguirse el procedimiento por vía penal no es cerrada ni imperativa: ante la apariencia de incumplimiento por la persona obligada, deberemos relacionar este punto (el impago) con el principio de culpabilidad de la persona autora, distinguiendo si los hechos pudieran tener naturaleza civil o penal.

Pensemos en el caso de una persona obligada al pago de una hipoteca, en la que reside su expareja con dos niñas menores de edad; la falta de pago de la hipoteca puede dejar a las niñas menores de dad (de quien es responsable tanto el padre como la madre) en una verdadera situación de necesidad, incluso sin vivienda.

Respecto de los gastos extraordinarios a los que no se hace frente, podemos acudir al Código penal[106], y si se cumplen los requisitos penales, tratar el delito como delito contra las relaciones familiares.

A modo de ejemplo, la falta de pago de excursiones o de viajes de una hija o hijo, no supone dejarla en una situación de necesidad, eso es obvio. Sin embargo, el no-pago de esas cantidades (teniendo capacidad para hacerlo, obviamente, recordemos el principio de culpabilidad) sin justificación, y de manera reiterada, podría esconder un afán de control y de obstaculización para la situación del/la progenitor/a guardador/a, y esta situación podría afectar necesariamente a la progresión del niño o niña, llegando a entrar en la vía penal. Y ello porque a través del impago de cantidades a favor de los niños o niñas, se produce una afectación de los intereses del guardador/a y también del niño o niña en cuestión (el caso del padre o la madre no custodio/a no abona conscientemente cantidades de recreo a favor del niño o niña, pero que tiene recursos de sobra y los gasta en su propia diversión como casa, viajes, coches, etc).

Como indicábamos, no cualquier incumplimiento de obligaciones pecuniarias revestirá necesariamente forma penal. Será la autoridad judicial quien deba analizar el supuesto en concreto, el principio de culpabilidad, entidad del hecho, si-

---

106 Art. 227 Código Penal.

tuación en que deja a la víctima o víctimas y cualquier factor determinante de la naturaleza del acto cometido.

B) Violencia asistencial.

Se trata de situaciones de desprotección en la que quedan los niños o niñas cuando sus padres o madres (no custodios), incumplen las obligaciones de visitas o estancias con el hijo o hija. Este incumplimiento no supone necesariamente una dejación total de las funciones; nos referimos a los casos en que se retrasa sistemáticamente en la entrega o recogida del niño o niña; cuando realiza las llamadas para comunicar a horas inadecuadas (interrumpiendo momentos de estudio o sueño del niño o niña), devuelve a los hijos o hijas tarde o en lugar distinto al pactado, usa a terceras personas de no confianza para intercambios, o impide de manera reiterada el cumplimiento actividades extraescolares, excursiones.

Las situaciones referidas anteriormente tienen dos elementos en común: afectan a la estabilidad emocional del niño o la niña, que no puede "confiar" en una relación regular con el progenitor o progenitora, que puede cuestionarse la estima de ese progenitor/a hacia él/ella; y un segundo efecto, como es la carga extra de organización y atención del progenitor/a custodio/a, privándose de atender sus propias necesidades para cubrir las obligaciones que no verifica el obligado a hacerlo. De la misma manera que el apartado anterior, nos encontramos ante un comportamiento que afecta a dos sujetos, y que puede conllevar una doble victimización:

- Sobre los hijos e hijas que necesitados de asistencia no lo reciben.
- Sobre progenitor/a que debe sustituir al progenitor/a que no cumple.

Esta acción puede causar inestabilidad emocional, confusión, falta de confianza o pérdida relación ordinaria con progenitor/a a los niños y niñas.

En cuanto al progenitor/a custodio/a, puede causarle dependencia del autor (por la imposibilidad de atender sus propias necesidades), afección emocional (al ver la situación de los hijos o hijas), y un sobreesfuerzo de organización.

La clasificación referida anteriormente no pretende "encasillar" los comportamientos en que se vean afectados los intereses de los niños y niñas, en una determinada jurisdicción (penal, civil) o en una concreta forma de violencia. Lo que pretendemos es visualizar la existencia de violencias "escondidas" que pueden afectar seriamente los intereses de los niños y niñas[107]. Y es función de la autoridad judicial, garantizar la averiguación de los hechos que pueden perjudicar a los niños o niñas, primero, y después ofrecer los mecanismos de ayuda y protección que las leyes establecen. Y estos mecanismos de ayuda y protección no se circunscriben únicamente al ámbito penal. De esta forma, tras el análisis detallado de la situación que tengamos en el juzgado, podremos aportar soluciones de protección de naturaleza civil, penal, social o incluso administrativa. Porque la protección de los niños y las niñas, tal y como establecen las leyes 8/15 y 8/21, así como los convenios internacionales es una obligación que afecta a los poderes públicos. Y será la autoridad judicial quien deberá investigar para conseguir la respuesta más adecuada ante una situación de peligro para los niños o niñas.

---

107 La LO 8/21 define la violencia a la infancia de una manera amplia, entendiendo como tal *"toda acción, omisión o trato negligente que priva a las personas menores de edad de sus derechos y bienestar, que amenaza o interfiere su ordenado desarrollo físico, psíquico o social, con independencia de su forma y medio de comisión (…)"*.

La protección de la infancia debe realizarse de una manera integral, ejercitando toda "medida necesaria" para garantizar sus libertades y derechos. De esta manera, recuerda MECO TEBAR que este concepto ("medida necesaria") "es muy amplio y abarca desde el desarrollo legislativo y reglamentario hasta la asignación de presupuestos suficientes, sostenibles y transparentes a fin de garantizar todos y cada uno de los derechos"[108].

VI. INFANCIA EN LOS JUZGADOS.

El paso de los niños y niñas por el juzgado no es algo deseable. De hecho, no lo es ni para las personas adultas. Sin embargo, en algunos momentos su presencia en tribunales se hace indispensable. Además, la legislación actual pasa por considerar imprescindible la escucha y atención directa a la infancia antes de adoptar cualquier resolución que pueda afectar a los intereses de niños, niñas y adolescentes.

En el ámbito penal, en los casos en que un niño o niña acude al juzgado, por haber sido víctima de un delito, ostenta una posición privilegiada, puesto que ha contemplado los hechos delictivos, pero ha sido víctima de estos mismos.

En el caso de violencia de género, si bien puede no haber sufrido la violencia directamente (como sí ha podido sufrirla la madre), si ha convivido en el ambiente de violencia, la jurisprudencia (y la legislación) consideran al niño o niña víctima del delito (STS 282, de 13 de junio), toda vez que el impacto recibido por convivir en este ambiente lo hace merecedor de una protección individualizada.

---

[108] *Op. Cit.*, p. 5.

VII. MEDIDAS PROCESALES DE PROTECCIÓN A LA INFANCIA.

Desde el ámbito judicial es preciso fijar un marco de protección integral para la seguridad y estabilidad de la infancia, a fin de garantizar el derecho de la misma a una vida libre de violencia.

El desarrollo de las medidas se deberá realizar teniendo en cuenta y respetando la identidad, cultura, religión, convicciones, orientación e identidad sexual o idioma del niño o niña, asegurando el desarrollo armónico de su personalidad.

En el ámbito judicial diferenciamos las medidas de protección civiles y penales.

Las medidas penales tienen como objetivo apartar al niño o niña de una situación de violencia directa o ambiental, y puede ser complementada con otras medias de carácter civil (si la persona agresora guarda alguna relación de obligación de protección hacia el niño o niña).

Estas medidas pueden adoptarse en un marco de violencia de género, en el que también han resultado lesionados bienes jurídicos de la madre, o de violencia doméstica, en el que los bienes jurídicos lesionados han podido ser del padre o familiares y personas allegadas.

En cualquier caso, estas medidas se adoptarán de medida autónoma, es decir, teniendo en cuenta las necesidades del niño y de la niña; deberemos analizar, antes de adoptar cualquier decisión, si es provechoso o no para los intereses del niño o niña el que continúe manteniendo relación con la persona agresora, y en su caso, en qué medida. También deberemos analizar individualmente las necesidades económicas, sociales, asistenciales, del niño o niña para que la autoridad judicial concluya las medidas determinadas a adoptar.

Las medidas civiles, por su parte, se refieren a cuestiones que afectan a las necesidades del niño o niña en cuanto a su subsistencia y modo de organización familiar: régimen de relación del niño o niña con padre, madre y personas allegadas; autoridad parental, fijación de pensión de alimentos o uso de la vivienda familiar. Y las mismas pueden adoptarse en el seno de un procedimiento penal, (se hayan adoptado o no medidas penales) o en el ámbito puramente civil.

Si bien estas son las medidas más conocidas, no podemos perder de vista que las mismas no son *numerus clausus*, de manera que podemos contar con medidas de otra naturaleza que tiendan especialmente a proteger los intereses del niño o niña.

El alejamiento "civil" es un claro ejemplo de este abanico de posibilidades de protección.

En el ámbito teórico, estamos acostumbrados/as a conocer del alejamiento que se ordena por la autoridad judicial en el ámbito penal, es decir, ante la presencia de indicios que demuestran la posible existencia de un hecho delictivo. A modo de ejemplo, si se comprueba que un niño ha presenciado/convivido en un ambiente familiar en que haya existido violencia de género (hacia la madre) o violencia doméstica (hacia el padre o personas allegadas) las medias de protección que se le otorgan a la madre (en el caso de violencia de género) o al padre (en el caso de violencia doméstica), podrán complementarse con medidas de alejamiento si se comprueba que el niño puede haber sido víctima del delito (por la violencia ambiental en la que haya convivido).

Sin embargo, existen supuestos en los que nos encontramos ante indicios delictivos, pero que requieren una respuesta de la autoridad parental para apartar al niño o niña de algún peligro generado por alguno/a de sus progenitores/as.

Pongamos como ejemplo un supuesto de separación, en que el padre tiene problemas de alcoholismo y se dedica a pasear por delante del colegio, en estado ebrio, de manera insistente, vociferando y queriendo hablar con su hijo. Esta situación, llevada al extremo, puede suponer un verdadero perjuicio para el niño, quien puede ver alterado su tranquilidad y su derecho a un desarrollo de personalidad integral. En este supuesto, podríamos contemplar la opción de aplicar las medidas del articulo 158 Código civil, y ordenar (previo procedimiento concreto) la orden de alejamiento de ese padre respecto del centro escolar del niño.

En este ejemplo, se ha adoptado una medida limitativa de derechos fundamentales (orden de alejamiento) en un procedimiento civil (en un proceso de divorcio, por ejemplo, o en un expediente de jurisdicción voluntaria), que tiene un objetivo claro: identificar los supuestos en que los derechos del niño o niña se ven alterados y procurar defender sus intereses, garantizando el fin de la situación que le crea perjuicio.

Todas las medidas adoptadas en cualquier procedimiento, sea civil, penal, contencioso o de mutuo acuerdo, en los que los intereses de los niños y niñas puedan verse afectados, aún indirectamente, han de ser sometidos a un exhaustivo examen para detectar las esferas de perjuicios a los derechos de la infancia, y garantizar el cese de las situaciones perjudiciales y la restauración de su situación, garantizando, tal y como expone la lo 8/15 y la LO 8/21, el derecho de la infancia a una vida libre de violencia, considerada ésta desde un punto de vista global e integral.

VIII. ELEMENTOS A TENER EN CUENTA EN LA INTERVENCIÓN CON INFANCIA.

La intervención de niños y niñas en un proceso judicial ya sea penal, civil o incluso administrativo en ocasiones resulta inevitable.

Y más allá de la intervención que puedan tener como testigos de los hechos acontecidos, la participación de niños y niñas en procesos en que estén en juego sus intereses es un derecho principal, que pasa por atender a la máxima del derecho de la infancia a la escucha y la atención.

Junto a este principio general se recogen otros no menos importantes, como el deber de evitar la victimización secundaria o la garantía de que el niño o niña se desarrollarán en un ambiente libre de violencia, y que persiguen reducir los costes personales que tiene para la víctima de un hecho delictivo su intervención en el proceso penal en el que éste es objeto de enjuiciamiento[109]. El primer principio se materializa en la realización de prueba preconstituida, y el segundo, en la búsqueda de antecedentes penales y medidas de alejamiento de las personas responsables del cuidado del niño o niña, antes de dar una solución final a la situación de ese niño o niña.

Vemos los principios de atención y escucha, prueba preconstituida y obtención de antecedentes.

1. Escucha y atención a la infancia.

El art. 11 LO 8/21 informa de la obligación de los poderes públicos de garantizar *"que las niñas, niños y adolescentes sean oídos y escuchados con todas las garantías y sin límite de edad, asegurando, en todo caso, que este proceso sea universalmente accesible en todos los procedimientos administrativos, judiciales o de otra índole relacionados con la acreditación de la violencia y la reparación de las víctimas"*. Se apoya este

---

109 SERRANO MASIP, M. (2017). "Medidas de protección de las víctimas", en M. DE HOYOS SANCHO (Dir.) "La víctima del delito y las últimas reformas procesales penales", Thomson Reuters, Aranzadi, 2017, pp. 135-137.

artículo en el Convenio del Consejo de Europa para la protección de los niños contra la explotación y el abuso sexual (antes mencionado), así como en los criterios recogidos en la Observación n.º 12, de 12 de junio de 2009, del Comité de Naciones Unidas de Derechos del Niño, sobre el derecho del niño a ser escuchado. La obligación de escucha concierne, según CARDONA LLORÉNS, a "toda persona o institución: los entes públicos y los privados (...) que trabajen con niños (...), todos los procedimientos judiciales, de cualquier instancia, ya estén integrados por jueces profesionales o personas que no lo sean, y todas las actuaciones conexas relacionadas con niños, sin restricción alguna (...); cualquier tipo de órgano administrativo de cualquier nivel y ámbito (...); así como cualquier tipo de órgano legislativo"[110].

Es común la duda que puede suscitar para la autoridad judicial o letrados/as el momento en que el niño o niña "tiene suficiente juicio" para declarar. Hay edades en las que muy raramente se explorará al niño o niña (por ejemplo, víctimas de un año). Pero conforme avanzan en la edad, se hace más complicado discernir el momento en que podrán ser explorados/as. Como establece la ley, será la autoridad judicial quien decida si puede prestar declaración y en qué condiciones (directamente o a través de profesionales expertos/as en infancia). Y lógicamente, se abre un abanico de posibilidades, ya que cada caso en un supuesto totalmente distinto que ha de ser valorado en su totalidad.

Por ejemplo, tal vez una niña de 8 años puede ser preguntada directamente por la autoridad judicial sobre un hecho puntual que aconteció el día de antes en su domicilio, pero será más complejo preguntarle sobre la existencia de un maltrato psicológico a un progenitor o progenitora.

---

110 *Op. Cit.*, CARDONA LLORENS, J., pp. 7-8.

La ley marca los doce años como límite tras el cual se presume necesariamente que el niño o niña tiene capacidad suficiente para declarar. Es en las edades inmediatamente anteriores donde la ley acude a un concepto novedoso: la madurez del niño o niña.

Así es: la Ley Orgánica 8/21 sustituye el término "juicio" por el de "madurez", por ser un término más ajustado al lenguaje jurídico y forense que ya se incorporó en su momento en la Ley 54/2007, de 28 de diciembre, de Adopción Internacional, y que es generalmente utilizado en los diversos convenios internacionales en la materia, tales como el Convenio de Naciones Unidas de Derechos del Niño, el Convenio relativo a la protección del niño y a la cooperación en materia de adopción internacional, hecho en La Haya el 29 de mayo de 1993, o el Protocolo facultativo de la Convención sobre los Derechos del Niño relativo a un procedimiento de comunicaciones, hecho en Nueva York el 19 de diciembre de 2011, entre otros.

También hemos de hacer referencia al art. 2 de la Ley Orgánica 8/21, que destaca como manifestación de protección del interés superior de la infancia: "*2.5.a) Los derechos del menor a ser informado, oído y escuchado, y a participar en el proceso de acuerdo con la normativa vigente*".

En sentido análogo, la Ley Orgánica 8/21 modifica la Ley 15/15, de 2 de julio, de la Jurisdicción Voluntaria, con el fin de asegurar "*el derecho del niño, niña y adolescente a ser escuchado en los expedientes de su interés, salvaguardando su derecho de defensa, a expresarse libremente y garantizando su intimidad*", sin diferenciar por tanto si el expediente es contencioso o de mutuo acuerdo[111].

---

[111] Disposición Final Decimoquinta Ley Orgánica 8/21, que modifica la especialidad 4.ª del apartado 2 del art. 18 de la Ley 15/2015.

La Ley Orgánica 8/21 trae causa directa de la Ley Orgánica 8/15. Dicha Ley Orgánica modifica el art. 9 de la Ley Orgánica 1/1996, de 15 de enero, de Protección Jurídica del Menor, reconociendo que *"El menor tiene derecho a ser oído y escuchado (...) en cualquier procedimiento administrativo, judicial o de mediación en que esté afectado y que conduzca a una decisión que incida en su esfera personal, familiar o social, teniéndose debidamente en cuenta sus opiniones, en función de su edad y madurez"*.

Si acudimos al ámbito civil, la Ley de Enjuiciamiento Civil recuerda que *"Si el procedimiento fuere contencioso y se estime necesario de oficio o a petición del fiscal, partes o miembros del equipo técnico judicial o del propio menor, se oirá a los hijos menores o incapacitados si tuviesen suficiente juicio y, en todo caso, a los mayores de doce años"*[112].

El art. 154 CC dispone: *"Si los hijos o hijas tuvieren suficiente madurez deberán ser oídos siempre antes de adoptar decisiones que les afecten sea en procedimiento contencioso o de mutuo acuerdo. En todo caso, se garantizará que puedan ser oídas en condiciones idóneas, en términos que les sean accesibles, comprensibles y adaptados a su edad, madurez y circunstancias, recabando el auxilio de especialistas cuando ello fuera necesario"*.

Este artículo será de aplicación en cualquier caso de conflicto civil, y por tanto también en los supuestos de separaciones, divorcios, modificación de medidas o medidas provisionales de mutuo acuerdo. Sin embargo, como antes hemos apuntado, se echa de menos una aclaración expresa sobre la obligación de escuchar a los niños y niñas en cualquier proceso penal,

---

112 Art. 770.4ª LEC. En este sentido, se echa de menos que la LO 8/21 no aprovechara para modificar este apartado, o al menos incluir que la obligación de escucha a los niños y niñas no se circunscribirá a los procesos contenciosos, si no a cualquier proceso civil en el que vean afectados sus intereses, de acuerdo con el art. 154 CC, que sí ha sido modificado por la Ley Orgánica antes mencionada.

independientemente de su naturaleza. Ejemplo de ello es el art. 777.4 LEC, que detalla el procedimiento de ratificación y resolución sobre el convenio regulador en las sentencias de divorcio y separación. No se aprecia en él la obligatoriedad de escucha a la infancia que sí contempla el art. 154 del Código Civil (aunque el art. 154 CC será objeto de aplicación como principio general).

La legislación autonómica no es ajena a la obligación de atención y escucha a la infancia, y prueba de ello es lo recogido en el art. 17 Ley 26/18, que recuerda la obligación de las administraciones públicas de *"respetar y promover el derecho de toda persona menor de edad a ser oída y escuchada (…) y deben garantizar que es entendida y que la opinión de esta se tiene en cuenta. (…). 3. La audiencia se debe practicar en una lengua que la persona menor de edad pueda comprender (…)"*, recordando igualmente que en caso de personas con diversidad funcional o discapacidad que lo requieran, se debe llevar a cabo lo anterior con las adaptaciones necesarias, incluida la lengua de signos, los medios de apoyo a la comunicación en lengua oral, recursos tecnológicos y ayudas técnicas adecuadas o cualquier otro sistema alternativo, para garantizar que su opinión puede ser expresada y entendida adecuadamente.

2. Prueba preconstituida (ámbito penal)

A) Prueba preconstituida en la legislación europea.

La Ley Orgánica 8/21 ha modificado sustancialmente el contenido de la prueba preconstituida en la legislación procesal penal. Dicha modificación es consecuencia de los compromisos internacionales adquiridos por España. En concreto podemos hacer referencia a dos: A) La Directiva 2012/29/UE del Parlamento y del Consejo, que en su art. 24.1ª expone: *"En las investigaciones penales, (los estados garantizarán que) todas las tomas de declaración a las víctimas menores de edad puedan ser grabadas por medios audiovisuales y estas declaraciones grabadas puedan utilizarse como elementos de prueba en procesos penales*"; B) Instrumento de ratificación del convenio del consejo de Europa para la Protección de los niños contra la explotación y el abuso sexual, de 25 de octubre de 2007, que en su art. 35.2 dispone: "*Cada Parte adoptará las medidas legislativas y de otro tipo que sean necesarias para que las entrevistas a la víctima o, en su caso, a un niño testigo de los hechos, puedan ser grabadas en vídeo y para que dicha grabación sea admisible como medio de prueba en el procedimiento penal, de acuerdo con las normas previstas en el derecho interno*".

El fundamento de la prueba preconstituida es triple: evitar múltiples declaraciones, evitar revictimización y facilitar la pronta recuperación niño, niña o persona necesitada de apoyo. Así lo considera RIPOLLÉS GARCÍA, al advertir que con la prueba preconstituida "*prevenimos (...) un posible daño psicológico causado por la reiteración de declaraciones en procesos judiciales*"[113].

La LO 8/21 reconoce la aplicación de la prueba preconstituida a niños y niñas menores 14 años y a personas con discapacidad necesitadas de especial protección, cuando éstos/as sean víctimas o testigos en un procedimiento de homicidio, lesiones, contra la libertad, contra la integridad moral, trata de seres humanos, contra la libertad e indemnidad sexuales, contra la intimidad, contra las relaciones familiares, relativos al ejercicio de derechos fundamentales y libertades públicas, de organizaciones y grupos criminales y terroristas y de terrorismo.

---

113 *Op. Cit.*, p. 4.

B) Prueba preconstituida e infancia en la legislación interna (nacional y autonómica).

Actualmente, la prueba preconstituida para menores de 14 años y personas con discapacidad viene recogida en los art. 449 bis y 449 ter de la LECrim, ambos introducidos por la disposición final 1.8 de la LO 8/2021.

Por su parte, el art. Artículo 449 ter reconoce la obligatoriedad en su aplicación en los delitos menos graves y graves, y la potestad en su aplicación en los delitos leves. También desarrolla el procedimiento para realizarla.

La previsión específica para la práctica de la prueba con menores de 14 años o personas con discapacidad lo encontramos por tanto en el art. 449 ter LECrim, de cuyo articulado destacamos los siguientes puntos:

- Obligatoriedad cuando la víctima o testigo sea menor de catorce años de edad o se trate de una persona con discapacidad necesitada de especial protección.
- Que el proceso en el que deba intervenir sea la instrucción de un delito de homicidio, lesiones, contra la libertad, contra la integridad moral, trata de seres humanos, contra la libertad e indemnidad sexuales, contra la intimidad, contra las relaciones familiares, relativos al ejercicio de derechos fundamentales y libertades públicas, de organizaciones y grupos criminales y terroristas y de terrorismo.
- La autoridad judicial se asegurará del cumplimiento de todas las garantías de la práctica de prueba en el juicio oral, conforme lo dispuesto en el artículo 449 y en el artículo 730.2 (reproducción de la prueba realizada en la fase de juicio oral).
- Modo de desarrollarse la prueba preconstituida a niños/as y personas con discapacidad:

- La autoridad judicial podrá acordar que la audiencia se practique a través de equipos psicosociales, los cuales podrán servirse del trabajo de los profesionales que hayan intervenido anteriormente para estudiar las circunstancias personales, familiares y sociales de la persona menor o con discapacidad, para mejorar el tratamiento de los mismos y el rendimiento de la prueba.

- Las partes trasladarán a la autoridad judicial las preguntas que estimen oportunas para ser trasladadas a profesional que explore a la persona.

- La declaración siempre será grabada.
- La autoridad judicial podrá recabar del perito/a un informe sobre el desarrollo y resultado de la audiencia del menor.
- Se evitará la confrontación visual entre persona investigada y testigo, utilizando para ello, si fuese necesario, cualquier medio técnico.

Como regla general, la prueba preconstituida no se repite, si no que se reproduce en el juicio.

Como regla especial podrá ordenarse su repetición, de manera excepcional, y siempre que sea solicitada por alguna de las partes, que se considere necesario por la autoridad judicial, conste en resolución motivada, que la autoridad judicial asegure que la grabación audiovisual cuenta con los apoyos de accesibilidad cuando el testigo sea una persona con discapacidad. También podrá repetirse la prueba (a instancia de parte), si la prueba preconstituida no reúna todos los requisitos previstos en el artículo 449 *bis* y cause indefensión a alguna de las partes.

La prueba preconstituida es una herramienta eficaz para evitar múltiples victimizaciones al testigo-víctima, facilitar la rápida recuperación de ésta y que garantiza los derechos de la persona investigada.

No obstante, lo anterior, la reforma operada por la Ley Orgánica 8/21 deja fuera de esta obligatoriedad a la que hacíamos referencia en el art. 449 *ter* a los niños y niñas entre 14 y 18 años, que sin ser mayores de edad no pueden beneficiarse de la especialidad que recoge el artículo antes mencionados, debiendo aplicarse las normas generales del art. 449 bis, que no prevé como obligatoria la práctica de esta prueba. No se entiende porqué poner el límite en los 14 años, cuando la protección de los derechos de los niños y niñas no deben decaer porque alcancen la edad de 14 años. Pues siendo menores de edad, la aplicación de los convenios internacionales y las normas estatales sobre su protección no hace referencia a este límite.

Entendemos igualmente que otra oportunidad perdida de esta ley es la modificación de la LECrim para incluir dentro del artículo 449 *ter* la prueba preconstituida en víctimas de prostitución, trata y delitos sexuales. En estos casos la víctima se ve desprotegida (y en muchos casos existe el peligro de desapariciones). También se ralentiza, con la ausencia de esta previsión legal, el proceso de recuperación de la víctima de violencia sexual.

Pongamos el supuesto en que una mujer sale de casa y comprueba que le han roto uno de los cristales del coche que tenía aparcado en la calle. Tras la denuncia, esperará a declarar ante el juzgado y más tarde tendrá lugar el juicio oral. El proceso podrá tardar meses o incluso años, y la mayor molestia que le podrá suponer a la mujer será tener que acudir el día del juicio a declarar, y perder la mañana de trabajo. Por el contrario, en los casos de violencia sexual no sucede esto mismo que acabamos de relatar; imaginemos que esa misma mujer ha sido víctima de una agresión sexual una noche que ha salido de cena; primero ha de enfrentarse a la dificultad de reconocerse ella misma como víctima, de denunciar y precisar apoyos suficientes de acompañamiento (que sería materia de otra ponencia). Precisará además de apoyo para la recuperación, y la prueba preconstituida podría garantizar esta misma, siempre garantizando también los derechos de la persona investigada. De no hacerlo, por muchos medios que pudiera en recuperarse, la intervención procesal en la que fuera requerida (sede de instrucción, juicio oral), supondría un obstáculo/retraso en la recuperación. Y lo cierto es que el no otorgamiento de la prueba preconstituida no supone un aumento en la garantía de derechos de la persona investigada (siempre que dicha prueba se realice según los parámetros legales), y aún así quedaría la posibilidad de repetirla en el acto del juicio si de las circunstancias del caso se desprendiera la necesidad de ello.

En el ámbito de la Comunitat, la Ley 26/18 reconoce la necesidad de evitar la revictimización de los niños, niñas y adolescentes que se ven abocados a participar en un proceso judicial. De esta manera, el art. 13 expone: "2. *La administración de la Generalitat (…) pondrá a disposición de la administración de justicia los medios técnicos, tecnológicos y humanos necesarios y específicos para evitar la victimización secundaria con motivo de su declaración; (…) las mantendrá informadas de todos los procesos, opciones y plazos, y velará por que se haga efectivo su derecho a opinar y que dicha opinión sea tenida en cuenta, protegiendo su intimidad e identidad frente a intimidaciones y represalias, y proporcionará desde el inicio y durante todo el proceso un acompañamiento profesional para el seguimiento y apoyo psicológico del menor. (…) La administración garantizará la asistencia y los apoyos necesarios para el efectivo ejercicio de los derechos de estas personas menores de edad en los supuestos citados*".

3. Hoja histórico-penal de las partes en el proceso.

El derecho de niños y niñas a una vida libre de violencia pasa no sólo por proteger sus intereses directos, a través de la entrevista con ellos o ellas, o la valoración del caso concreto, si no también por asegurar que el ambiente al que desarrollen su vida sea seguro y libre de violencia. Esta afirmación la recogen las legislaciones específicas en materia de infancia, y concretamente la Lo 8/21, la cual expone en su art. 1.1: *"La ley tiene por objeto garantizar los derechos fundamentales de los niños, niñas y adolescentes a su integridad física, psíquica, psicológica y moral frente a cualquier forma de violencia, asegurando el libre desarrollo de su personalidad y estableciendo medidas de protección integral, que incluyan la sensibilización, la prevención, la detección precoz, la protección y la reparación del daño en todos los ámbitos en los que se desarrolla su vida"*, considerando violencia *"toda acción, omisión o trato negligente que priva a las personas menores de edad de sus derechos y bienestar, que amenaza o interfiere su ordenado desarrollo físico, psíquico o social, con independencia de su forma y medio de comisión, incluida la realizada a través de las tecnologías de la información y la comunicación, especialmente la violencia digital"*.

En el ámbito de la Comunitat, la Ley 26/18 completa la legislación estatal, estableciendo en su art. 1 que "El objeto de esta ley es el reconocimiento de los derechos de la infancia y la adolescencia y el principio de corresponsabilidad de toda la sociedad, las administraciones públicas y las familias, así como el establecimiento del marco normativo que defina las políticas públicas en este ámbito y su distribución de competencias y medidas de coordinación".

La legislación autonómica exhorta a las Administraciones públicas a velar por la integridad de la infancia y adolescencia, lo que entronca con la obligación de éstas de garantizar una vida libre de violencia para niños y niñas.

Por ello es fundamental contar con la averiguación de los antecedentes penales y el SIRAJ de las personas responsables de la educación de los niños y niñas.

De esta manera, en caso de existir niños/niñas interesados/as en el procedimiento, con carácter previo al dictamen, por la autoridad judicial, de cualquier resolución que vaya a afectar los intereses, directos o indirectos, de la infancia, será preciso contar con la extracción de la hoja histórico penal y SIRAJ de las partes en el proceso. Ello a fin de dar cumplimiento al Convenio de Estambul[114], así como la recomendación i) de la Comunicación núm. 47/2012 (González Carreño c. España) de la CEDAW: *"Tomar medidas adecuadas y efectivas para que los antecedentes de violencia doméstica sean tenidos en cuenta en el momento de estipular los derechos de custodia y visita relativos a los hijos, y para que el ejercicio de los derechos de visita o custodia no ponga en peligro la seguridad de las víctimas de la violencia, incluidos los hijos"*. Dicho dictamen, por cierto, también incide en la obligación de escucha y atención a la infancia, recordando que *"El interés superior del niño y el derecho del niño a ser escuchado deberán prevalecer en todas las decisiones que se tomen en la materia"*.

La determinación de los antecedentes de violencia doméstica o de género de las partes que potencialmente pueden quedar al cuidado de un niño o niña trae causa directamente de la consideración del niño o niña como sujeto de derecho propio, y la convicción que su situación jurídica, aunque enlazada a la de su padre o madre, opera de manera autónoma en el proceso. Y es garantía de la norma y de los poderes públicos asegurar la integridad del niño o de la niña.

La decisión de incorporar los antecedentes de violencia y del SIRAJ en la causa en la que un niño o niña puede verse afectado/a se deberá realizar con autorización judicial, pues

---

114 *Op. Cit.*, Convenio de Estambul, Artículo 31. – *"Custodia, derecho de visita y seguridad: 1 Las Partes tomarán las medidas legislativas u otras necesarias para que, en el momento de estipular los derechos de custodia y visita relativos a los hijos, se tengan en cuenta los incidentes de violencia incluidos en el ámbito de aplicación del presente Convenio. 2 Las Partes tomarán las medidas legislativas u otras necesarias para que el ejercicio de ningún derecho de visita o custodia ponga en peligro los derechos y la seguridad de la víctima y de los niños"*.

si bien con ello se pretende proteger a la infancia, lo cierto es que supone una injerencia en los derechos fundamentales que se hace necesario justificar. Recordamos que esta búsqueda parte de un mandato internacional, de Convenios ratificados por España y que por tanto son de obligado cumplimiento por nuestro estado.

IX. CONCLUSIONES.

La Ley Orgánica 8/21 ha supuesto una mejora de derechos en la infancia, actualizando la legislación vigente (en concreto la Ley Orgánica 8/15), y reconociendo a los niños y niñas como sujetos propios de derecho, así como víctimas directas en violencia de género o doméstica por el hecho de convivir en un ámbito de violencia.

Es una necesidad, derivada de la legislación vigente, adaptar la justicia al niño o niña y no al revés, sin que ello suponga un menoscabo en la aplicación del derecho, toda vez que esta adaptación viene respaldad por la legislación actual.

Uno de los fines primordiales de la legislación actual en infancia es la de evitar la doble (incluso múltiple) victimización, y un mecanismo para lograrlo es la constitución de la prueba preconstituida.

A la hora de ponderar los intereses de la infancia hemos de atender a la legislación interna (estatal y autonómica) así como a los compromisos internacionales sobre protección a la infancia ratificados por nuestro país. Estos últimos hacen referencia, entre otros elementos, a la obligación de tener en cuenta los antecedentes en violencia de género y doméstica de las personas adultas implicadas en procesos en que puedan verse afectadas personas menores de edad o personas con especial necesidad de apoyo.

En el marco procesal, las garantías de atención y apoyo no se circunscriben únicamente a la fase del procedimiento, si no a la asistencia necesaria para la recuperación integral de los niños y niñas y el acompañamiento y derivación a organismos especializados.

Es preciso también contar con espacios libres de violencia, que deberemos acondicionar en función de las posibilidades de cada sede judicial, pero, en cualquier caso, garantizando que la exploración de los niños y niñas se va a desarrollar en un entorno tranquilo y alejado de lugares conflictivos o que puedan causar temor o inseguridad al niño o niña.

Ello va en relación directa con la necesidad de velar por la dignidad de la víctima, que ha de ser respetada y garantizada en cualquier fase del proceso: desde el mismo momento en que se adquiere conocimiento de posibles hechos delictivos hasta las ejecuciones de sentencias y los apoyos para la recuperación.

Si bien en el ámbito del derecho penal es donde más visiblemente pueden desarrollarse estos derechos, lo cierto es que la atención, apoyo y evitación de más inherencia de la necesaria se debe procurar en cualquier ámbito judicial en el que puedan resultar afectados intereses de niños, niñas, adolescentes y personas con discapacidad necesitadas de medidas de apoyo. Por ello, es fundamental trabajar con la perspectiva de la infancia como una herramienta principal, a la hora de ponderar intereses e intervenir en actuaciones en que los derechos de niños y niñas pueden verse afectados.

La legislación de la Comunitat no es ajena, en absoluto, a la necesidad de las Administraciones Públicas de proteger los intereses de la infancia. De esta manera, la Ley 26/18 reconoce a la infancia y la adolescencia como *ciudadanía activa y de pleno derecho en la Comunitat Valenciana* y se promueve su participación en todos los ámbitos de las esferas pública y privada, incidiendo en la necesidad que su opinión sea escuchada y tomada en consideración en todos los asuntos que les afectan, tanto individual como colectivamente.

Es preciso contar con un marco de apoyo a la infancia y la adolescencia y sus familias donde se trabaje desde todas las esferas por la equidad en el acceso a sus derechos, la igualdad de oportunidades y la lucha contra la transmisión intergeneracional del empobrecimiento.

La Ley valenciana pretende otorgar un enfoque transversal a todo lo relacionado con el desarrollo de la infancia, atendiendo a la diversidad de cada niña, niño y adolescente, teniendo en cuenta la coeducación inclusiva, emocional y social, y garantizando la igualdad de trato y la no discriminación por cualquier motivo.

Con ello complementa perfectamente la normativa estatal, europea e internacional, garantizando la protección integral de la infancia y la adolescencia y el derecho a una vida libre de violencia.

X. BIBLIOGRAFÍA

Referencias de legislación

Ley Orgánica 1/1996, de 15 de enero, de Protección Jurídica del Menor, de modificación parcial del Código Civil y de la Ley de Enjuiciamiento Civil. *Boletín Oficial del Estado núm. 15*, 17 de enero de 1996

Ley 4/2015, de 27 de abril, del Estatuto de la víctima del delito. *Boletín Oficial del Estado núm. 101*, 28 de abril de 2015.

Ley Orgánica 8/2015, de 22 de julio, de modificación del sistema de protección a la infancia y a la adolescencia. *Boletín Oficial del Estado núm. 175*, 23 de julio de 2015.

Ley 26/2015, de 28 de julio, de modificación del sistema de protección a la infancia y a la adolescencia. *Boletín Oficial del Estado núm. 180*, 29 de julio de 2015.

Ley 26/2018, de 21 de diciembre, de derechos y garantías de la infancia y la adolescencia. Comunitat Valenciana «DOGV» núm. 8450, de 24 de diciembre de 2018 *Boletín Oficial del Estado núm.* 39, de 14 de febrero de 2019.

Referencia: BOE-A-2019-1986

Ley Orgánica 8/2021, de 4 de junio, de protección integral a la infancia y la adolescencia frente a la violencia. *Boletín Oficial del Estado núm. 134*, 5 de junio de 2021.

Referencias de jurisprudencia

Sentencia del Tribunal Supremo, Sala de lo Penal, Sección 1, número 217/2019, de 19, de 25 de abril, ROJ STS 1380/2019.

Sentencia del Tribunal Supremo, Sala de lo Penal, Sección 1, número 145/2020, de 14 de mayo, ROJ STS 882/2020.

Sentencia del Tribunal Supremo, Sala de lo Penal, Sección 1, número 711/2020, de 18 de diciembre, ROJ STS 4371/2020.

Sentencia del Tribunal Supremo, Sala de lo Penal, Sección 1, número 239/2021, de 17 de marzo, ROJ STS 914/2021.

Auto Audiencia provincial de Oviedo, Sección 3, número 240/21, de 6 de abril, RO AAP O 370/2021.

Sentencia Audiencia Provincial de Gijón, Sección 8, número 123/21, de 4 de junio, ROJ SAP O 2376/2021.

Auto Audiencia Provincial de Madrid, Sección 26, número 1004/21, de 9 de junio, ROJ AAP M 2834/2021.

Sentencia del Tribunal Supremo, Sala de lo Penal, Sección 1, número 684/2021, de 15 de septiembre, ROJ STS 3374/2021.

Sentencia Audiencia Provincial Soria, Penal, Sección 1, número 108/2021, de 2 de noviembre, ROJ SAP SO 371/2021

Referencias de legislación europea e internacional

Convención sobre los Derechos del Niño, adoptada por la Asamblea General de las Naciones Unidas el 20 de noviembre de 1989, ratificada por España en BOE núm. 313, de 31 de diciembre de 1990. Disponible en https://www.un.org/es/events/childrenday/pdf/derechos.pdf.

Convenio del Consejo de Europa sobre la lucha contra la trata de seres humanos (Convenio nº 197 del Consejo de Europa), hecho en Varsovia el 16 de mayo de 2005, ratificado por España en BOE núm. 219, de 10 de septiembre de 2009.

Convenio del Consejo de Europa para la protección de los niños contra la explotación y el abuso sexual, hecho en Lanzarote el 25 de octubre de 2007, ratificado por España en BOE núm. 274, de 12 de noviembre de 2010

Tratado de Lisboa por el que se modifican el tratado de la unión europea y el tratado constitutivo de la Comunidad Europea, Diario Oficial de la Unión Europea C306/01, de 17 de diciembre de 2007.

Convenio del Consejo de Europa sobre prevención y lucha contra la violencia contra la mujer y la violencia doméstica, hecho en Estambul el 11 de mayo de 2011, ratificado por España en BOE núm. 137, de 6 de junio de 2014.

Directiva 2012/29/UE del Parlamento Europeo y del Consejo de 25 de octubre de 2012, por la que se establecen normas mínimas sobre los derechos, el apoyo y la protección de las víctimas de delitos, y por la que se sustituye la Decisión marco 2001/220/JAI del Consejo, ratificada por España en BOE 315, de 14 de noviembre de 2012

Resoluciones

Dictamen del Comité para la Eliminación de la Discriminación contra la Mujer en virtud del Protocolo Facultativo de la Convención sobre la eliminación de todas las formas de discriminación contra la mujer (58° período de sesiones, 30 de junio a 18 de julio de 2014). Comunicación núm. 47/2012 González Carreño c. España.

Resolución de 8 de septiembre de 2021, de la Secretaría de Estado de Igualdad y contra la Violencia de Género, de transferencias para el desarrollo de nuevas o ampliadas competencias reservadas a las entidades locales en el Pacto de Estado contra la Violencia de Género para el ejercicio 2021, *Boletín Oficial del Estado núm. 219*, de 13 de septiembre de 202

Referencias doctrinales y publicaciones

CARDONA LLORENS, J., "El derecho del niño a que su interés superior sea una consideración primordial en toda medida que le concierna a los XXV años de la Convención", en Cuadernos digitales de Formación del Consejo General del Poder Judicial nº 24, año 2014.

ESTEVE MALLENT, L., "Clases de violencia contra la infancia. Escucha, atención a la infancia y prueba preconstituida según la Ley Orgánica 8/2021", en Cuadernos digitales de formación de Consejo General del poder Judicial, nº 17 años 2022.

FARTO PIAY, T., "Protección de la víctima frente a la victimización secundaria en la justicia juvenil", www.online.elderecho.com,

GARCÍA DOMÍNGUEZ, C., "La protección de los niños y las niñas en entornos de violencia de género: modificaciones introducidas por la Ley Orgánica 8/2021", en Cuadernos digitales de formación de Consejo General del poder Judicial, nº 17 años 2022.

LINARES, M., "La violencia vicaria en el marco de la violencia machista", ponencia presentada el 23 de noviembre de 2021, Ilustre Abogados de Cataluña.

MECO TEBAR, F., *Comentarios a la Ley valenciana de Infancia y Adolescencia*, (Coord. Meco Tebar, F.), www.tirantonline.com, 2022.

SERRANO MASIP, M. (2017). "Medidas de protección de las víctimas", en M. DE HOYOS SANCHO (Dir.) "La víctima del delito y las últimas reformas procesales penales", Thomson Reuters, Aranzadi, 2017.

VACCARO, S., *Violencia vicaria: Un golpe irreversible contra las madres.* Disponible en https://www.soniavaccaro.com/post/violencia-vicaria-un-golpe-irreversiblecontra-las-madres.

Perspectiva victimológica de la infancia y la adolescencia en el proceso penal: prevención de su victimización secundaria

SILVIA SEMPERE FAUS
Profa. Contratada doctora. Victimología, Proceso Penal.
Universidad Católica de Valencia San Vicente Mártir.

I. INTRODUCCIÓN

Los niños, niñas y adolescentes que son víctimas de delitos necesitan de una especial protección debido a su especial vulnerabilidad con la finalidad de evitar el sufrimiento que les causa su relación con el sistema judicial penal que, en ocasiones, es mayor que el provocado por el propio delito del que han sido víctimas. Para prevenir esta victimización secundaria nuestra normativa contempla derechos y medidas de protección que se analizarán en el presente Capítulo con el objeto de minimizar el impacto erosivo del proceso penal sobre las personas menores de edad.

El reconocimiento de estos derechos y medidas de protección se produce por primera vez en España con la promulgación de la Ley 4/2015, de 25 de abril, del Estatuto de la víctima del delito (en adelante, LEVD)[115], que aboga por catalogar los derechos procesales y extraprocesales de las víctimas de todo tipo de delitos, con especial hincapié en la protección de las víctimas menores de edad durante su paso por el proceso penal con la finalidad de prevenir su victimización secundaria[116]. Posteriormente, la Ley Orgánica 8/2021, de 4 de junio, de protección integral a la infancia y la adolescencia frente a la vio-

---

115 BOE de 28 de abril de 2015, n. 101, pp. 1-31.

116 Destacamos por ser el referente directo de la LEVD, la Directiva 2012/29/UE del Parlamento Europeo y del Consejo, por la que se establecen normas mínimas sobre los derechos, el apoyo y la protección de las víctimas de delitos, y por la que se sustituye la Decisión marco 2001/220/JAI (en adelante, Directiva 2012/29/UE), pues tanto esta norma como su predecesora, prestan especial atención a la victimización secundaria, tanto para abordar las necesidades de las víctimas como en el diseño de mecanismos para su protección, especialmente medidas dirigidas a las víctimas más vulnerables, como son los menores de edad.

lencia (en adelante, LOPIVI)[117] avanza en una cultura procesal del cuidado del menor[118] para evitar su revictimización[119].

En consecuencia, durante los últimos años se ha llevado a cabo la modificación de diversos preceptos de nuestra Ley de Enjuiciamiento Criminal (en adelante, LECrim)[120] relativos a la protección de la víctima con la finalidad de reducir la victimización secundaria de las víctimas y testigos en los procedimientos judiciales y, en especial de los menores y personas con necesidades especiales de protección, como son la evitación de la confrontación visual entre agresor y víctima mediante la utilización de salas separadas, la grabación de sus declaraciones o la limitación del número de comparecencias ante el Juzgado, entre otras medidas de protección para la víctima menor que ha sufrido violencia.

---

117 BOE de 5 de junio de 2021, n. 134, pp. 68657-687301. Téngase en consideración además de esta novedosa Ley integral la vigente legislación sobre el sistema de protección de los menores de edad: Ley Orgánica 8/2015, de 22 de julio, de modificación del sistema de protección a la infancia y a la adolescencia (BOE de 23 de julio de 2015, n.175, pp. 61871-61889; Ley 26/2015, de 28 de julio, de modificación del sistema de protección a la infancia y a la adolescencia (BOE de 29 de julio de 2015, n. 180, pp. 64544-64613) y la Ley Orgánica 1/1996, de 15 de enero, de Protección Jurídica del Menor, de modificación parcial del Código Civil y de la Ley de Enjuiciamiento Civil (BOE de 17 de enero de 1996, n. 15, pp. 1225-1238).

118 *Vid.* art. 39 CE, así como en el ámbito internacional la Convención de Derechos del niño de 1989.

119 Así lo establece su Preámbulo: "(...) *medidas de protección, detección precoz, asistencia, reintegración de derechos vulnerados y recuperación de la víctima, que encuentran su inspiración en los modelos integrales de atención identificados como buenas prácticas a la hora de evitar la victimización secundaria*".

120 BOE de 17 de septiembre de 1882, n. 260, pp. 803-806.

Pues bien, el menor de edad se considera legalmente como una víctima especialmente vulnerable[121], si bien nuestra legislación no define dicho concepto[122], sino que se puede considerar que los menores lo son porque el ordenamiento jurídico les dota de una protección especial, y la protección del interés del menor es un principio que lo inspira[123].

En consecuencia, en el presente trabajo analizaremos la situación del menor de edad[124] en el proceso penal cuando ha sido

---

121 Hay autores que dentro del paradigma de la vulnerabilidad consideran a los menores como sujetos extremadamente frágiles, por ser de las categorías de víctimas más sensibles, pudiendo ser considerados como ultra-vulnerables (*vid.* OROMÍ VALL-LLOVERA, S. y LUPÀRIA, L., "Concepto de víctima y de víctima especialmente vulnerable", en la obra *Código de Buenas Prácticas para la protección de víctimas especialmente vulnerables. Menores y víctimas de violencia de género,* ARMENTA DEU, T. (Coord), Madrid, Colex, 2011, pp. 19-26).

122 El Anteproyecto de reforma LECrim (2020) en su artículo 102 que trata de las víctimas en situación de especial vulnerabilidad, tras definir que son víctimas especialmente vulnerables aquellas que, por las especiales características del delito y por sus singulares circunstancias personales, precisan adaptar su intervención en el procedimiento a su particular situación, otorga en todo caso esta condición a las víctimas por razón de su edad (recurso electrónico, disponible en: https://onx.la/2d56a [U.A.V. 31 de marzo de 2023]).

123 PELAYO LAVÍN, M., "¿Es necesaria la presencia del menor-víctima en el juicio oral?, en la obra *La víctima menor de edad. Un estudio comparado Europa/América,* ARMENTA DEU, T., y OROMÍ I VALL-LLOVERA, S. (Coords.), Madrid, Colex, 2010, p. 230.

124 El art. 1 de la Convención de Derechos del Niño, adoptada por la Asamblea General de las Naciones Unidas, Nueva York, 20 de noviembre de 1989, define qué debe entenderse por niño: "*todo ser humano menor de 18 años de edad, salvo que, en virtud de la Ley que le sea aplicable, haya alcanzado antes la mayoría de edad*". El art. 1 Ley Orgánica 1/1996, de 15 de enero, de Protección Jurídica del Menor, reproduce la anterior definición en el sentido de considerar que el

víctima de un delito, prestando especial atención a las novedades que la LOPIVI ha introducido con respecto a las medidas de protección del menor y la prevención de la victimización secundaria.

Por tanto, con la finalidad de analizar desde una perspectiva holística el estatuto procesal de protección del menor de edad, abordaremos en primer lugar los conceptos clave de vulnerabilidad y la victimización secundaria que causa al menor su paso por el periplo del proceso penal. A continuación, nos centraremos en todas las medidas de protección que son aplicables en el sistema judicial penal a las víctimas menores de edad y víctimas con discapacidad necesitadas de especial protección, proporcionando una visión general sobre su regulación bajo el criterio general de la protección a los niños, niñas y adolescentes frente a la victimización secundaria.

II. CONSIDERACIONES GENERALES SOBRE EL MENOR COMO VÍCTIMA VULNERABLE Y SU VICTIMIZACIÓN SECUNDARIA

Cuando nos aproximamos al estudio de la victimización secundaria en las víctimas menores de edad, debemos partir de la definición de este concepto que supone aquellos costes personales, económicos y sociales derivados de la intervención

---

ámbito de aplicación de la misma son los menores de 18 años. La Directiva 2012/29/UE establece que cuando la víctima sea menor de edad, los Estados miembros velarán por que en la aplicación de la misma prime el interés superior del menor y sea objeto de una evaluación individual. En su art. 2 aptdo. c) se define "menor" como cualquier persona menor de 18 años.

del sistema legal que, paradójicamente, incrementa los padecimientos de la víctima[125] que ha sufrido un delito[126].

Esta victimización secundaria se agudiza cuando la víctima es menor de edad, puesto que las secuelas psicológicas son más graves, sobre todo, en delitos de carácter sexual o malos tratos[127]. Debido a la mayor vulnerabilidad y atención que merecen los niños y las niñas por parte de las instituciones, algunos autores han llegado a hablar incluso de maltrato institucional al referirse a su victimización secundaria[128].

---

125 GARCÍA-PABLOS DE MOLINA, A., *Tratado de Criminología*, Valencia, Tirant lo Blanch, 5ª Ed., 2014, p. 128.

126 La victimización primaria, sin embargo, consiste en "(...) el proceso por el que una persona sufre, de modo directo o indirecto, daños físicos o psíquicos derivados de un hecho delictivo o acontecimiento traumático", TAMARIT SUMALLA, J. M., "La Victimología: cuestiones conceptuales y metodológicas", en la obra *Manual de Victimología*, BACA BALDOMERO, E.; ECHEBURÚA ODRIOZOLA, E y TAMARIT SUMALLA, J. M. (Coords.), Valencia, Tirant lo Blanch, 2006, p. 32.

127 SEMPERE FAUS, S., "La protección de la víctima menor de edad y la victimización secundaria", en *Actualidad jurídica iberoamericana* (*ejemplar dedicado a: "El interés superior del menor en la experiencia jurídica latina"*) n. 13, 2020, p. 882.

128 MORILLAS FERNÁNDEZ, D. L.; PATRÓ HERNÁNDEZ, R. M., AGUILAR CÁRCELES, M. M., se refieren al maltrato institucional como cualquier tipo de medida legislativa, programa, procedimiento, o actuación de los poderes públicos, que pudiera conllevar para el menor cualquier tipo de menoscabo en su correcta y adecuada maduración, distinguiendo una modalidad activa que sería por ejemplo la realización de exploraciones innecesarias durante el proceso penal, y una modalidad omisiva como la promoción de nuevas actuaciones legislativas respecto a los derechos del menor agotadas en falsas expectativas (*vid. Victimología: un estudio sobre la víctima y los procesos de victimización*, Madrid, Dykinson, 2ª Ed., 2014, p. 525).

Así es, la victimización secundaria que sufren todas las víctimas se incrementa en el menor de edad cuyo desarrollo cognitivo todavía no ha finalizado. Se ha demostrado en diversas investigaciones que las consecuencias negativas del paso de los menores por el sistema judicial penal se mantienen hasta después de la finalización del proceso[129].

Por ello debe limitarse todo lo posible el contacto del menor con el sistema judicial[130] y debe evitarse que sufra en mayor medida por el sistema que por el propio delito del que ha sido víctima.

La victimización secundaria no se define en nuestra normativa[131], no obstante, tanto la LEVD como la LOPIVI hacen referencia a dicho término. El Estatuto de la víctima supone

---

[129] WHITCOMB, D., GOODMAN, G. S., RUNYAN, D., & HOAK, S., "The emotional effects of testifying on sexually abused children. National Institute of Justice: Research in Brief", 1994, pp. 1-7. (Recurso electrónico, disponible en: https://onx.la/f5d11 [U.A.V. 31 de marzo de 2023]).

[130] La Agencia de los Derechos Fundamentales de la Unión Europea (FRA) ha señalado la importancia de que los sistemas judiciales estén mejor adaptados a la infancia para que los niños estén más protegidos, de tal manera que puedan participar de manera más efectiva lo que redundaría en un mejor funcionamiento de la Justicia. Véase *Justicia adaptada a la infancia: perspectivas y experiencias de los profesionales.* Recurso electrónico, disponible en: https://onx.la/27805 [U.A.V. 31 de marzo de 2023].

[131] En el ámbito legislativo catalán, concretamente en la Ley 5/2008, de 24 de abril, del derecho de las mujeres a erradicar la violencia machista, se conceptúa la victimización secundaria en su artículo 3 inciso h, como "(…) *el maltrato adicional ejercido contra las mujeres que se hallan en situaciones de violencia machista como consecuencia directa o indirecta de los déficits –cuantitativos y cualitativos– de las intervenciones llevadas a cabo por los organismos responsables, así como por las actuaciones no acertadas provenientes de otros agentes implicados*".

un gran avance en la legislación española sobre la protección de la víctima, aunque no tanto como quisiéramos en la práctica forense. Como se enfatiza en su Preámbulo, esta norma nace con la vocación de convertirse en un catálogo de derechos procesales y extraprocesales. Efectivamente, la LEVD reconoce unos derechos para toda víctima de delito ejercitables desde el inicio del proceso, incluso antes en la propia etapa de investigación, hasta después de su terminación, así como unas medidas de protección de la víctima durante el periplo judicial. Por su parte, la LOPIVI tiene también su inspiración en los modelos integrales de atención a los menores de edad identificados como buenas prácticas a la hora de evitar la victimización secundaria[132], ya que dispone entre sus fines asegurar su protección[133].

Ha habido dos intentos de consagrar dicho término en nuestra legislación procesal, por una parte, el Anteproyecto de la Ley de Enjuiciamiento Criminal de 2011[134] y por otra el

---

132 Según indica su Preámbulo "*La norma establece medidas de protección, detección precoz, asistencia, reintegración de derechos vulnerados y recuperación de la víctima (…) cuya principal finalidad es lograr el buen trato al niño, niña o adolescente víctima de violencia y evitar la victimización secundaria*".

133 Establece el art. 3 LOPIVI los fines de esta Ley, destacándose en su aptdo. e): "*Reforzar el ejercicio del derecho de los niños, niñas y adolescentes a ser oídos, escuchados y a que sus opiniones sean tenidas en cuenta debidamente en contextos de violencia contra ellos, asegurando su protección y evitando su victimización secundaria*".

134 En fecha 22 de julio de 2011 se aprobó por el Consejo de Ministros un Anteproyecto de Ley de Enjuiciamiento Criminal, que no llegó a tramitarse en sede parlamentaria que, en sus artículos 65 a 76 regulaba "el Estatuto de la Víctima en el Proceso Penal" en el que se concretaban los derechos de las víctimas en el proceso, equilibrándose de esta manera a las partes en el procedimiento. Véase recurso electrónico, disponible en: https://bit.ly/2GQGuUI [U.A.V. 31 de

Anteproyecto de LECrim de 2020. El Anteproyecto de 2011 al consagrar acertadamente la prohibición de la victimización secundaria, no establecía propiamente una definición, aunque suponía un avance al considerar fuente de victimización secundaria el sometimiento de la víctima a situaciones que pudieran causarle sufrimiento durante el proceso penal, destacando así mismo la importancia del buen trato a la víctima y de la habilitación de espacios y dependencias adecuadas para ella[135]. Por su parte, el Anteproyecto 2020 en su artículo 103 relativo a la prohibición de la victimización secundaria[136], en

---

marzo de 2023]. Posteriormente, en febrero de 2013 se propuso el texto articulado de un nuevo Código Procesal Penal por el Gobierno en el que se regulaba un "estatuto procesal de la víctima", en sus artículos 59 a 68. Sin embargo, esta norma no hace alusión alguna a la victimización secundaria.

135 Art. 69 ALECrim 2011: "*1. Todas las autoridades que intervengan en el proceso penal adoptarán las medidas precisas para evitar que la víctima se vea sometida a situaciones que puedan causarle un sufrimiento innecesario o desproporcionado. 2. Velarán para que, desde un primer momento, la víctima reciba un trato correcto, habilitando dependencias adecuadas. En particular, las dependencias judiciales tendrán espacios de espera especialmente habilitados para acoger a las víctimas*" .

136 El art. 103 del ALECrim 2020 establece: "*Artículo 103. Prohibición de victimización secundaria*

1. Todas las autoridades que intervengan en el proceso penal adoptarán las medidas precisas para evitar que la víctima se vea sometida a situaciones que puedan causarle un sufrimiento innecesario o desproporcionado.

Igualmente velarán para que se reciba declaración a las víctimas sin dilaciones indebidas. La declaración de las víctimas y su reconocimiento médico únicamente se realizará cuando sea necesario a los fines de la investigación. No se repetirá su práctica salvo que resulte imprescindible a estos mismos fines.

2. La víctima será tratada con pleno respeto a su dignidad en toda diligencia policial o actuación procesal que se realice. Recibirá un trato digno, habilitándose dependencias adecuadas alefecto y permitiendo que permanezca en ellas junto a su representante o persona que la acompañe.

la línea del Anteproyecto 2011 añade a lo anterior la importancia de que se tome declaración a las víctimas sin dilaciones indebidas, la necesidad de que no se repitan las declaraciones ni los reconocimientos médicos, el pleno respeto a la dignidad de la víctima, la importancia de un representante o persona que la acompañe, así como la reserva de un lugar específico en el juicio oral[137].

En consecuencia, es de alabar que la prevención de la victimización secundaria del menor de edad sea eje vertebrador de la LOPIVI que en su Preámbulo alude a la necesidad de las buenas prácticas para evitarla, así como la LEVD lo es con todas las víctimas y en especial también con el menor de edad.

III. LA PROTECCIÓN DE LA INFANCIA Y LA ADOLESCENCIA EN EL PROCESO PENAL: REDUCCIÓN DE SU VICTIMIZACIÓN

Hemos de partir de la premisa de que para evitar la victimización secundaria es necesario configurar un sistema de protección de la víctima menor de edad que tenga en cuenta el interés superior de los niños y de las niñas, siendo como hemos adelantado, la protección de las víctimas del delito uno de los

En particular, las dependencias de las fiscalías y de los tribunales tendrán espacios de espera especialmente habilitados para acoger a las víctimas. En el acto del juicio oral se reservará un lugar específico a la víctima y, en su caso, a su representante o persona que la acompañe".

137 No obstante, no olvidemos que estos derechos ya están reconocidos en la LEVD.

fines fundamentales de la LEVD[138] y de la LOPIVI[139]. Desde la perspectiva de eje vertebrador, el artículo 19[140] LEVD proclama el derecho de las víctimas a la protección con la finalidad de evitar el riesgo de su victimización secundaria o reiterada y encomienda al Estado que ejerce el *ius puniendi* a través de las autoridades y funcionarios encargados de la investigación, la persecución y enjuiciamiento de los delitos así como la adopción de las medidas necesarias para evitar dicha victimización. Para ello el precepto dispone dos objetivos[141], siempre de acuerdo con lo establecido en la LECrim: por un lado, la protección de la vida de la víctima, sus familiares, su integridad física y psíquica, libertad, seguridad, libertad e indemnidad sexual y,

---

138 El art. 3.1 LEVD así lo dispone: "*Toda víctima tiene derecho a la protección, información, apoyo, asistencia y atención, así como a la participación en el proceso penal y a recibir un trato respetuoso* (...)".

139 Expone VILLACAMPA ESTIARTE, C., que el reconocimiento del derecho a la protección de la víctima es la consecuencia lógica de un nuevo paradigma vertebrador del proceso penal asumido tanto por la normativa europea como la de nuestro derecho interno (*vid.* "La protección de las víctimas en el proceso penal tras la aprobación de la LEVID", en la obra *El Estatuto de las víctimas de delitos. Comentarios a la Ley 4/2015*, TAMARIT SUMALLA, J. M. (Coord.), Valencia, Tirant lo Blanch, 2015, p. 168).

140 Art. 19 LEVD: "*Las autoridades y funcionarios encargados de la investigación, persecución y enjuiciamiento de los delitos adoptarán las medidas necesarias, de acuerdo con lo establecido en la Ley de Enjuiciamiento Criminal, para garantizar la vida de la víctima y de sus familiares, su integridad física y psíquica, libertad, seguridad, libertad e indemnidad sexuales, así como para proteger adecuadamente su intimidad y su dignidad, particularmente cuando se les reciba declaración o deban testificar en juicio, y para evitar el riesgo de su victimización secundaria o reiterada*".

141 Así lo señala el Preámbulo de la Ley en su aptdo. VII "(...) *las medidas de protección buscan la efectividad frente a represalias, intimidación, victimización secundaria, daños psíquicos o agresiones a la dignidad durante los interrogatorios y declaraciones como testigo* (...)".

por otro la protección de la dignidad e intimidad de la víctima durante el proceso penal para evitar el riesgo de victimización secundaria o reiterada[142]. Finaliza el artículo 19.2ºpárr. con una mención especial a la protección de las víctimas menores de edad, cuyas medidas se adoptarán teniendo en cuenta el interés superior del menor. En el mismo sentido, redunda la LOPIVI en su artículo 4.1 al señalar que: "*Serán de aplicación los principios y criterios generales de interpretación del interés superior del menor, recogidos en el artículo 2 de la Ley Orgánica 1/1996, de 15 de enero, de Protección Jurídica del Menor, de modificación parcial del Código Civil y de la Ley de Enjuiciamiento Civil* (…)".

No cabe duda de que los menores de edad necesitan de protección para resguardar su integridad física, psíquica y moral, debido a su inmadurez emocional y física ligada a su edad, siendo responsabilidad del Estado la articulación de medidas protectoras ya que son vulnerables a sufrir violaciones de sus derechos siendo víctimas de delitos o testigos de su comisión. Y en atención al principio del interés superior del niño[143] el Estado tiene la obligación de garantizar la protección de sus derechos durante su participación en el proceso penal y evitar así su victimización secundaria[144], cuestión que se refuerza

---

142 YUST ESCOBAR, J., considera la evitación del riesgo de victimización secundaria como un tercer objetivo (*vid.* "La protección de la víctima en el Estatuto aprobado por Ley 4/2015 de 27 de abril", en *Cuadernos Digitales de Formación,* n. 47 (número monográfico sobre El Estatuto de la víctima), Consejo General del Poder Judicial, 2016, p. 2).

143 Ampliamente sobre el interés superior del menor véase SEMPERE FAUS, S., "La grabación audiovisual de la declaración del menor de edad: la prueba preconstituida y la eficacia de la cámara Gesell en la reducción de la victimización secundaria", en *Revista General del Derecho Procesal,* n. 48, 2019, pp. 2-8.

144 En su momento y anteriormente las Directrices sobre justicia en asuntos concernientes a los niños víctimas y testigos de delitos de

en el artículo 12 LOPIVI que reconoce el derecho de las víctimas de violencia menores de edad a la atención integral que comprenderá medidas de protección, apoyo, acogida y recuperación. Y en cuyo punto 3 establece que "*las administraciones públicas deberán adoptar las medidas de coordinación necesarias entre todos los agentes implicados con el objetivo de evitar la victimización secundaria de los niños, niñas y adolescentes con los que, en cada caso, deban intervenir*".

Hechas las anteriores consideraciones y para hacer efectivo el derecho de protección de las víctimas menores de edad la LEVD establece un triple estándar de protección[145] o niveles de protección acumulativos[146]: el nivel básico o medidas de protección de carácter general, dirigido a todas las víctimas (arts. 19 a 22 LEVD) y que por tanto resulta de aplicación a los menores de edad; el nivel reforzado o medidas concretas para aquellas víctimas que precisan de una necesidad especial de protección tras la realización de una evaluación individualizada para su determinación (*vid.* art. 23) y por último, el nivel

2005 establecen unas medidas de protección y derechos para las víctimas menores de edad durante el proceso penal teniendo en cuenta su vulnerabilidad y la victimización secundaria. Recurso electrónico, disponible en: https://onx.la/3dfa3 [U.A.V. 31 de marzo de 2023].

145 Así VILLACAMPA ESTIARTE, C., "La protección de las víctimas en el proceso penal tras...", *op. cit.*, pp. 247-303, distingue el nivel básico de protección, la protección reforzada de las víctimas con necesidades especiales de protección, y el estatuto protector hiperreforzado.

146 Hay autores que prefieren denominarlos niveles acumulativos, distinguiendo un nivel estándar que resulta de aplicación a las víctimas de todos los delitos; un segundo nivel, reforzado, referido a las víctimas en que se aprecien necesidades especiales de protección; y, un tercer nivel, de máxima protección, aplicable a las víctimas menores de edad y personas con discapacidad o con la capacidad judicialmente modificada (*vid.* PÉREZ RIVAS, N., *Los derechos de la víctima en el sistema penal español*, Valencia, Tirant lo Blanch, 2017, p. 57).

hiperreforzado[147], específicamente contemplado para las víctimas menores de edad y discapacitadas necesitadas de especial protección (*vid.* art. 26).

La LEVD, de forma semejante a la Directiva 2012/29/UE establece que para determinar qué víctimas pueden beneficiarse de las medidas especiales de protección se deben someter a una evaluación individual (arts. 23 y 24 LEVD)[148]. Así pues, el artículo 23 LEVD[149] traspone el artículo 22 de la Directiva europea que introduce una fórmula basada en la evaluación de las

---

147 Estatuto de protección hiperreforzado, así se refiere VILLACAMPA ESTIARTE, C., "La protección de las víctimas en el proceso penal tras...", *op. cit.*, p. 287, a las medidas del art. 26 LEVD.

148 La Directiva 2012/29/UE en su art. 23 regula el derecho a la protección durante el proceso penal de las víctimas con necesidades especiales de protección y establece la obligación de los Estados Miembros de que garanticen a raíz de una evaluación inicial de sus necesidades que se puedan beneficiar de medidas especiales de protección (que enumera en los aptdos. 2 y 3 de dicho precepto), salvo que concurran limitaciones operativas o prácticas, o sea urgente tomar declaración a la víctima porque de no hacerlo bien la víctima u otra persona podrían resultar lesionadas o el curso del proceso verse perjudicado. Entre las medidas especiales que deben tener a su disposición las víctimas con necesidades especiales de protección se encuentran aquellas medidas para evitar la confrontación visual entre víctima y victimario a través de los medios adecuados, incluso tecnologías de la comunicación, así como medidas para garantizar que la víctima puede ser oída en la sala de audiencia mediante el uso de la tecnología. Para los menores de edad el art. 24 prevé otras medidas, además de las anteriores, sobre todo en relación con la toma de declaración la posibilidad de ser grabadas por medios audiovisuales y su utilización como prueba en el proceso penal conforme determine el Derecho interno.

149 Para un análisis pormenorizado de este precepto, *vid.* GARCÍA RODRÍGUEZ, M. J., "Evaluación individual de las víctimas para determinar sus necesidades especiales de protección y asistencia

víctimas atendiendo a sus características personales, así como a la naturaleza y circunstancias del delito cometido, mientras que el artículo 24 relativo a la competencia y procedimiento de evaluación carece de homónimo en la norma europea, y remite al Real Decreto 1109/2015, de 11 de diciembre, por el que se desarrolla la Ley 4/2015, de 27 de abril, del Estatuto de la víctima del delito, y se regulan las Oficinas de Asistencia a las Víctimas del Delito[150] (en adelante, RDEVD). Desarrolla lo anterior el Capítulo IV del RDEVD rubricado "*evaluación individual de las víctimas*", integrado por la evaluación individual de las víctimas a fin de determinar sus necesidades especiales de protección y por el informe de la evaluación individualizada (arts. 30 y 31).

Hay que tener en consideración que para adoptar las medidas reforzadas habrá que realizar dicha evaluación que tiene en cuenta tres criterios, a saber, las características personales de la víctima, la naturaleza del delito y la circunstancia del delito.

La valoración tendrá en cuenta si se trata de víctimas menores de edad o de víctimas necesitadas de especial protección o en las que concurran factores de especial vulnerabilidad. Estas dos últimas expresiones son confusas puesto que sus significados son altamente coincidentes y el legislador no ha determinado pautas de interpretación para distinguirlas lo que hubiera sido deseable[151].

Respecto de las personas menores de edad obsérvese cómo el legislador las ha considerado en idéntica situación que el res-

---

en el marco del proceso penal", en *Revista General de Derecho Procesal*, 2017, n. 41.

150 BOE de 30 de diciembre de 2015, n. 312, pp. 123162-123181.

151 VILLACAMPA ESTIARTE, C., "La protección de las víctimas en el proceso penal tras...", *op. cit.*, p. 267.

to de las víctimas basándose en sus características personales[152], si bien solo los menores y las personas discapacitadas necesitadas de especial protección podrán acceder a las medidas de protección del artículo 26 que veremos posteriormente. Así las cosas, la LEVD reconoce un tratamiento especial a los menores de edad, teniendo en cuenta ya no solo en la evaluación individual sus necesidades especiales de protección sino además y durante todo el proceso, su situación personal, necesidades inmediatas, edad, género, discapacidad y madurez, respetándose plenamente su integridad física, mental y moral (art. 23.3).

En segundo lugar y desde una perspectiva objetiva, para realizar la evaluación individual de las víctimas se tendrá en especial consideración la naturaleza del delito, la gravedad de los perjuicios causados a la víctima, así como el riesgo de reiteración del delito (arts. 23.2,b LEVD y 30.3,b RDEVD).

En este punto la LEVD establece un listado de delitos que se deben valorar especialmente para la adopción de medidas de protección, a saber, delitos de terrorismo, los delitos cometidos por una organización criminal, delitos de violencia de género y violencia doméstica, delitos contra la libertad o indemnidad sexual[153], delitos de trata de seres humanos, desaparición for-

---

152 A diferencia de la Directiva europea que da por supuesto que los menores de edad tienen necesidades especiales de protección "*en razón de su vulnerabilidad*".

153 En este punto algunas resoluciones judiciales tienen en consideración la naturaleza del delito para determinar por ejemplo la necesidad de dictar una orden de protección. Así, el AAP Alicante (Sección 1ª) núm. 637/2016, de 22 de septiembre (Id. vLex: VLEX-653624553) en su FD 1º dispone: "*Cuando el juez de instrucción y/o el de Violencia sobre la mujer adopta una medida de protección a una víctima deberá, también, tener en consideración el art. 23 de la Ley 4/2015 que señala que: "1. La determinación de qué medidas de protección, reguladas en los artículos siguientes, deben ser adoptadas para evitar a la víctima perjuicios relevan-*

zada, así como aquellos cometidos por motivos racistas, antisemitas, ideología, religión o creencias, situación familiar, pertenencia a una etnia, raza, nación, origen nacional, su sexo, orientación o identidad sexual, enfermedad o discapacidad (art. 23.2,b). Sobre la tipología delictiva respeta lo establecido en el artículo 22 de la Directiva europea puesto que en ésta también se tiene en cuenta el tipo o la naturaleza del delito. Sin embargo, resulta criticable la falta de inclusión de delitos de gran entidad y gravedad como son el homicidio, las lesiones graves, detenciones ilegales y secuestros[154].

Por último, la valoración para determinar la adopción de las medidas de protección reforzadas tendrá en cuenta las circunstancias del delito, en particular si se trata de delitos violentos.

---

tes que, de otro modo, pudieran derivar del proceso, se realizará tras una valoración de sus circunstancias particulares. 2. Esta valoración tendrá especialmente en consideración: (...)
La naturaleza del delito y la gravedad de los perjuicios causados a la víctima, así como el riesgo de reiteración del delito. A estos efectos, se valorarán especialmente las necesidades de protección de las víctimas de los siguientes delitos: (...) 4.º Delitos contra la libertad (...)
Hay que tener en consideración que el art. 172 ter CP está incluido dentro de los delitos contra la libertad por lo que el juez podrá tener en cuenta la naturaleza del delito. Un ilícito penal que sanciona a quien "altere gravemente el desarrollo de su vida cotidiana:
1ª. La vigile, la persiga o busque su cercanía física.
2ª. Establezca o intente establecer contacto con ella a través de cualquier medio de comunicación, o por medio de terceras personas(...)".

154 Véase Dictamen del Consejo de Estado sobre el Anteproyecto de la Ley Orgánica del Estatuto de la víctima del delito, Informe del Consejo General del Poder Judicial al Anteproyecto de Ley Orgánica del Estatuto de las Víctimas del delito, pp. 42-43 y el Informe al Anteproyecto de Ley Orgánica del Estatuto de la víctima del delito, elaborado por el Consejo Fiscal de la Fiscalía General del Estado, pp. 21-22.

Teniendo en consideración lo anterior, como todas las medidas resultan de aplicación a los menores de edad y víctimas con discapacidad necesitadas de especial protección[155], trataremos en primer lugar las medidas básicas o generales y las medidas concretas más reforzadas que se complementan, para posteriormente hacer una breve referencia a aquellas medidas específicas de carácter hiperreforzado que se pueden adoptar por la autoridad judicial.

1. Medidas de protección para las víctimas en el proceso penal aplicables a los menores de edad

Una de las medidas de protección general que tienen especial relevancia en el caso de los menores de edad que son víctimas es la que se reconoce en el artículo 20 LEVD y que consiste en el derecho de toda víctima a evitar el contacto visual con el infractor. Por su parte, en el artículo 21 LEVD se establece la

---

155 Según GÓMEZ COLOMER, J. L., de acuerdo con lo establecido en la LECrim, las autoridades y funcionarios encargados de la investigación, persecución y enjuiciamiento, adoptarán las medidas necesarias para garantizar la vida, integridad física y psíquica, libertad, seguridad, libertad e indemnidad sexuales, de la víctima y de sus familiares. Este autor concreta que "en el caso de las víctimas menores de edad, la Fiscalía velará especialmente por el cumplimiento de este derecho de protección, adoptando las medidas adecuadas a su interés superior cuando resulte necesario para impedir o reducir los perjuicios que para ellos puedan derivar del desarrollo del proceso", protección que debe dispensarse cuando se reciba declaración a la víctima o a sus familiares, o en la prueba testifical en juicio (*vid. Estatuto Jurídico de la víctima del delito (La posición jurídica de la víctima ante la Justicia Penal. Un análisis basado en el Derecho comparado y en la Ley 4/2015, de 27 de abril, del Estatuto de la Víctima del delito en España)*, Cizur Menor (Navarra), Aranzadi Thomson Reuters, 2ª Ed., 2015, p. 369).

obligación de las autoridades y funcionarios encargados de la investigación penal de velar porque la medida no perjudique la eficacia del proceso, concepto este último de difícil determinación, por lo que habrá que estar al caso concreto. Además, se reconocen las medidas de protección general que pueden adoptarse en el proceso penal para las víctimas de todo tipo de delitos incluidos los menores de edad[156]. Estas medidas son la toma de declaración de las víctimas sin dilaciones injustificadas; la posibilidad de que puedan estar acompañadas además de por su representante procesal y en su caso el representante legal, por una persona de su elección, durante la práctica de aquellas diligencias en las que deban intervenir; la reducción al mínimo imprescindible de reconocimientos médicos y la previsión de que se les reciba declaración a las víctimas el menor número de veces posible. También se contempla la garantía de intimidad de las víctimas mediante la prohibición de la difusión de información (art. 22 LEVD), así como la formación de todos los operadores jurídicos en materia de protección victimal (art. 30 LEVD), formación que se hace más necesaria e imprescindible si cabe en el caso de los menores o personas con discapacidad.

---

156 El Estatuto de Roma prevé medidas como la celebración de los juicios a puerta cerrada, la presentación de pruebas por medios electrónicos y la grabación audiovisual de las declaraciones de las víctimas, sobre todo en los casos de víctimas de violencia sexual y menores (arts. 64.2 y 7, 68 y 69), para la seguridad, el bienestar físico y psicológico, la dignidad y la intimidad de las víctimas y de los testigos del proceso penal ante la Corte.

A) Medidas para evitar el contacto visual entre víctima e infractor durante todo el procedimiento penal.

Toda víctima tiene derecho a no confrontarse visualmente con el agresor y este derecho adquiere especial relevancia cuando se trata de víctimas menores de edad. Esta medida de protección general para todo tipo de víctima consistente en evitar el contacto entre ésta y el infractor durante todo el procedimiento penal se reconoce tanto en la fase de investigación (art. 20 LEVD) y se insiste en su importancia como medida reforzada en la fase de juicio oral (art. 25.2,a LEVD). Con esta medida se garantiza que las dependencias en las que se desarrollen los actos del procedimiento penal estén dispuestas de modo que se evite el contacto directo entre las víctimas y sus familiares, de una parte, y el sospechoso de la infracción o el acusado. Se prevé en consecuencia en la fase de juicio oral que la víctima sea oída sin necesidad de que se encuentre presente en la sala de vistas. La LOPIVI ha incorporado en su articulado como medida de protección, aunque con anterioridad al inicio del proceso penal la necesidad de que se impida cualquier tipo de contacto directo o indirecto en dependencias policiales entre la persona investigada y el niño, niña o adolescente (art. 50.2,d).

Para que sea posible el ejercicio de este derecho es necesario que en los juzgados existan dependencias judiciales y medios adecuados para evitar el contacto directo entre ambas partes en conflicto, lo que no siempre es posible en muchos órganos judiciales, debido a la inexistencia de salas de espera separadas para las víctimas, al hecho de que no se generalice en muchos casos el uso de la videoconferencia para las declaraciones de las víctimas, e incluso la práctica a veces demasiado habitual de no utilización de biombos o medidas de separación visual en los juicios orales.

Sin embargo, este derecho no se limita a la reclamación de espacios que permitan a víctima y victimario no encontrarse antes, durante y después de las declaraciones, sino que se desarrolla mediante una serie de medidas que tiendan a proteger a la víctima de la confrontación visual con el victimario en la fase de investigación y en el juicio oral. Y aquí, además de las medidas arquitectónicas, es fundamental la implementación de medidas que, apoyadas esencialmente en las tecnologías, permitan que el derecho devenga realmente eficaz en la práctica forense impidiendo que la víctima tenga contacto directo con el victimario. Estas medidas se contemplan en el artículo 25.2,a y b LEVD en el marco de la fase de enjuiciamiento, aunque se pueden adoptar también en la fase de investigación[157].

No obstante, la mejor garantía para la protección del menor es la práctica de su declaración en fase de instrucción como prueba preconstituida[158]. Y esta declaración debe grabarse. De esta manera se recoge en nuestra LECrim la obligatoriedad de la grabación audiovisual de las declaraciones de los menores de catorce años en sede de instrucción como prueba preconstituida[159] en determinados tipos

157 Ya se reconocía en la *Carta de Derechos de los Ciudadanos ante la Justicia* que señala que un ciudadano víctima de un delito tiene derecho a que en su comparecencia ante los órganos judiciales se adopten las medidas necesarias para que la víctima no coincida con el agresor. Por su parte, el art. 544 *ter* 4 LECrim establece expresamente que en la audiencia de adopción de una orden de protección el juez adoptará las medidas oportunas para evitar dicha confrontación.

158 Sobre la regulación y la jurisprudencia de la prueba preconstituida de la declaración del menor de edad y su grabación audiovisual, tras la LEVD, véase SEMPERE FAUS, S., "La grabación audiovisual de la declaración del menor…", *op. cit.*, pp. 1-49.

159 El art. 433 LECrim reconoce la obligatoriedad de la grabación audiovisual de la declaración del menor al disponer que: (...) "*el Juez ordenará la grabación de la declaración por medios audiovisuales*". Con anterioridad a la reforma por la LOPIVI la grabación era obligatoria

de delitos de manera que se evite la presencia del menor en la sala de vistas[160]. Sin embargo, no se descarta que por diversos motivos el menor tenga que finalmente declarar en el juicio oral, por lo que consideramos que en esos casos no debería permitirse que el menor declarase en la misma sala que el acusado, empleando la videoconferencia que implica varias ventajas para el menor, siempre que se respeten los principios de inmediación y contradicción tal y como pergeña la STS (Sala Segunda, de lo Penal) de 21 septiembre de 2016[161]. Así lo permite el nuevo artículo 449 *ter* LECrim al establecer que la práctica de la declaración se lleve a cabo sin confrontación visual del menor con su victimario[162]. En el mismo sentido y en cuanto a la declaración del menor en el juicio oral se ha modificado el párrafo segundo del artículo 707 LECrim, que permite la utilización de cualquier medio técnico y tecnologías de comunicación accesible para que los testigos puedan ser oídos sin estar presente en la sala, con la finalidad de

---

sólo en los casos en los que el juez acordara que la declaración se realizara mediante la intervención de expertos.

160 El régimen de la declaración del menor de edad como prueba preconstituida se ha modificado, habiéndose introducido en la LECrim a través de la Disposición final primera de la LOPIVI.

161 ROJ: STS 4103/2016. Así, en dicha sentencia, la menor prestó declaración en el juicio oral a través de un circuito cerrado de videoconferencia desde otra sala para garantizar en la medida de lo posible su incolumidad, considerándose por el Tribunal que no se había vulnerado el principio de inmediación propia del juicio oral ni tampoco el derecho de contradicción de la defensa "*al permitir su intervención para hacer, a través de la Presidenta del Tribunal, las preguntas que considerase atinentes a su derecho y que fueran consideradas pertinentes por aquélla*" (FJ 2º).

162 Así lo dispone: "(...) *para el supuesto de que la persona investigada estuviere presente en la audiencia del menor se evitará su confrontación visual con el testigo, utilizando para ello, si fuese necesario, cualquier medio técnico*".

impedir o reducir los perjuicios que puedan derivar del desarrollo del proceso o de la práctica de la diligencia[163].

La práctica de la videoconferencia[164] es una buena medida para evitar la victimización del menor pues permite que pueda declarar fuera de la Sala de vistas, en una habitación aneja, que sea capaz de infundirle confianza y serenidad[165]. Además de la reducción de los daños psicológicos derivados del contacto físico de la víctima con el agresor, las ventajas son innumerables como, entre otras, la agilización de la actividad de los jueces, la reducción de desplazamientos, mayor seguridad, mejor organización del trabajo en los órganos judiciales, reducción de costes, mejorar las condiciones de acceso a la justicia y permitir el seguimiento de un juicio oral. No obstante, aunque son menos, podrían indicarse algunos inconvenientes tales como el coste de los requerimientos informáticos necesarios, la decadencia de la comunicación no verbal pues no puede reemplazar el contacto personal en la sala de vistas que permita una nítida interrelación entre los jueces y todas las personas intervinientes, o que las personas se muestren reacias a enfrentarse a las cámaras, así

---

163 El Art. 672 del ALECrim 2020 contempla que las declaraciones de testigos menores de dieciséis años siempre se llevarán a cabo evitando la confrontación visual con el acusado.

164 Desde la LO 13/2003, de 24 de octubre que modifica la LECrim en materia de prisión preventiva no se puede discutir la legalidad del uso de esta técnica con carácter general en el proceso (*vid.* arts. 229.3 y 230.1 Ley Orgánica del Poder Judicial (LOPJ); 325 y 731 *bis* LECrim).

165 VILLACAMPA ESTIARTE, C., "Evolución legislativa en relación con la reducción de la victimización secundaria: especial consideración a la prueba testifical con menores de edad", en la obra *Estudios de Victimología, Actas del I Congreso Español de Victimología,* TAMARIT SUMALLA, J. M. (Coord.), Valencia, Tirant lo Blanch, 2005, pp. 62-63.

como las averías técnicas[166]. En nuestra opinión los anteriores inconvenientes pueden salvarse con un presupuesto adecuado y por ende voluntad política, amén de que el enfrentamiento a una cámara es una cuestión que está actualmente más normalizada, pues a raíz de la pandemia covid-19 el teletrabajo, la realización de videoconferencias en la vida diaria, las redes sociales etc. han cambiado la perspectiva social ante la utilización de las tecnologías.

Sin embargo, e independientemente de lo anterior, el empleo de la videoconferencia ha de respetar los principios de inmediación y contradicción y por eso el Tribunal Supremo ha venido entendiendo su uso de forma excepcional y con el cumplimiento de los siguientes requisitos, a saber, que la declaración virtual se realice bajo los principios de inmediación y contradicción comporta que se compruebe una correcta visualización y audición y que la comunicación sea bidireccional, que se verifique por un letrado de la administración de Justicia la identidad del declarante, así como la verificación de que no media coacción ninguna en la declaración, siendo adverada la misma con dos fedatarios públicos, uno en cada sede, la de celebración del juicio y el lugar de la práctica de la declaración[167].

En consecuencia, aunque nuestra legislación reconoce la prohibición de confrontación física entre el menor y el investigado, así como el empleo de técnicas como la videoconferencia como medidas de protección del menor[168], que evidentemen-

---

166 MONTESINOS GARCÍA, A., *La videoconferencia como instrumento probatorio en el proceso penal*, Madrid, Marcial Pons, 2009, pp. 53-57.

167 Véase la STS (Sala Segunda, de lo Penal) núm. 644/2008, de 10 de octubre de 2008 (Id. vLex VLEX-50693615).

168 Además de otras como la prohibición de careos entre menores y acusados de los arts. 455 y 713 LECrim. El art. 672,c ALECrim 2020 establece que "*cuando las condiciones de la persona que haya de declarar*

te reducen la victimización secundaria pero que no eximen al menor de declarar en el juicio oral, en nuestra opinión únicamente con la preconstitución probatoria[169] en todo caso y no con la limitación de los catorce años[170], se garantiza la no presencia del menor en el plenario, como mecanismo de protección que posibilita su no intervención si se dan unos ciertos requisitos y garantías, como veremos más adelante.

B) Otras medidas de protección para evitar la victimización secundaria

Como hemos adelantado el artículo 21 LEVD recoge medidas de protección frente a la victimización secundaria para todo tipo de víctimas que se concretan en la toma de declaración sin dilaciones injustificadas, el menor número de veces posible, garantizando que el número de reconocimientos forenses se reduzca a los imprescindibles, así como que se posibilite el acompañamiento por una persona que les haga sentir más seguras a la hora de enfrentarse a la declaración.

En primer lugar, una de las medidas que a nuestro juicio contribuye eficazmente en la prevención de la victimización secundaria en los menores de edad es la reducción del número de

---

lo requieran, la declaración se realizará utilizando las tecnologías de la comunicación que permitan que el testigo preste declaración en dependencias judiciales, sin estar presente en la sala de vistas".

169 También la LEVD modifica el artículo 730 LECrim que posibilita la lectura o reproducción de las declaraciones recibidas durante la fase de investigación a los menores y discapacitados con necesidades especiales de protección.

170 El ALECrim 2020 establece que la declaración del menor de edad siempre será grabada y el juez, previa audiencia de las partes, podrá recabar del perito que emita un informe dando cuenta del desarrollo y resultado de la exploración (*vid.* art. 600).

declaraciones lo máximo posible, de tal manera que se reciba su declaración "*cuando resulte estrictamente necesario para los fines de la investigación penal*" (art. 21,b LEVD). Y el fundamento es de carácter psicológico pues está constatado que el principal factor de victimización secundaria es la repetida sobreexposición a las declaraciones penales que suponen la reexperimentación por parte de la víctima de forma continua de emociones negativas[171], que, evidentemente se agudiza cuando nos referimos a la sobreexposición de los menores de edad[172]. Por lo anterior, resulta imprescindible que la administración de Justicia establezca las medidas adecuadas para evitar situaciones de riesgo, psicológico y/o físico para el menor puesto que las declaraciones reiteradas a lo largo de las distintas fases del proceso penal rememoran situaciones dolorosas y pueden dar lugar a situaciones traumáticas y que perjudiquen su desarrollo psicológico[173].

---

171 Para OROMÍ I VALL-LLOVERA, S., la reducción del número de declaraciones es una medida que contribuye a reducir los riesgos de la victimización secundaria al evitar que la víctima sea obligada a recordar el hecho delictivo (*vid.* "Víctimas de delito en la Unión Europea. Análisis de la Directiva 2012/29/UE", en *Revista General de Derecho Procesal*, n. 30, Madrid, 2013, p. 23).

172 GONZÁLEZ, J. L.; MUÑOZ, J. M.; SOTOCA, A. y MANZANERO, A. L., "Propuesta de protocolo para la conducción de la prueba preconstituida en víctimas especialmente vulnerables", en *Papeles del Psicólogo*, n. 34, Vol. 34 (3), 2013, p. 231.

173 Como manifiesta ÁLVAREZ RAMOS, F., "(...) resulta claro que la sobreexposición de las personas en situación de vulnerabilidad a distintas entrevistas o evaluaciones pueden producir la reexperimentación de emociones negativas asociadas a la vivencia traumática, así como una sensación de descredito al ser puesta en duda el contenido de su declaración. Esto afecta a su autoestima y favorece la aparición de sentimientos de culpa" (*vid.* "Asistencia psicológica a las declaraciones infantiles en sede judicial: la prueba preconstituida como forma de evitar la victimización", en la obra *Niñas y niños víctimas y testigos en los procedimientos judiciales: implicaciones*

Así lo dispone el Instrumento de Ratificación del Convenio del Consejo de Europa para la protección de los niños contra la explotación y el abuso sexual, hecho en Lanzarote el 25 de octubre de 2007[174], que exige que el número de declaraciones del menor sea el indispensable y estrictamente imprescindible (art. 35)[175].

Las investigaciones han demostrado que el menor víctima-testigo declara demasiadas veces cuando se encuentra inmerso en un procedimiento judicial. Al respecto, en un estudio realizado sobre 103 menores que participaron en calidad de víctima y/o testigos en la ciudad de Barcelona en procedimientos judiciales por delitos de abusos sexuales, entre otras cuestiones de análisis y en lo que aquí nos interesa, se observó que la mayoría de los niños testificaron al menos tres veces, esto es, ante la policía, en el Juzgado durante la fase de instrucción y en el juicio oral, además

---

desde la psicología forense, Administración de la Comunidad Autónoma del País Vasco. Departamento de Justicia y Administración Pública, febrero 2016, pp. 93-112. Recurso electrónico, disponible en: https://bit.ly/3lerUFW [U.A.V. 31 de marzo de 2023]).

174 BOE de 12 de noviembre de 2010, n. 274, pp. 94858-94879.

175 En el *Estudio sobre la escucha del menor, víctima o testigo, Defensor del Pueblo*, se concluye que "*aunque todos los profesionales consultados comparten la idea de que el niño debe declarar el menor número de veces posible, no existe un criterio único que las cuantifique, ni que indique si es más apropiado que se tome declaración en sede policial o directamente en los juzgados. Se entiende que cada caso es distinto, resultando diferente si, al presentar la denuncia, existe autor conocido o no. Si no hay un autor conocido, los representantes de los distintos cuerpos policiales ven adecuado tomar una primera declaración a la mayor brevedad posible con el fin de poder dar inicio a la investigación. De esta forma, se obtiene un testimonio más fiable en cuanto a los recuerdos que pueda tener el menor de lo sucedido y menos contaminado por el paso del tiempo*" (*vid. Estudio sobre la escucha del menor, víctima o testigo, Defensor del Pueblo*, Madrid, mayo 2015, p. 61. Recurso electrónico, disponible en: https://bit.ly/2AYLZMA [U.A.V. 31 de marzo de 2023]).

de los reconocimientos forenses[176], aunque se destaca que hubo niños que declararon hasta seis veces. Pero no solo el número de declaraciones es excesivo, sino que el lapso que transcurre entre una declaración y otra es exageradamente largo, resaltando los investigadores una media de 23,1 meses entre la primera vez que el menor testifica y la declaración en el juicio oral.

Nuestro Tribunal Supremo ha recogido en varias ocasiones la opinión de los expertos en psicología del testimonio que aconsejan que se realice una única declaración del menor y que ésta tenga lugar en el momento más próximo a los hechos, no solo para garantizar la calidad del testimonio sino también para evitar la victimización secundaria en el menor[177].

En segundo lugar, sobre la figura del acompañante de la víctima que recoge el artículo 21,c LEVD[178] y que contempla el

---

176 HERNÁNDEZ, J. A.; BLANCH, N. y DE LA FUENTE, J., "El nen abusat sexualment com a testimoni: Estudi de les dades judicials de Barcelona", en *Centre d'Estudis Jurídics i Formació Especialitzada*, Barcelona, 1998.

177 Entre otras, véase STS (Sala Segunda, de lo Penal) núm. 379/2005, de 14 de marzo (Id. vLex VLEX-17692162). Como indica ÁLVAREZ RAMOS, F., "la entrevista de obtención del relato infantil, bien en formato de prueba preconstituida, bien para el análisis psicológico de la credibilidad del testimonio, conviene realizarla en un momento lo más cercano posible a la ocurrencia de los hechos lo que favorece una mejor calidad y precisión del recuerdo, evita la contaminación de los recuerdos al solicitarlo en varias ocasiones, y previene la revictimización" (*vid.* "Asistencia psicológica a las declaraciones infantiles...", *op. cit.*, pp. 93-112).

178 El art. 21,c LEVD dispone que: "*Las víctimas puedan estar acompañadas, además de por su representante procesal y en su caso el representante legal, por una persona de su elección, durante la práctica de aquellas diligencias en las que deban intervenir, salvo que motivadamente se resuelva lo contrario por el funcionario o autoridad encargado de la práctica de la diligencia para garantizar el correcto desarrollo de la misma*".

artículo 433 LECrim para los testigos que tengan la condición de víctima de delito, aunque ambos textos no hagan referencia expresa a los menores de edad, son también aplicable éstos[179].

Sin embargo, resulta incuestionable que esta figura del acompañante para la práctica de la declaración en fase de instrucción se encuentra sometida a la discrecionalidad jurisdiccional y siempre que se trate de víctimas y no de meros testigos. Si bien en el supuesto de las víctimas menores de edad debe garantizarse la presencia de los representantes legales y/o acompañante en la declaración del menor exclusivamente testigo como si fuera una víctima, y ello atendiendo al interés del menor y mediante la valoración de todas las circunstancias concurrentes, con la finalidad de darle más confianza y seguridad al declarar, al amparo del artículo 9 de la Ley Orgánica 1/1996, de 15 de enero, de Protección Jurídica del Menor, de modificación parcial del Código Civil y de la Ley de Enjuiciamiento Civil, aplicable a todo tipo de procedimientos judiciales que señala que la comparecencia judicial del menor se debe realizar de forma adecuada a su situación y desarrollo.

Para finalizar este apartado, y con el mismo fundamento que la reducción de las declaraciones, se prevé en el Estatuto la reducción del número de reconocimientos médicos como otra de las medidas que pretenden disminuir la victimización secundaria de las víctimas que generalmente son llamadas a

---

179 Sobre la presencia del representante legal de la víctima menor de edad y el acompañamiento de una persona de su elección, véase SEMPERE FAUS, S., "La declaración de la víctima menor de edad como prueba preconstituida tras la Ley Orgánica 8/2021 de protección integral a la infancia y adolescencia frente a la violencia", en la obra *La protección de las víctimas en el espacio europeo*, VEGAS AGUILAR, J.C. y SEMPERE FAUS, S. (Dirs.), Valencia, Tirant Lo Blanch, 2023, pp. 177-180.

personarse ante el médico forense en multitud de ocasiones a lo largo del procedimiento, si bien nuevamente la LEVD dispone que se lleven a cabo cuando sean imprescindibles para los fines del proceso penal. Una vez más vuelve a caer en la indeterminación sobre si tantos reconocimientos pueden o no ser prescindibles.

C) Breve referencia al derecho a la protección de la intimidad de los menores de edad y a la formación de los profesionales que los atienden

El derecho a la protección a la intimidad de todas las víctimas y sus familiares[180], es otro de los derechos que reconoce el Estatuto a toda víctima de delito y que cobra especial relevancia para las víctimas menores de edad y víctimas con discapacidad necesitadas de especial protección, otorgando la facultad de adoptar las medidas necesarias para proteger su intimidad, a los jueces, Tribunales, fiscales y las demás autoridades y funcionarios encargados de la investigación penal, así como todos aquellos que

---

180 Por cuestiones de acotación del presente Capítulo, no es posible realizar un análisis profundo de este derecho. Resulta muy ilustrativo en el ámbito de las víctimas de violencia de género un informe realizado sobre el derecho a la intimidad, concretamente el derecho al anonimato resultado de una investigación propuesta y financiada por el Área de Eliminación de la Violencia contra la Mujer de Emakunde centrado en estudiar si existen argumentos jurídicos que justifiquen la omisión, en las noticias publicadas en los medios de comunicación social, de la identidad de las mujeres asesinadas en delitos de violencia de género (*vid. Informe Derecho a la intimidad de las víctimas de delitos de violencia de género. Derecho al anonimato de las víctimas*, Emakunde, Instituto Vasco de la Mujer, Vitoria-Gasteiz, 2018. Recurso electrónico, disponible en: https://bit.ly/3f8CCwA [U.A.V. 31 de marzo de 2023]).

de cualquier modo intervengan o participen en el proceso (art. 22 LEVD). Se prevé especialmente que los anteriores adopten medidas que impidan la difusión de cualquier información que pueda facilitar la identificación de las víctimas, aunque se concreta únicamente respecto de las víctimas menores de edad o víctimas con discapacidad necesitadas de especial protección.

Y se reconoce expresamente para los menores de edad en la Ley Orgánica 1/1996, de 15 de enero, de Protección Jurídica del Menor (*vid.* art. 4). Sin olvidar, la normativa específica sobre esta cuestión, la Ley Orgánica 1/1982, de 5 de mayo, de protección civil del derecho al honor, a la intimidad personal y familiar, y a la propia imagen, que en su artículo 7 establece qué conductas son consideradas intromisiones ilegítimas en estos derechos, atribuyendo al ministerio fiscal la función de proteger los derechos de las víctimas de delitos ante dichas intromisiones (art. 4)[181]. La LOPIVI también contempla en los casos de violencia sobre la infancia que la colaboración entre las administraciones públicas y los medios de comunicación pongan especial énfasis en el respeto al honor, a la intimidad y a la propia imagen de la víctima y sus familiares, incluso en caso de fallecimiento del menor (art. 8.4).

Pues bien, a la luz del artículo 25 LEVD y de la LECrim las medidas de protección del derecho a la intimidad establecidas en la LEVD se concretan en tres tipos: por una parte, aquellas relativas a evitar que se formulen preguntas[182] a la víctima so-

---

181 Para un estudio detallado véase MARCOS AYJÓN, M., *La protección de datos de carácter personal en la justicia penal*, Barcelona, Bosch, 2020.

182 El art. 672,d ALECrim 2020 establece en relación con la declaración de los menores de edad que: "*El testigo será interrogado únicamente por el presidente del tribunal, pudiendo las partes solicitar que realice las preguntas adicionales que consideren necesarias. No obstante, el presidente*

bre la vida privada (art. 25.2,c LEVD y 709 LECrim[183]) que se pueden adoptar tanto en la fase de investigación como en la de enjuiciamiento, por otra parte las medidas sobre la celebración a puerta cerrada del juicio oral (art. 25.2,d LEVD en relación con el art. 681.2 LECrim[184]) y, por último medidas tendentes a la prohibición de la divulgación o publicación de información relativa a la identidad de la víctima así como la prohibición de la obtención, divulgación o publicación de imágenes de la víctima o de sus familiares y especialmente menores de edad o personas con necesidades especiales de protección (art. 681.2 y 3 LECrim).

Por otra parte, una medida que también redunda en la prevención de la victimización secundaria es la formación en protección a las víctimas de aquellos operadores jurídicos que tomen contacto con el menor a lo largo del procedimiento judicial. Además de que se les reciba declaración por profesionales que hayan recibido una formación especial para reducir o limitar perjuicios a la víctima menor de edad, o con su ayuda, también se contempla en la LEVD la importancia de que sea efectuada por la misma persona que, en el caso de los delitos contra la libertad o indemnidad sexual, debe ser una

---

permitirá que las partes realicen las preguntas directamente si de ello no se deriva perjuicio alguno para el testigo".

183 El art. 709 LECrim dispone que: "(...) *El Presidente podrá adoptar medidas para evitar que se formulen a la víctima preguntas innecesarias relativas a la vida privada, en particular a la intimidad sexual, que no tengan relevancia para el hecho delictivo enjuiciado, salvo que, excepcionalmente y teniendo en cuenta las circunstancias particulares del caso, el Presidente considere que sean pertinentes y necesarias. Si esas preguntas fueran formuladas, el Presidente no permitirá que sean contestadas*".

184 El principio de publicidad es un principio de carácter procesal que se reconoce en el art. 120 CE, que se desarrolla en los artículos 680 y ss LECrim, así como en los artículos 229 y ss LOPJ.

persona del mismo sexo de la víctima cuando lo solicite (art. 25.1,b,c y d LEVD).

Es loable que la LOPIVI establezca entre uno de sus fines el de "(...) *impulsar la detección precoz de la violencia sobre la infancia y la adolescencia mediante la formación interdisciplinar, inicial y continua de los y las profesionales que tienen contacto habitual con los niños, niñas y adolescentes*" (art.3,c).

Además de formación en prevención y detección precoz de toda forma de violencia, de formación en seguridad, en identificación de los factores de riesgo y de una mayor exposición y vulnerabilidad ante la violencia, entre otros, la LOPIVI incide concretamente en que las personas que tengan contacto con menores de edad que han sufrido violencia reciban formación en victimización secundaria. Así lo establece en su artículo 5: "*1. Las administraciones públicas, en el ámbito de sus respectivas competencias, promoverán y garantizarán una formación especializada, inicial y continua en materia de derechos fundamentales de la infancia y la adolescencia a los y las profesionales que tengan un contacto habitual con las personas menores de edad. Dicha formación comprenderá como mínimo:* (...) *f) Los mecanismos para evitar la victimización secundaria*".

La formación especializada de todas aquellas personas que por su profesión tienen contacto con las víctimas de los delitos, debe ser un objetivo fundamental del legislador y de las políticas públicas, pues dicha formación redunda en un mejor trato a las víctimas y a su vez reduce la victimización secundaria. Al respecto, ya la Ley Orgánica 1/2004, de 28 de diciembre, de Medidas de Protección Integral contra la Violencia de Género, destaca la importancia de la formación de los operadores jurídicos que entran en contacto con las víctimas de violencia de género. Así lo dispone en su artículo 47 cuando establece la necesidad de "(...) *asegurar una formación específica relativa a la igualdad y no discriminación por razón de sexo y sobre violencia de género* (...)".

En la misma línea, la LOPIVI reconoce en su Disposición final vigésima la especialización de los órganos judiciales, de la fiscalía y de los equipos técnicos[185] que presten asistencia especializada a los Juzgados y Tribunales, otorgando el plazo de un año al Gobierno para que remita a las Cortes Generales proyectos de ley para modificar diversas leyes con la finalidad de garantizar la especialización[186].

No es propiamente un derecho de la víctima de delito, sino una necesidad de las víctimas y una obligación de la administración y de las instituciones implicadas en el sistema judicial, asegurar la formación general y específica relativa a la protección de las víctimas[187] de todos los profesionales y funcionarios

---

[185] Así establece en su punto 2: "*las administraciones competentes regularán en idéntico plazo la composición y funcionamiento de los equipos técnicos que presten asistencia especializada a los órganos judiciales especializados en infancia y adolescencia, y la forma de acceso a los mismos de acuerdo con los criterios de especialización y formación recogidos en esta ley*".

[186] En concreto se prevé la modificación de la Ley Orgánica 6/1985, de 1 de julio, del Poder Judicial para la especialización tanto de los órganos judiciales como de sus titulares, para la instrucción y enjuiciamiento de las causas penales por delitos cometidos contra personas menores de edad. También la modificación de la Ley 50/1981, de 30 de diciembre, reguladora del Estatuto Orgánico del Ministerio Fiscal, a los efectos de establecer la especialización de fiscales en el ámbito de la violencia sobre la infancia y la adolescencia, conforme a su régimen estatutario.

[187] En el ámbito de las víctimas de violencia de género es donde mayor formación especializada se está promoviendo entre los distintos operadores jurídicos que en su actividad profesional tienen contacto con las víctimas. Tanto las Fuerzas y Cuerpos de Seguridad del Estado que promueve cursos de formación para sus miembros, como la administración que desarrolla cursos de formación para sus agentes, como la administración de Justicia que realiza cursos de formación derivados del Pacto de Estado contra la Violencia de Género sobre la atención a víctimas (*vid.* por ejemplo las Bases de la convocatoria del Ministerio de Justicia sobre Formación derivada del Pacto de Estado contra

que las atienden en el ámbito policial, administrativo, judicial, así como el personal de las Oficinas de asistencia a las víctimas del delito (OAVD)[188]. Las OAVD son unidades especializadas que prestan un servicio multidisciplinar, público y gratuito cuya finalidad es la de prestar información, asistencia y/o atención coordinada para dar respuesta a las necesidades de las víctimas de delitos, testigos y personas en situación de riesgo, en el ámbito jurídico, psicológico y social, así como promover las medidas de justicia restaurativa que sean pertinentes, con el fin último de minimizar la victimización primaria y evitar la secundaria[189].

---

la violencia de género de 2019, recurso electrónico, disponible en: https://bit.ly/3iMjiWD [U.A.V. 31 de marzo de 2023]).

188 En relación con el personal de las OAVD destaca la importancia de la especialización de los profesionales que integran estas Oficinas, entre los que se enumeran como *numerus apertus*, los psicólogos, los trabajadores sociales, el personal al servicio de la administración de Justicia, los juristas y otros técnicos cuando la especificidad de la materia así lo aconseje (art. 18 RDEVD), subrayándose la formación especializada en familia, menores, personas con discapacidad, violencia de género y violencia doméstica. La Comunidad Autónoma Valenciana contempla entre el personal adscrito a sus Oficinas que se trata de personal funcionario o laboral de la administración de la Generalitat, a profesionales de la psicología, trabajo social, criminología, juristas u otro personal técnico especializado, incluyendo a los profesionales de la criminología que no se contemplan específicamente en el RDEVD. *Vid.* art. 8.2 Decreto 165/2016, de 4 de noviembre, del Consell, por el que se crea y regula la Red de Oficinas de la Generalitat de Asistencia a las Víctimas del Delito, Conselleria de Justicia, Administración Pública, Reformas Democráticas y Libertades Públicas (DOGV núm. 7916, de 14 de noviembre de 2016, pp. 31123-31128).

189 *Vid.* Protocolo general básico de actuación de la red de Oficinas de asistencia a las víctimas del delito de la Generalitat Valenciana. Recurso electrónico, disponible en: https://onx.la/a4ba1 [U.A.V. 31 de marzo de 2023].

En consecuencia, la formación es necesaria para que los policías, jueces, fiscales, médicos forenses, abogados, letrados de la administración de Justicia, personal de la administración de Justicia, entre otros tomen conciencia de que con determinados usos, comportamientos o actitudes ante la víctima de un delito pueden generar victimización secundaria e influir negativamente en su recuperación[190].

2. Medidas específicas de protección para las víctimas menores

Cuando el menor tiene que declarar en el juicio oral, generalmente ha transcurrido mucho tiempo desde los hechos, el niño ha iniciado desde el punto de vista psicológico un proceso de recuperación o ha quedado con secuelas permanentes[191]. Por este motivo, es necesario un nivel de protección hiperreforzado, recogido en el artículo 26 LEVD, que implica la adopción de medidas que sean necesarias para evitar que el desarrollo de la investigación o la celebración del juicio se convierta en nueva fuente de perjuicios para la víctima. Estas

---

190 Sobre la importancia de la capacitación para aplicar estrategias apropiadas y de la sensibilización acerca de la interacción con las víctimas de todos los fiscales, jueces y otros profesionales de la justicia penal, así como los profesionales de apoyo a las víctimas, ya hacía hincapié las Naciones Unidas (*vid.* Oficina de las Naciones unidas contra la droga y el delito, Naciones Unidas, Portal de Apoyo a las Víctimas del Terrorismo, *Buenas prácticas de apoyo a las víctimas del terrorismo en el marco de la justicia penal* , Nueva York, 2015, pp. 25-26. Recurso electrónico, disponible en: https://bit.ly/2yvWNDQ [U.A.V. 31 de marzo de 2023]).

191 Sobre el daño psicológico en un niño que sufre delitos violentos, véase ampliamente ECHEBURÚA, E.; CORRAL, P. y AMOR, P. J., "Evaluación del daño psicológico en las víctimas de delitos violentos", en *Psicothema* n. 14, 2002, pp. 139-146.

medidas que se aplican tanto a los menores de edad, personas con discapacidad necesitadas de especial protección así como a víctimas de violencias sexuales[192], se concretan en la grabación de las declaraciones por medios audiovisuales durante la fase de investigación para su reproducción en el juicio oral en el supuesto de los menores de catorce años y con las condiciones determinadas por la LECrim, la posibilidad de intervención de expertos en la declaración del menor (art. 26.1,b), finalizando con la designación de un defensor judicial en el supuesto de conflicto de intereses.

En primer lugar, sobre el régimen de la declaración del menor de edad como prueba preconstituida[193] cabe destacar que ha sido modificado a través de la Disposición final primera de la LOPIVI que ha introducido dos nuevos preceptos en la LECrim. Por un lado, el artículo 449 *ter* que regula los presupuestos de la práctica de la declaración de la víctima menor de edad y personas con discapacidad necesitadas de especial protección[194], y por otro el artículo 449 *bis*, que recoge los requisitos para su realización[195].

---

192 Se ha incluido a las víctimas de violencia sexual con la modificación de la rúbrica y el apartado 1), con efectos desde el 7 de octubre de 2022, efectuada por la Disposición final 12.7 de la Ley Orgánica 10/2022, de 6 de septiembre. BOE de 7 de septiembre de 2022, n. 215, pp.124199-124269.

193 Un análisis exhaustivo sobre las novedades que incorpora la LECrim tras su reforma por la LOPIVI puede verse en SEMPERE FAUS, S., "La declaración de la víctima menor de edad como prueba preconstituida ...", *op. cit.*, pp. 135-184.

194 La prueba preconstituida se regula actualmente en los arts. 448, 449 *bis*, 449 *ter*, 772. 2 y 3 y 797.2 LECrim.

195 El art. 26.2 LEVD dispone: "*El Fiscal recabará del Juez o Tribunal la designación de un defensor judicial de la víctima, para que la represente en la investigación y en el proceso penal, en los siguientes casos:*

Sobre los presupuestos para la práctica de la declaración del menor de edad como prueba preconstituida, la novedad más destacable es que la LECrim recoge la edad máxima de su práctica obligatoria, esto es catorce años, siendo potestativo para el Juez acordarla a partir de dicha edad.

Por su parte, el artículo 11.1 LOPIVI no establece ningún límite de edad al disponer que: "1. *Los poderes públicos garantizarán que las niñas, niños y adolescentes sean oídos y escuchados con todas las garantías y sin límite de edad, asegurando, en todo caso, que este proceso sea universalmente accesible en todos los procedimientos administrativos, judiciales o de otra índole relacionados con la acreditación de la violencia y la reparación de las víctimas*".

Por otro lado, se enumeran los delitos en los que obligatoriamente se acordará la práctica de dicha grabación audiovisual, así como la posibilidad de que se practique con la intervención de equipos psicosociales, destacando la novedad con respecto a la regulación anterior de la obligatoriedad de la grabación audiovisual de la prueba incidiendo en la importancia de la evitación de la confrontación visual del menor con el victimario.

Se recogen los requisitos del modo de práctica de esta prueba, destacando la observancia del principio de contradicción, la documentación del soporte apto para la grabación, así como la valoración de la prueba así obtenida conforme el nuevo artículo 730.2 LECrim que contempla la reproducción de la

---

a) Cuando valore que los representantes legales de la víctima menor de edad o con capacidad judicialmente modificada tienen con ella un conflicto de intereses, derivado o no del hecho investigado, que no permite confiar en una gestión adecuada de sus intereses en la investigación o en el proceso penal.
b) Cuando el conflicto de intereses a que se refiere la letra a) de este apartado exista con uno de los progenitores y el otro no se encuentre en condiciones de ejercer adecuadamente sus funciones de representación y asistencia de la víctima menor o con capacidad judicialmente modificada".

grabación audiovisual de la declaración de la víctima o testigo practicada como prueba preconstituida durante la fase de instrucción conforme a lo dispuesto en el artículo 449 *bis*[196]. Así, en la práctica de la declaración del testigo como prueba preconstituida acordada por la autoridad judicial, es de esencial importancia que se garantice el principio de contradicción, que no implica necesariamente la presencia del investigado, pero sí al menos la de su defensa letrada. Ante su ausencia en el supuesto de que haya sido debidamente citado o en caso de "(...) *incomparecencia injustificada del defensor de la persona investigada o cuando haya razones de urgencia para proceder inmediatamente* (...)", tampoco se suspenderá el acto sustanciándose con un letrado de oficio expresamente designado al efecto. Se establece la garantía de seguridad de la declaración debiendo el letrado de la administración de Justicia inmediatamente comprobar que se haya grabado el sonido y la imagen correctamente, lo que no exime de la redacción de un acta sucinta que contenga la identificación y firma de todas las personas intervinientes en la prueba preconstituida.

En segundo lugar y en relación con la intervención de equipos psicosociales[197], se regula el apoyo de éstos al Tribunal en

---

196 Ampliamente sobre las novedades sobre la evitación de la confrontación visual y grabación audiovisual de la declaración del menor, véase SEMPERE FAUS, S., "La declaración de la víctima menor de edad como prueba preconstituida...", *op. cit.*, pp. 135-184.

197 La intervención de expertos se ha sustituido por la intervención de equipos psicosociales en el nuevo artículo 449 *ter* LECrim. Sin embargo, el ALECrim 2020 se refiere a expertos y establece que la declaración de un testigo que, por razón de su edad o discapacidad, no deba ser sometido al examen contradictorio de las partes en el juicio oral se tomará de forma reservada a través de un perito experto en psicología del testimonio (*vid.* art. 660 en relación con el art. 591.2,c).

la toma de declaración del menor (art. 449*ter*), que ya se recoge como medida hiperreforzada con carácter potestativo en la LEVD (*vid.* art. 26.1,b). Tal previsión ya estaba recogida anteriormente en la LECrim concretamente en su artículo 433 y tras la reforma de la LEVD no se modificó el carácter potestativo de la declaración del menor ante un experto[198] que ya disponía nuestra Ley rituaria[199].

---

198 Con anterioridad a la Ley del Estatuto de la víctima el art. 433 LECrim decía que "*toda declaración de un menor podrá realizarse ante expertos* (…)" y tras la reforma por la LEVD, establecía que "(…) *el Juez de Instrucción podrá acordar, cuando a la vista de la falta de madurez de la víctima resulte necesario para evitar causarles graves perjuicios, que se les tome declaración mediante la intervención de expertos y con intervención del Ministerio Fiscal…*". Actualmente y tras la reforma operada por la Ley Orgánica 8/2021, de 4 de junio, de protección integral a la infancia y la adolescencia frente a la violencia, se ha suprimido el párrafo 4 del art. 433 que rezaba: "*En el caso de los testigos menores de edad o personas con la capacidad judicialmente modificada, el Juez de Instrucción podrá acordar, cuando a la vista de la falta de madurez de la víctima resulte necesario para evitar causarles graves perjuicios, que se les tome declaración mediante la intervención de expertos y con intervención del Ministerio Fiscal. Con esta finalidad, podrá acordarse también que las preguntas se trasladen a la víctima directamente por los expertos o, incluso, excluir o limitar la presencia de las partes en el lugar de la exploración de la víctima. En estos casos, el Juez dispondrá lo necesario para facilitar a las partes la posibilidad de trasladar preguntas o de pedir aclaraciones a la víctima, siempre que ello resulte posible*".

199 Con anterioridad a la modificación por la LEVD este precepto ya había sido modificado por la LO 8/2006 que disponía en su párrafo tercero: "(...) *toda declaración de un menor podrá realizarse ante expertos y siempre en presencia del Ministerio Fiscal. Quienes ejerzan la patria potestad, tutela o guarda del menor podrán estar presentes, salvo que sean imputados o el juez, excepcionalmente y de forma motivada, acuerde lo contrario* (...)". La Directiva 2012/29/UE sin embargo no hace referencia a la presencia de expertos, aunque podría entenderse implícita en la medida protectora consistente en que la declaración sea recibida por profesio-

No obstante, la intervención de expertos se ha sustituido por la de equipos psicosociales en el nuevo artículo 449 *ter* LECrim, lo que implica una mayor especialización e interdisciplinariedad, que la declaración del menor sea más objetiva ya que ha de prepararse por el experto con una metodología adecuada para entrevistar a los menores[200], así como la necesidad de contar con antecedentes documentales de todas las circunstancias que rodean al menor más allá del concreto hecho delictivo del que ha sido víctima. En ello incide el precepto cuando dispone que la declaración del menor que se practique a través de los equipos psicosociales que apoyen al Tribunal recogerán "(...) *el trabajo de los profesionales que hayan intervenido anteriormente y estudiando las circunstancias personales, familiares y sociales de la persona menor o con discapacidad, para mejorar el tratamiento de los mismos y el rendimiento de la prueba*".

Sin embargo, que dicha intervención siga siendo potestativa no es de alabar en el legislador pues si el espíritu de estas reformas es minimizar la victimización secundaria que sufre el menor debería haberse contemplado de manera obligatoria, especialmente en delitos contra la libertad sexual, dotando de

---

nales específicamente formados. VILLACAMPA ESTIARTE, C., "La protección de las víctimas en el proceso penal tras...", *op. cit.*, p. 292.

200 Al respecto el ALECrim 2020 dispone en su art. 600. 2: "*La declaración se obtendrá utilizando métodos y técnicas adecuados a la edad y a las especiales condiciones de la persona que haya de declarar. En estos casos, el juez, previa audiencia de las partes, podrá acordar que la exploración se realice por el perito sin la intervención del fiscal ni de las demás partes, quienes, no obstante, podrán presenciar directamente la exploración sin ser vistos por el testigo. Antes de comenzar la declaración, el juez oirá al Ministerio Fiscal y a las partes sobre las informaciones que ha de aportar el testigo, trasladando al perito las que estime pertinentes. Concluida la declaración procederá de la misma forma, por si las partes interesan que se recaben nuevas informaciones*".

recursos presupuestarios para poner en funcionamiento estos equipos psicosociales[201].

Para finalizar, la LEVD prevé la figura del defensor judicial[202] en el caso de conflicto de intereses para el menor de edad en tres supuestos: en caso de conflicto de intereses entre los representantes legales de la víctima; cuando exista conflicto de intereses con alguno de los progenitores y el otro no se encuentre en condiciones de asumir sus funciones y para el supuesto de que la víctima no esté acompañada o se encuentre separada de quienes ejerzan la patria potestad o cargos tutelares.

Incide la LOPIVI en esta cuestión cuando legitima a los menores para la defensa de sus derechos e intereses además de a sus representantes legales a través del defensor judicial designado por el Juzgado o Tribunal, de oficio o a instancia del Ministerio Fiscal, en los supuestos previstos en el artículo 26.2 LEVD (*vid.* art. 13).

---

201 La Recomendación (85) 11, adoptada por el Comité de Ministros del Consejo de Europa el 28 de junio de 1985, sobre la posición de la víctima en el marco del derecho penal y del proceso penal en su punto 8 dispone: "*En todas las fases del procedimiento, el interrogatorio de la víctima debería hacerse con respeto a su situación personal, a sus derechos y a su dignidad. En la medida de lo posible y en los casos apropiados, los niños y los enfermos o minusválidos mentales deberían ser interrogados en presencia de sus padres o del tutor o de cualquier persona cualificada para asistirles*".

202 Sobre la figura del defensor judicial de los menores de edad véase ampliamente OBADO OLABARRIETA, M., "El defensor judicial en el proceso penal. Reflexiones sobre el artículo 26.2 del Estatuto de la víctima del delito. La defensa de los menores, víctimas del delito. Especial consideración a los supuestos de violencia de género y doméstica", en *Revista Jurídica de Castilla y León*, septiembre 2019, n. 49, pp. 43-83.

IV. CONCLUSIONES

La protección de las personas menores de edad que son víctimas de un delito es un derecho ya reconocido a raíz de la Ley del Estatuto de la víctima del delito, que recoge un catálogo de derechos procesales y extraprocesales para todo tipo de víctimas, que se ha reforzado gracias a la LOPIVI que además ha realizado reformas de gran calado en nuestra legislación procesal como es la obligatoriedad de la práctica de la declaración del menor de edad como prueba preconstituida hasta los catorce años. Ambas normas han contribuido en los últimos años a la incorporación a la legislación española de las medidas de protección analizadas en la presente obra, contribuyendo al menos sobre el papel a reducir la victimización secundaria de las víctimas menores de edad y personas con discapacidad en su relación con el sistema judicial penal, dando así respuesta a un problema social de falta de protección.

La necesidad de la protección integral de los niños, niñas y adolescentes que sufren violencia y que son victimizados, se pone de manifiesto cuando no solamente se otorga una protección integral en distintos ámbitos, económico, social, de reparación y seguridad, entre otros, sino que se garantiza una protección más amplia que afecta al ámbito moral, como es la prevención de su victimización secundaria. A nuestro juicio, la importancia de todas estas medidas analizadas radica en que se trate a la víctima menor de edad como un sujeto y no se le abandone como un mero objeto del proceso penal, puesto que nada impide la humanización del proceso penal con respecto a la víctima siempre que no se vulnere el derecho de defensa ni el principio de contradicción. La administración de Justicia debe apoyar a la víctima sobre todo si es menor, con dignidad y buen trato, el respeto a las personas debe ser la base de nuestro proceso penal, y éste no puede dañar todavía más a un menor que ya está sufriendo la victimización directa del delito. En consecuencia, la legislación procesal ha de ser coherente con la cultura del cuidado del menor e impulsar como otra de sus finalidades la prevención de la victimización secundaria de los niños, niñas y adolescentes.

Sin embargo, y pese a que las medidas de protección analizadas que, a mayor abundamiento reforman preceptos clave en esta materia de nuestra legislación procesal, son sin duda favorables para la configuración de un sistema de protección integral del menor de edad en nuestro país, muchas de sus previsiones quedan en papel mojado si no se destinan los recursos presupuestarios que permitan la necesaria e imprescindible implementación de tales medidas en la práctica forense en nuestros juzgados y Tribunales.

Se propone que en los palacios de Justicia y también en las sedes de partidos judiciales más pequeños, se construya una sala de espera para las víctimas separada con una zona específica para las personas menores de edad que se caracterice por tratarse de una sala amigable con juguetes, juegos y libros. También es necesario que el acceso a los Juzgados sea distinto para las víctimas y para el agresor con la finalidad de evitar que puedan encontrarse en las dependencias judiciales. Poco o nada previene la victimización secundaria si en la sala del juicio únicamente se proporciona un biombo para evitar la confrontación visual si anteriormente la víctima y el agresor se encuentran en la misma sala de espera o en el mismo pasillo antes del comienzo del juicio oral. No hace falta gran presupuesto para esto sino voluntad e idea.

Para que dicho sistema devenga eficaz, es también necesaria la formación especializada de los operadores jurídicos. Es fundamental su especialización en materia de protección a las víctimas, mediante el diseño y la implementación de cursos de formación victimológica dirigidos tanto a Fuerzas y Cuerpos de Seguridad, como en el concreto ámbito de la administración de Justicia, a todos los funcionarios que desempeñen sus funciones en los juzgados y fiscalías que tengan contacto directo con las víctimas de delitos.

Y además de estos problemas prácticos de aplicación hemos de lidiar con una LECrim vetusta que ha sido reformada por la LEVD y por la LOPIVI en algunos preceptos pero que no alcanza el nivel de protección que debería. Ahora solo nos queda esperar una nueva ley procesal, aunque si el Anteproyecto de LECrim 2020 viera finalmente la luz debería introducir una perspectiva de la cultura del cuidado procesal del menor en su articulado más acorde con la legislación posterior, así como con la evolución de la doctrina y la jurisprudencia en el ámbito de la proteccción del menor.

En consecuencia, las medidas de protección analizadas en el presente Capítulo han contribuido a garantizar la efectividad del derecho de protección de las víctimas menores de edad y necesitadas de especial protección. Sin embargo, todas estas medidas que en el texto de la normativa se configuran como un gran avance en su protección no coadyuvarán a la reducción de la victimización secundaria si su aplicación se dilata en el tiempo, si no se adoptan protocolos de buenas prácticas y si por parte de los operadores jurídicos no se toma conciencia de la importancia de la protección de los niños, niñas y adolescentes.

V. BIBLIOGRAFÍA

ÁLVAREZ RAMOS, F., "Asistencia psicológica a las declaraciones infantiles en sede judicial: la prueba preconstituida como forma de evitar la victimización", en la obra *Niñas y niños víctimas y testigos en los procedimientos judiciales: implicaciones desde la psicología forense, Administración de la Comunidad Autónoma del País Vasco.* Departamento de Justicia y Administración Pública, febrero 2016, pp. 93-112. Recurso electrónico, disponible en: https://bit.ly/3lerUFW, pp. 93-112.

Defensor del Pueblo, en *Estudio sobre la escucha del menor, víctima o testigo,* Madrid, 2015. Recurso electrónico, disponible en: https://bit.ly/2AYLZMA

ECHEBURÚA, E.; CORRAL, P. y AMOR, P. J., "Evaluación del daño psicológico en las víctimas de delitos violentos", en *Psicothema,* n. 14, 2002, pp. 139-146.

GARCÍA-PABLOS DE MOLINA, A., *Tratado de Criminología,* Valencia, Tirant lo Blanch, 5ª Ed., 2014.

GARCÍA RODRÍGUEZ, M. J., "Evaluación individual de las víctimas para determinar sus necesidades especiales de protección y asistencia en el marco del proceso penal", en *Revista General de Derecho Procesal,* 2017, n. 41.

GÓMEZ COLOMER, J. L., *Estatuto Jurídico de la víctima del delito (La posición jurídica de la víctima ante la Justicia Penal. Un análisis basado en el Derecho comparado y en la Ley 4/2015, de 27 de abril, del Estatuto de la Víctima del delito en España),* Cizur Menor (Navarra), Aranzadi Thomson Reuters, 2ª Ed., 2015.

GONZÁLEZ, J. L.; MUÑOZ, J. M.; SOTOCA, A. y MANZANERO, A. L., "Propuesta de protocolo para la conducción de la prueba preconstituida en víctimas especialmente vulnerables", en *Papeles del Psicólogo,* n. 34, Vol. 34 (3), 2013, pp. 227-237.

HERNÁNDEZ, J. A.; BLANCH, N. y DE LA FUENTE, J., "El nen abusat sexualment com a testimoni: Estudi de les dades judicials de Barcelona", en *Centre d'Estudis Jurídics i Formació Especialitzada,* Barcelona, 1998.

Informe Derecho a la intimidad de las víctimas de delitos de violencia de género. Derecho al anonimato de las víctimas, Emakunde, Instituto Vasco de la Mujer, Vitoria-Gasteiz, 2018. Recurso electrónico, disponible en: https://bit.ly/3f8CCwA.

MARCOS AYJÓN, M., *La protección de datos de carácter personal en la justicia penal,* Barcelona, Bosch, 2020.

MONTESINOS GARCÍA, A., *La videoconferencia como instrumento probatorio en el proceso penal,* Madrid, Marcial Pons, 2009.

MORILLAS FERNÁNDEZ, D. L.; PATRÓ HERNÁNDEZ, R. M., AGUILAR CÁRCELES, M. M., *Victimología: un estudio sobre la víctima y los procesos de victimización,* Madrid, Dykinson, 2ª Ed., 2014.

OBADO OLABARRIETA, M., "El defensor judicial en el proceso penal. Reflexiones sobre el artículo 26.2 del Estatuto de la víctima del delito.

La defensa de los menores, víctimas del delito. Especial consideración a los supuestos de violencia de género y doméstica", en *Revista Jurídica de Castilla y León*, septiembre 2019, n. 49, pp. 43-83.

OROMÍ VALL-LLOVERA, S. y LUPÀRIA, L., "Concepto de víctima y de víctima especialmente vulnerable", en la obra *Código de Buenas Prácticas para la protección de víctimas especialmente vulnerables. Menores y víctimas de violencia de género*, ARMENTA DEU, T. (Coord), Madrid, Colex, 2011, pp. 19-26.

OROMÍ I VALL-LLOVERA, S., "Víctimas de delito en la Unión Europea. Análisis de la Directiva 2012/29/UE", en *Revista General de Derecho Procesal*, n. 30, Madrid, 2013, pp. 1-31.

PELAYO LAVÍN, M., "¿Es necesaria la presencia del menor-víctima en el juicio oral?, en la obra *La víctima menor de edad. Un estudio comparado Europa/América*, ARMENTA DEU, T., y OROMÍ I VALL-LLOVERA, S. (Coords.), Madrid, Colex, 2010, pp. 229-234.

PÉREZ RIVAS, N., *Los derechos de la víctima en el sistema penal español*, Valencia, Tirant lo Blanch, 2017.

SEMPERE FAUS, S., "La grabación audiovisual de la declaración del menor de edad: la prueba preconstituida y la eficacia de la cámara Gesell en la reducción de la victimización secundaria", en *Revista General del Derecho Procesal*, n. 48, 2019, pp. 1-49.

SEMPERE FAUS, S., "La protección de la víctima menor de edad y la victimización secundaria", en *Actualidad jurídica iberoamericana (ejemplar dedicado a: "El interés superior del menor en la experiencia jurídica latina")* n. 13, 2020, pp. 874-897.

SEMPERE FAUS, S., "La declaración de la víctima menor de edad como prueba preconstituida tras la Ley Orgánica 8/2021 de protección integral a la infancia y adolescencia frente a la violencia", en la obra *La protección de las víctimas en el espacio europeo*, VEGAS AGUILAR, J.C. y SEMPERE FAUS, S. (Dir.), Valencia, Tirant Lo Blanch, 2023, PP. 137-185..

TAMARIT SUMALLA, J. M., "La Victimología: cuestiones conceptuales y metodológicas", en la obra *Manual de Victimología*, BACA BALDOMERO, E.; ECHEBURÚA ODRIOZOLA, E y TAMARIT SUMALLA, J. M. (Coords.), Valencia, Tirant lo Blanch, 2006, pp. 17-50.

VILLACAMPA ESTIARTE, C., "Evolución legislativa en relación con la reducción de la victimización secundaria: especial consideración a la prueba testifical con menores de edad", en la obra *Estudios de Victimología, Actas del I Congreso Español de Victimología,* TAMARIT SUMALLA, J. M. (Coord.), Valencia, Tirant lo Blanch, 2005, pp. 55-70.

VILLACAMPA ESTIARTE, C., "La protección de las víctimas en el proceso penal tras la aprobación de la LEVID", en la obra *El Estatuto de las víctimas de delitos. Comentarios a la Ley 4/2015,* TAMARIT SUMALLA, J. M. (Coord.), Valencia, Tirant lo Blanch, 2015, pp. 168-240.

WHITCOMB, D., GOODMAN, G. S., RUNYAN, D., & HOAK, S., "The emotional effects of testifying on sexually abused children. National Institute of Justice: Research in Brief", 1994, pp. 1-7. (Recurso electrónico, disponible en: https://onx.la/f5d11.

YUST ESCOBAR, J., "La protección de la víctima en el Estatuto aprobado por Ley 4/2015 de 27 de abril", en *Cuadernos Digitales de Formación,* n. 47 (número monográfico sobre El Estatuto de la víctima), Consejo General del Poder Judicial, 2016, pp. 1-57.

Marcos teóricos criminológicos para entender la victimización sexual en la infancia y la adolescencia en contextos organizacionales, con una mirada particular al ámbito deportivo

GEMA VARONA MARTÍNEZ

Directora del Instituto Vasco de Criminologíay coordinadora del Laboratorio de Teoría y Práctica de Justicia Restaurativa, Universidad del País Vasco/Euskal Herriko Unibertsitatea[203]

"Los problemas estaban tan extendidos y la naturaleza de los abusos era tan grave que todo resulta difícil de comprender"[204]

---

203 Este trabajo se ha enriquecido con los debates realizados con motivo de la participación de la autora como Miembro del Grupo de Trabajo (2021-2024) del Foro Europeo de Justicia Restaurativa sobre instituciones y justicia restaurativa y como Miembro de la Comisión Asesora del Defensor del Pueblo para la atención a las víctimas de abusos sexuales en el seno de la Iglesia católica, creada en 2022.

204 AUSTRALIAN ROYAL COMMISSION, citada por GLEESON, K. & RING, S. "Confronting the past and changing the future? Public inquiries into institutional child abuse, Ireland and Australia", en *Griffith Law Review*, n. 29:1 2020, pp. 109-133.

llo. 2. Ocultamiento como victimización secundaria. 3. Apego institucional desde una perspectiva interseccional. 4. Traición de la confianza organizacional y demanda de justicia procedimental. III. ELEMENTOS MICRO, MESO Y MACRO QUE CUALIFICAN LA VICTIMIZACIÓN SEXUAL INFANTO-JUVENIL EN EL ÁMBITO DEPORTIVO. IV. LA MIRADA TRANSVERSAL RESTAURATIVA. V.BIBLIOGRAFÍA.

I. INTRODUCCIÓN

En 2010 el Consejo de Europa impulsó la campaña "uno de cada cinco" sobre la violencia sexual en la infancia y la adolescencia[205]. En 2021, además de poner el foco en la prevalencia en diferentes contextos, sobre la relevancia social de las consecuencias en la salud y su valoración económica, en la Evaluación inicial de impacto de la iniciativa de la Unión Europea para revisar la Directiva 2011/93/UE del Parlamento Europeo y del Consejo, de 13 de diciembre de 2011, relativa a la lucha contra los abusos sexuales[206] y la explotación sexual de los menores y la pornografía[207], se reconoció que este tipo de victi-

---

205 Véase la referencia a dicha campaña, iniciada en el marco del Programa del Consejo de Europa "Construir una Europa para y con los niños" y del Convenio del Consejo de Europa sobre la Protección de los Niños contra la Explotación Sexual y el Abuso Sexual (Convenio de Lanzarote), en https://human-rights-channel.coe.int/stop-child-sexual-abuse-in-sport-en.html.

206 En este capítulo se utilizará la expresión "abusos" cuando así se recoja en el título de las normas o de las obras citadas y, en general, se entenderá como sinónimo de violencia sexual contra los menores en línea con la normativa vigente española.

207 Sobre el proceso de revisión de esta Directiva, véanse los pasos dados en https://ec.europa.eu/info/law/better-regulation/have-your-say/initiatives/13073-Lucha-contra-los-abusos-sexuales-a-menores-revision-de-las-normas-de-la-UE_es.

mizaciones tiene una repercusión física y psicosocial en las víctimas, a corto, medio y largo plazo, que se traduce en mayores costes sanitarios y de bienestar infantil, necesidades educativas especiales y pérdidas de productividad. Además, los niños víctimas de abusos sexuales tienen más probabilidades de adoptar comportamientos violentos y delictivos, otros comportamientos de riesgo como el consumo de alcohol y drogas, y experimentan una tasa de suicidio más elevada. Por ello, invertir en la prevención de la victimización sexual no solo tiene que ver con derechos fundamentales y con salud pública, sino que, se aseguró en dicha Evaluación, también tiene un impacto económico positivo directo en las posibles víctimas menores, las familias y la sociedad en general. En este sentido, la revisión de la Directiva de 2011 se justifica en dicho documento porque se necesita más atención victimal, en concreto un mayor apoyo médico y psicosocial, para mitigar los traumas sufridos a causa de los abusos a corto, medio y largo plazo.

Más allá de la victimización sexual intrafamiliar, hoy asistimos, en muchos países, a la ruptura del primer tabú enumerado por Hamilton[208] dentro de la violencia en contextos organizacionales. Ese tabú es no hablar de la violencia sexual, a pesar de que la realidad sea tozuda y de que las víctimas sobrevivan a nuestro lado. Al silencio, le siguen la ocultación y la negación institucional[209], y, en ocasiones, el ataque a las víctimas y a los posibles testigos, denunciantes o informantes (*whistleblowers*)[210],

---

208 HAMILTON, M. A., "Child sex abuse in institutional settings: What is next", en *U. Det. Mercy L. Rev.*, n. 89 2011, p. 421.

209 WRIGHT, K., "Challenging Institutional Denial: Psychological Discourse, Therapeutic Culture and Public Inquiries", en *Journal of Australian Studies*, n. 42(2) 2018, pp. 177-190.

210 BOCCHIOLA, M. y CEVA, E., "Whistleblowing, or the resistance to institutional wrongdoing from within", en *The Harvard Review of Phi-*

dentro o fuera de la misma institución u organización. Afortunadamente, en las últimas décadas, en diversos países, gracias a las primeras víctimas que se expusieron a gran coste, los medios de comunicación se han hecho eco de diferentes tipos de victimizaciones en contextos organizacionales, como los lugares de trabajo, las instituciones religiosas o el deporte, y ello ha provocado el interés público, académico y gubernamental.

En un sentido criminológico, la noción de contextos institucionales u organizacionales va más allá de la idea de institución total desarrollada por Goffman[211], donde el riesgo de abuso se incrementa ante la opacidad y la concentración de poder. Antes de seguir avanzando es necesario delimitar que, en este capítulo y en un sentido amplio, por institución u organización entendemos un organismo, ente o entidad, gubernamental o no gubernamental[212], regulada dentro de un marco normativo general, donde existe una serie de valores, normas y prácticas, en el sentido de cultura organizacional, y donde, en su caso, pueden producirse contradicciones entre los principios teóricos que presiden su actuación y los potenciales abusos en su seno, de diferentes características, que provocan daños individuales (físicos, sexuales, psicológicos, emocionales, materiales…), interpersonales, institucionales y sociales. Lo que cualifica este

---

losophy, n. 28 2021, pp. 53-70 y BUSHNELL, A. M., "Reframing the whistleblower in research: Truth-tellers as whistleblowers in changing cultural contexts", en *Sociology Compass*, n. 14 2020, pp. 1-13.

211 VARONA, G., "Procesos de victimización y desvictimización en las instituciones totales", en la obra *La respuesta de la Victimología ante las nuevas forma de victimización*", (Coord. J. M. Tamarit y N. Pereda), Madrid, Edisofer, 2014, pp. 247 - 302.

212 Véase el trabajo del EUROPEAN FORUM FOR RESTORATIVE JUSTICE. WORKING GROUP ON INSTITUTIONS AND RESTORATIVE JUSTICE, en https://www.euforumrj.org/en/working-group-institutions.

tipo de victimización es que se produce en un contexto institucional u organizacional, con una contradicción con la función teórica de dichos contextos de cuidado y desarrollo de la infancia y adolescencia, ya sea en su dimensión educativa, espiritual, deportiva, cultural o recreativa, entre otras, siempre desde el prisma de la protección e interés del menor, partiendo de la vulnerabilidad per se de estos sujetos[213]. Debe indicarse que, en este capítulo sólo nos centraremos en la violencia de carácter sexual contra menores, tal y como es entendida actualmente, en el marco jurídico español, por las Leyes Orgánicas 8/2021, de 4 de junio, de protección integral a la infancia y la adolescencia frente a la violencia (LOPIVI) y 10/2022, de 6 de septiembre, de garantía integral de la libertad sexual (LOGILS)[214].

En referencia a la cita introductoria de uno de los mejores trabajos en la materia, aquí se busca precisamente, con todas las limitaciones inherentes a la brevedad de estas páginas, poder nombrar y entender este tipo de victimización, desde la base de la humanidad de las víctimas, los victimarios y los observadores, para responder de forma más adecuada. En definitiva,

---

213 Véase la Ley 4/2015, de 27 de abril, del Estatuto de la víctima del delito. Cfr. desde una visión crítica del tratamiento de la vulnerabilidad en el Código penal, MOYA y DURÁN, C., "La inconsistente presunción de fragilidad de las víctimas menores en el Derecho penal (sustantivo y procesal). A propósito de la Ley Orgánica 8/2021", en I*nDret*, n. 1 2022.

214 En ambas leyes pueden encontrarse referencias, más o menos explícitas, a la necesidad de protocolos de prevención de la violencia sexual en contextos organizacionales, incluyendo por ejemplo, en el caso de la LO 10/2022, el ámbito castrense. Sobre la necesidad de un diagnóstico de la situación, por ejemplo en el ámbito deportivo, vid. un modelo de autodiagnóstico en: https://www.sportanddev.org/sites/default/files/media/herramienta_internacional_de_auto_auditoria_salvaguardias.docx.

este trabajo, de carácter victimológico y analítico, tiene como objetivo describir algunos de los conceptos fundamentales que pueden ayudarnos a entender el problema, investigarlo y aplicar los resultados de los estudios para poder prevenir, intervenir y reparar mejor desde un plano individual, interpersonal, organizacional y social. Tras describir dichos conceptos, con extractos de entrevistas a víctimas, nos centraremos en algunos aspectos de los procesos de victimización y desvictimización en relación con la victimización sexual de menores y jóvenes en el ámbito deportivo en un sentido amplio (recreativo, escolar, profesional o de élite). Finalmente, se plantearán algunas consideraciones generales, a modo de recapitulación, desde el prisma de la justicia restaurativa.

II. CONCEPTOS FUNDAMENTALES PARA ENTENDER LA VICTIMIZACIÓN INFANTO-JUVENIL EN CONTEXTOS ORGANIZACIONALES O INSTITUCIONALES

A pesar de que este tipo de abusos ha existido siempre y, de hecho, su carácter sistemático e histórico ha dado lugar a la aplicación de perspectivas de justicia transicional, si bien con ciertas limitaciones[215], tan solo recientemente se ha comenzado a realizar investigaciones victimológicas en este campo[216], lo cual se explica, en parte, por la desigualdad de poder y los procesos de

215 GLEESON, K. y RING, S. "Confronting the past and changing the future? Public inquiries into institutional child abuse, Ireland and Australia", en *Griffith Law Review*, n. 29:1 2020, pp. 109-133.

216 MATHEWS, B., "Optimising implementation of reforms to better prevent and respond to child sexual abuse in institutions: Insights from public health, regulatory theory, and Australia's Royal Commission", en *Child Abuse & Neglect*, n. 74 2017, pp. 86-98.

ocultación de las propias organizaciones e instituciones, como se ha mencionado anteriormente. A nivel comparado, como también se ha indicado, el mejor trabajo de investigación en este campo se ha llevado a cabo por la Comisión Real australiana sobre las respuestas institucionales al abuso sexual[217]. Esta Comisión desarrolló su trabajo durante cinco años (de 2013 a 2017). Resultan de interés sus informes de investigación y sus recomendaciones específicas en diferentes ámbitos, incluyendo el entendimiento de los abusos sexuales en contextos institucionales, la reparación en diferentes campos, los procesos de justicia penal, el trabajo con los menores y el análisis de diferentes organizaciones. En el informe final se reconoce que decenas de miles de menores han sido abusados en numerosas instituciones australianas, sin que nunca se pueda llegar a saber el número. Ello no impide hablar de una "tragedia nacional ocasionada, de forma transgeneracional, dentro de muchas de las instituciones en las que más se confiaba". Asimismo, se indica que el abuso sexual ocurre en casi cualquier tipo de institución donde los menores residen o acuden para actividades educacionales, recreacionales, deportivas, religiosas o culturales[218]. En los casos más graves, en dichas instituciones se produjeron múltiples victimizaciones, hacia los mismos menores o varios de ellos, en ocasiones, por parte de agresores con un perfil serial. Cualquiera que fuera la fenomenología, el informe es claro cuando indica que no se trata de unas pocas "manzanas podridas", sino que se evidencia un fallo muy grave por parte de una serie de instituciones y organizaciones relevantes para la sociedad que, además, respondieron inadecuadamente, lo que generó más sufrimiento.

---

217 Véase el informe final en https://www.childabuseroyalcommission.gov.au/.

218 GLEESON, K. & RING, S. "Confronting the past and changing the future? Public inquiries into institutional child abuse, Ireland and Australia", en *Griffith Law Review*, n. 29:1 2020, pp. 109-133.

Con base fundamental en esta última idea, los conceptos que se presentan en este epígrafe proceden de estudios empíricos y su explicación se ilustrará con experiencias reales, reflejadas en extractos de entrevistas a víctimas en trabajos propios anteriores, abarcando distintos contextos (sistemas educativos, culturales, de ocio, deportivos, penales, de protección, tutela, salud…). Dentro de algunos de ellos, esos espacios también pueden comprender lo virtual o el ciberespacio, como se indica en la Ley 10/2022 y dentro de los estudios sobre la pantalla total[219] que puede relacionarse con la idea de institución total.

1. Victimología del desarrollo y polivictimización

Una víctima de violencia sexual en este campo nos decía: “la violencia no es un hecho en la línea de la vida, es una experiencia que se vive y continúa a lo largo de toda ella, pero el Derecho no puede entender esto”. La victimización de menores y jóvenes no ha sido objeto de interés académico sostenido, en ninguna disciplina, hasta la década de los setenta del siglo pasado[220]. En diversas investigaciones se concluye que el mayor número de actos de violencia sexual contra menores se comete en el ámbito familiar, quizá explicable por la mera teoría de la oportunidad en cuanto al mayor contacto, confianza y posibilidades de ocultación. No obstante, hasta tiempos recientes las investigaciones no han incluido la posibilidad de valorar su incidencia y prevalencia en contextos institucionales y organizacionales.

---

219 PATINO, B., *Tempestad en la pecera. La nueva civilización de la memoria de pez,* Madrid, Alianza, 2022.

220 KEMPE, C. H., Sexual abuse, another hidden pediatric problem: the 1977 C. Anderson Aldrich lecture, en *Pediatrics,* 62(3) 1978, pp. 382-389.

La Victimología del desarrollo o evolutiva como campo del conocimiento centrado en el entendimiento del impacto de la victimización en niños y adolescentes a lo largo de sus vidas (en paralelismo con la Criminología del desarrollo y los estudios sobre las trayectorias delictivas) resulta imprescindible como marco teórico y metodológico para estudiar la victimización sexual en contextos organizacionales. Dicha Victimología se trabajó fundamentalmente a partir de finales de los noventa, en particular en el mundo anglosajón, de la mano de S. D. Finkelhor[221], sociólogo que comenzó a estudiar la victimización infantojuvenil a finales de los setenta y director del Centro de Investigación sobre los Delitos contra Menores (EE.UU.)[222]. En nuestro país, dentro del campo de la Victimología y la Psicología social, merece destacarse el trabajo de la Profesora de la Universidad de Barcelona, Noemí Pereda así como de su equipo *Grup de Recerca en Victimització Infantil i Adolescent* (GReVIA)[223]. Como en otros países, las investigaciones en España han puesto de relieve la realidad de la polivictimización[224], es decir, el sufrimiento de varias victimizaciones por parte de diversos agresores, y la conexión entre la victimiza-

---

221 FINKELHOR, D., *Childhood victimization: Violence, crime, and abuse in the lives of young people*, Oxford, Oxford university Press, 2008.

222 Véase en http://www.unh.edu/ccrc/about/index.html.

223 Véase en https://www.ub.edu/grevia/.

224 HERRERO MEJÍAS, Ó., PÉREZ RAMÍREZ, M. Y NEGREDO LÓPEZ, L., *Experiencias abusivas en la infancia de delincuentes sexuales con víctimas menores de edad: Implicaciones para la intervención*, Madrid, Ministerio del Interior, 2021; PEREDA, N., ABAD, J. Y GUILERA, G., "Victimization and Polyvictimization of Spanish Youth Involved in Juvenile Justice, en *Journal of Interpersonal Violence*", n. 32(21) 2017, pp. 3272- 3300; y CODINA, M. y KANTER, B. Informe de la Comisión de Expertos en relación con los casos de abuso y explotación sexual en el ámbito de las personas menores de edad con medida jurídica de protección de Mallorca, Grup de Recerca en Victimització Infantil i Adolescent (GReVIA), 2020.

ción sufrida y la comisión delictiva (aunque se refieran a hechos delictivos diversos[225]).

Como nos muestran los estudios cualitativos y las encuestas de victimización juvenil, así como la investigación sobre las experiencias adversas en la infancia y adolescencia[226], existen casos de menores que, tras ser agredidos sexualmente en el ámbito de la familia, también pueden sufrir otras victimizaciones sexuales en el contexto de las instituciones de tutela o protección y los expertos analizan, además del impacto victimal acumulativo, la relación entre ambas[227], así como su potencial relación con potenciales carreras delictivas. Esto es lo que se conoce como juventudes entrecruzadas, según se expresa en la reproducción del siguiente gráfico[228]:

---

225 Sufrir un delito sexual no es en modo alguno determinante para ser un agresor sexual, pero sí puede conllevar más riesgo de volver a ser víctima.

226 Véase la traducción al español del *Juvenile Victimization Questionnaire* en https://www.ub.edu/grevia/tag/cuestionario-de-victimizacion-juvenil/. Cfr. la escala de experiencias adversas en la infancia y su utilización en diversos estudios en España, a modo de ejemplo, en https://xn–petalesespaa-khb.org/estudio-aces/.

227 TURANOVIC, J., "Heterogeneous effects of adolescent violent victimization on problematic outcomes in early adulthood", en *Criminology*, n. 57 2019, pp. 105-135.

228 Reproducción de HERZ, D., "Key Findings from the OJJDP Dual System Youth Design Study", en *Presentation to the Federal Interagency Working Group on Child Abuse and Neglect*, Washington, 2019.

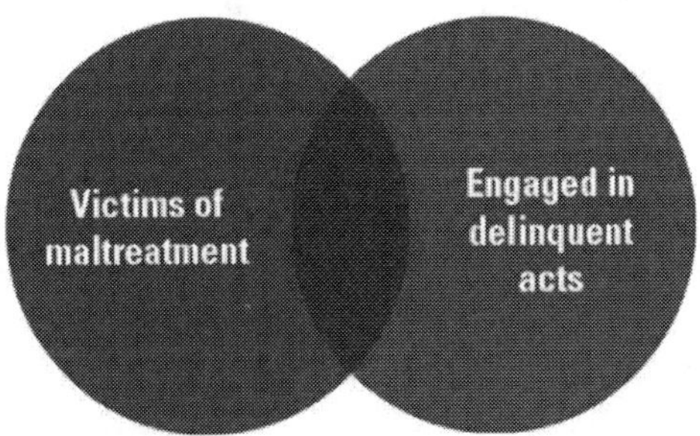

Fuente: Herz (2019)

En todo caso, cabe cuestionar por qué, históricamente, ha recibido más atención la delincuencia infantojuvenil, en lugar de la victimización de menores y jóvenes. Al mismo tiempo, también podemos preguntarnos por el foco en la criminalidad, en lugar de en los procesos de autonomía relacional, resiliencia y crecimiento postraumático[229], más allá de las asunciones sobre el espectro de vulnerabilidad que se proyecta sobre los menores en relación con la noción de víctima ideal, es decir, la víctima considerada socialmente como totalmente inocente, respetable y merecedora de ayuda. Solo desde ese cuestionamiento, y con el marco de la Victimología del desarrollo, pueden volverse más operativas nociones como las del círculo victimal (el paso de víctimas a victimarios), los solapamientos simultáneos víctima/victimario (también conocidos como zonas grises o caracteres Jano) e incluso la transmisión intergeneracional de la violencia. Todo ello podría llevarnos a una reelaboración de la teoría de la autoimpotencia aprendida

---

229 Vid. CYRULNIK, B., *Los patitos feos: La resiliencia. Una infancia infeliz no determina la vida*, Barcelona, DeBolsillo, 2013. Véase también su entrevista en https://www.youtube.com/watch?v=nDjbcUosaPg.

de Seligman[230] hacia otra de autosupervivencia aprendida, donde la respuesta de las diferentes instituciones u organizaciones en la vida del menor resultan fundamentales. Siguiendo a Echeburúa y Amor[231]: "la resiliencia se relaciona con aspectos previos al suceso traumático (características de personalidad, tipo de apego existente en la infancia, ausencia de victimización), pero también con aspectos posteriores al suceso, como el tipo de recursos psicológicos utilizados o el apoyo familiar, social o judicial recibido". Esa resiliencia (primaria y secundaria) cuando hablamos de menores o jóvenes, tiene que ver, por tanto, con el apego ya sea en la familia o, en algunos casos, en la organización que atiende o responde al menor o joven.

2. Ocultamiento como victimización secundaria

Una víctima declaraba en uno de nuestros estudios: "Me ha hecho más daño lo que vino tras la victimización que la propia violencia sufrida". Aquí hablamos de procesos de desvinculación moral respecto de las responsabilidades individuales e institucionales de protección al menor. La victimización secundaria puede definirse como el trato inadecuado o el daño añadido a las víctimas de delitos, generalmente de carácter no intencional, por parte de los diferentes agentes e instituciones que tratan con ellas tras el hecho delictivo. Numerosos estudios comparados muestran cómo en la victimización sexual infantil en contextos

---

230 SELIGMAN, M. E., "Learned helplessness", en *Annual review of medicine,* n. 23(1) 1972, pp. 407-412.

231 ECHEBURÚA, E. y AMOR, P. J., "Resiliencia y crecimiento postraumático en niños y adolescentes víctimas de sucesos violentos", En la obra (Coord. G. Varona), *Resiliencia y crecimiento postraumático individual y social,* Barcelona, Huygens, pp. 75-87.

organizacionales[232] se producen procesos de ocultamiento, minimización, entorpecimiento, confusión, hostigamiento y culpabilización de las víctimas, algunas de las cuales, generalmente años después del fin de la victimización –lo que justifica la extensión de los plazos de prescripción-, deciden revelar o denunciar. Esta victimización secundaria, como veremos más adelante, puede explicarse en parte por mecanismos de desvinculación moral selectiva, siguiendo la teoría de Bandura[233].

3. Apego institucional desde una perspectiva interseccional

"Quería pertenecer y necesitaba ayuda, pero me convertí en un apestado". La victimización secundaria es especialmente grave en los contextos a los que nos referimos en este capítulo porque las organizaciones donde se da el ocultamiento, como ya se ha indicado, también suponen figuras de apego para los menores, particularmente cuando no se tienen otras o las existentes resultan insuficientes. Esto se agrava en situaciones de discriminación interseccional[234].

---

232 KEENAN, M., *Child sexual abuse and the Catholic Church: Gender, power, and organizational culture* Oxford, Oxford University Press, 2013.

233 BANDURA, A., *Moral disengagement: How people do harm and live with themselves*, Nueva York, Worth Publishers, 2016.

234 Según la Ley española 15/2022, de 12 de julio, integral para la igualdad de trato y la no discriminación, se produce discriminación interseccional cuando concurren o interactúan diversas causas, generando una forma específica de discriminación. En todo caso, deben alegarse las diversas motivaciones discriminatorias concurrentes, lo cual puede plantear dificultades en la práctica. En la LO 10/2022 se menciona la palabra "interseccionalidad" doce veces. En la LO 8/2021 solo se hace alusión a las discriminaciones múltiples.

Las organizaciones pueden ser, en palabras de Javier Zapian[235], puerto de refugio y red o base de seguridad desde una óptica de cuidado y derechos humanos, que también abarca a los victimarios en su proceso de cambio y reinserción. Para que las organizaciones puedan ser realmente figuras de apego deben ser accesibles, disponibles e incondicionales (lo que implica un coraje de acompañamiento cuando se acusa a la propia organización), poniendo las necesidades de las víctimas por encima de los intereses del responsable y de los potenciales miedos reputacionales o económicos ante la revelación de los hechos. El problema de falta de apego se incrementa cuando puede haber procesos acumulativos de traición de la confianza (primero por parte de una organización que protege a menores y luego por parte del propio sistema de justicia que resulta muy lento en su actuación u opera con profesionales escasamente formados).

4. Traición de la confianza organizacional y demanda de justicia procedimental

"Mis padres y yo confiamos en que me cuidaran, pero salí roto". La traición de la confianza organizacional o institucional[236]

---

235 ZAPIAIN, J. G., "Iglesia y sexualidad. Claves para la comprensión de la violencia sexual en su seno", en la obra (Coord. G. Varona), *Macrovictimización, abuso de poder, y victimología: impactos intergeneracionales*, Cizur Menor, Aranzadi Thomson Reuters, pp. 297-331.

236 STEVENSON, K., ROWBOTHAM, J. Y LOWTHER, J., "Reparation for betrayal of trust in child sexual abuse cases: the Christian duty of care, vicarious liability and the Church of England", en *Australian Feminist Law Journal*, n. 41(2) 2015, pp. 253-270; SMIDT, A. M., ADAMS-CLARK, A. A., & FREYD, J. J., "Institutional courage buffers against institutional betrayal, protects employee health, and fosters organizational commitment following workplace sexual harassment", en *Plos one*, n. 18(1) 2023, e0278830.

es también un abuso de poder. La traición de la confianza sucede cuando las instituciones perjudican a quienes dependen de ellas. Ello comprende la falta de prevención o de respuesta de apoyo ante malas prácticas o delitos dentro de la institución cuando existe una expectativa razonable de protección[237].

Los entornos seguros que se presentan como prevención a la violencia contra los menores, por ejemplo en la LO 8/2021, necesitan conceptuarse como espacios de no violencia porque deben basarse en relaciones no violentas, en que se reconozca que, aunque no existe la seguridad al cien por cien, sí puede actuarse mejor en los planos de la prevención, intervención y reparación, más allá de protocolos, que de nada sirven si no se controla y evalúa externamente su cumplimiento, incorporando en ese control y evaluación las voces y experiencias de los propios menores y jóvenes víctimas[238].

En relación con la justicia procedimental o los procesos en que las víctimas se sienten justamente tratadas porque se les escucha de forma profunda y se actúa de manera proactiva, profesional, respetuosa y empática[239], Hohl y Stank[240] presentan lo que denominan como un marco de cinco pilares para responder a la violencia sexual que, si bien ellos aplican a la

---

237 Definición adoptada del grupo de trabajo de la Universidad de Oregón, véase en https://dynamic.uoregon.edu/jjf/institutionalbetrayal/.

238 GAL, T., *Child victims and restorative justice: A needs-rights model*, Oxford, Oxford University Press, 2011.

239 MCALINDEN, A.-M. Y NAYLOR, B., "Reframing Public Inquiries as Procedural Justice for Victims of Institutional Child Abuse: Towards a Hybrid Model of Justice", en *Sydney Law Review*, n. 38 2016, p. 277.

240 HOHL, K. y STANKO, E.A., "Five Pillars: A Framework for Transforming the Police Response to Rape and Sexual Assault", en *International Criminology*, n. 2 2022, pp. 222–229.

policía, podemos extenderlo, con adaptaciones, a otros operadores jurídicos y agentes en su trabajo en organizaciones con menores y jóvenes. Estos cinco puntos pueden resumirse de la siguiente manera: (1) investigaciones centradas en la conducta victimizante; (2) atención a victimizaciones múltiples; (3) dar voz y control a las víctimas sobre procesos que les incumben, tratándolas con respeto; (4) aprendizaje, bienestar y cambio organizativo de las personas que trabajan en la organización; y (5) evaluaciones externas con contraste de evidencias empíricas.

A modo de resumen, los conceptos aludidos en este epígrafe pueden expresarse mediante el siguiente gráfico que gira alrededor de la idea principal de la victimización secundaria por traición de la confianza organizacional.

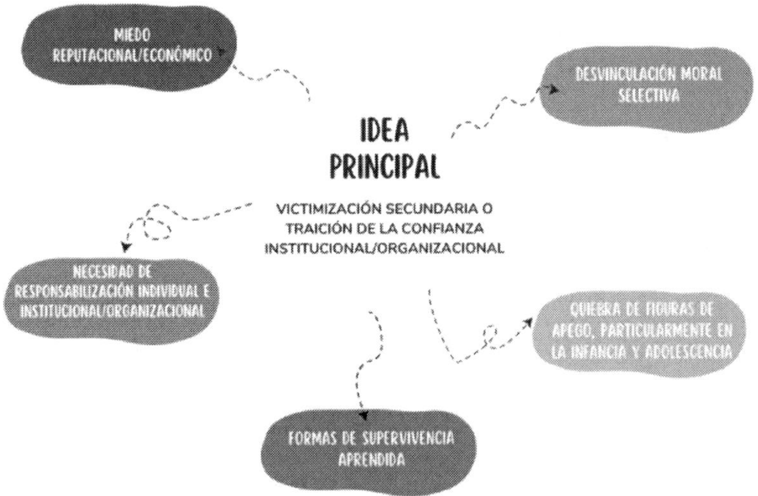

III. ELEMENTOS *MICRO*, *MESO* Y *MACRO* QUE CUALIFICAN LA VICTIMIZACIÓN SEXUAL INFANTO-JUVENIL EN EL ÁMBITO DEPORTIVO

Siguiendo a Latour[241], dentro de la teoría actor-red, no se trata de hablar sobre organizaciones -que no existen como un objeto fuera de los sujetos-, sino de "hablar organizacionalmente", centrándonos en los procesos secuenciales contradictorios que se producen por los sujetos que las conforman o afectan. Los contextos organizacionales o institucionales son modos ubicuos de existencia, entendidos como conjuntos dinámicos de partes más o menos conectadas, pero nunca totalmente integradas y donde los roles de los sujetos cambian, lo que permitiría entender por qué las técnicas de desvinculación moral selectiva operan para algunas personas, en algunos contextos, y en ciertos momentos, y no en otros.

En relación con el párrafo anterior, los conceptos indicados en el epígrafe II resultan de utilidad para acercarse a la victimización sexual infanto-juvenil en el ámbito deportivo, sin perjuicio de sus diferentes contextos. Desde que en 1996 comenzaron a producirse las revelaciones de importantes deportistas en el ámbito de la liga nacional de hockey sobre hielo en Canadá[242], empezaron a proliferar estudios más detallados sobre este tipo de violencia sexual[243], llegando a declaraciones formales y uná-

---

241 LATOUR, B., *Reensamblar lo social. Una introducción a la teoría del actor-red*, Buenos Aires, Manantial, 2008.

242 MOUNTJOY, M., VERTOMMEN, T., DENHOLLANDER, R., KENNEDY, S. y MAJOOR, R., "Effective engagement of survivors of harassment and abuse in sport in athlete safeguarding initiatives: a review and a conceptual framework", en *British Journal of Sports Medicine*, n. 56(4) 2022, pp. 232-238.

243 BRACKENRIDGE, C. H., "Fair play or fair game? Child sexual abuse in sport organisations", en *International Review for the Sociology of Sport*, n.

nimes por parte del Comité Olímpico Internacional que señaló el derecho a participar en un deporte seguro[244]. Asimismo, el Consejo de Europa impulsó en 2018 la campaña "Start to Talk"

29(3) 1994, pp. 287-298; KIRBY, S.L., GREAVES, L. y HAVINSKY, O., *The Dome of Silence: Sexual Harassment and Abuse in Sport*, Halifax, N.S., Fernwood, 2000; CENSE, M. y BRACKENRIDGE, C., "Temporal and developmental risk factors for sexual harassment and abuse in sport", *European Physical Education Review*, 7(1) 2001, pp. 61-79; TOFTEGAARD, J.N., "The forbidden zone: intimacy, sexual relations and misconduct in the relationship between coaches and athletes", *International Review for the Sociology of Sport*, n. 36(2) 2001, pp. 165-182; PARENT, S., "Disclosure of sexual abuse in sport organizations: A case study", en *Journal of child sexual abuse*, n. 20(3) 2011, pp. 322-337; BRACKENRIDGE, C. H. y RHIND, D., "Child protection in sport: reflections on thirty years of science and activism", en *Social sciences*, n. 3(3) 2014, pp. 326-340; y OWTON, H., *Sexual abuse in sport: A qualitative case study*, Springer International, 2016. En España, entre otros, GENERALITAT DE CATALUNYA, *La violencia sexual en el deporte. Guía para personas adultas (Re)conocer, hablar y actuar*, Barcelona, Generalitat, 2020; y ALDAZ, J. y PÉREZ, A., "Análisis criminológico de la ley orgánica de protección integral a la infancia y la adolescencia frente a la violencia en relación al deporte de alto rendimiento: un problema con forma de iceberg", *Revista Española de Educación Física y Deportes*, n. 435 2021, pp. 15-18; GOBIERNO VASCO. *Protocolo y Caja de herramientas para iniciar el proceso de implementación de las exigencias derivadas de la LOPIVI y para seguir promoviendo una cultura de bienestar para los niños, niñas y adolescentes en el deporte organizado en Euskadi*, Vitoria/Gasteiz, Gobierno Vasco, 2022. Existen también importantes trabajos de fin de grado y fin de máster sobre esta temática en las Universidades españolas.

244 IOC Consensus Statement on "Sexual Harassment & Abuse in Sport" (8 de febrero de 2007), accesible en https://www.olympic.org/news/ioc-adopts-consensus-statement-on-sexual-harassment-and-abuse-in-sport. Cfr. SAFE SPORT INTERNATIONAL PRINCIPLES, en http://www.safesportinternational.com/principles.

("Empieza a hablar")[245], centrada en el ámbito deportivo. Por su parte, el proyecto VOICE[246] se centró en la lucha contra la violencia sexual en el deporte europeo a través de las voces de las personas afectadas, promoviendo la libertad frente al acoso, la violencia, la explotación y el abuso.

De nuevo, un buen ejemplo de investigación donde podemos ver reflejados los conceptos indicados en el epígrafe II es en el volumen 14 del informe final de la Comisión Real australiana sobre las respuestas institucionales al abuso sexual[247], volumen

---

245 Véase en https://human-rights-channel.coe.int/stop-child-sexual-abuse-in-sport-es.html. En España, el Consejo Superior de Deportes y la Fundación Deporte Joven, con la colaboración de UNICEF Comité Español, desarrolló también la campaña "El abuso sexual infantil queda fuera de juego", #abusofueradejuego. En 2020 el Consejo Superior de Deportes publicó el *Protocolo de actuación frente a la violencia sexual. Centros de Alto Rendimiento del CSD.* En el Protocolo se comienza aludiendo a las "investigaciones llevadas a cabo en Reino Unido, Bélgica y Alemania (que) revelan que entre un 11% y un 25% de hombres, y un 17% y un 48% de mujeres han sufrido abuso sexual en este ámbito antes de los 21 años" (p. 1). Vid también el acuerdo del Senado para instar al Gobierno a adoptar medidas para evitar el abuso sexual en el deporte, en http://www.senado.es/legis10/publicaciones/pdf/senado/bocg/BOCG_D_10_262_1929.PDF.

246 Vid. en https://www.eusa.eu/projects/voice. Véanse también el Proyecto 2013-2015 cofinanciado con fondos europeos mediante el Programa Daphne III de la Unión Europea, con participación de ocho organizaciones de seis países europeos, con el objetivo de "empoderar a jóvenes en el deporte para una cultura de respeto y dignidad contra la violencia sexual" (2013-2015) en http://sport-respects-your-rights.eu/; así como el proyecto *Sport Against Violence and Exclusion* (SAVE), un proyecto de Erasmus + de la UE, en https://www.sportsave.eu/.

247 Este volumen reúne relatos de supervivientes de sesiones privadas, relatos escritos, conclusiones de audiencias públicas e investigaciones para documentar las experiencias de los supervivientes de abusos sexuales. Para un estudio más reciente en este ámbito, vid.

centrado en los abusos cometidos en el contexto del deporte, ocio, arte, cultura, actividades comunitarias y de tiempo libre.

En relación con los datos de prevalencia, el informe *Child Abuse in Sport European Statitics* (CASES)[248] se concluye que, en Europa, un 70% de los menores sufre violencia psicológica o emocional en el deporte, un 43% violencia física, un 36% lo que se denomina violencia sexual sin contacto y un 20% violencia sexual con contacto[249]. Por su parte, según el informe *Violencia en el deporte*, realizado por la Universidad del País Vasco (UPV/EHU) a petición del Gobierno Vasco, en 2021, el 95% de los casos conocidos de violencia en esta Comunidad Autónoma, se produjo en el fútbol y el 97% de las personas sancionadas por conductas violentas fueron hombres. En todo caso, no existe un registro de violencia, en sus diferentes tipos, en este ámbito.

PANKOWIAK, A., WOESSNER, M. N., PARENT, S., VERTOMMEN, T., EIME, R., SPAAIJ, R. et al., "Psychological, physical, and sexual violence against children in Australian community sport: frequency, perpetrator, and victim characteristics", en *Journal of interpersonal violence*, 08862605221114155.

248 Para el proyecto CASES (2019-2021) se pasaron encuestas a más de 10.000 personas en Alemania, Austria, Bélgica, España, Reino Unido y Rumanía. Vid. https://sites.edgehill.ac.uk/cpss/projects/child-abuse-in-sport-european-statistics-cases/.

249 39% de los hombres y un 33% de las mujeres, mientras que el 26% de los hombres y el 14% de las mujeres manifiestan haber sufrido "como mínimo una experiencia de violencia sexual por contacto físico dentro del deporte antes de los 18 años". La prevalencia de la violencia interpersonal entre los encuestados que practican deporte a nivel recreativo (68%) es más baja que entre los que compiten a nivel internacional (84%). Este estudio también detecta, aunque en menor nivel que para los hombres, una proporción significativa de mujeres que ejercen violencia.

En lo que se refiere a factores explicativos y preventivos, en conexión con la campaña mencionada, "Start to Talk", el Consejo de Europa señaló, entre otros, los siguientes factores de riesgo organizacionales, que pueden comprenderse dentro de las teorías criminológicas de la oportunidad, en relación con valores imperantes en contextos deportivos: alta tolerancia al contacto físico, la violencia y las lesiones; un liderazgo autoritario y relaciones de poder desequilibradas entre entrenadores y deportistas; evitación de escándalos; y espacios masculinos. En cuanto a factores de riesgos situacionales, se mencionaban los vestuarios, las duchas, los masajes, los viajes o las noches fuera de casa.

Según la Fundación *Global Sports Development*[250], los factores de riesgo normativos, relacionados con la cultura y las normas de la comunidad deportiva, incluían también el estrecho contacto personal entre entrenadores y deportistas, ámbitos aceptados para la separación de los deportistas de sus compañeros, tanto en términos de tiempo como de espacio, ámbitos aceptados para el desarrollo y mantenimiento del secretismo, la aprobación tácita de las relaciones sexuales entre miembros de edades y estatus dispares y el apoyo tácito del silencio colectivo en materia de sexualidad. Como riesgos constitutivos también se subrayaban las recompensas basadas en el rendimiento, la vinculación de la recompensa al cumplimiento de un sistema de autoridad, las normas y procedimientos que omiten/excluyen la consulta, la falta de procedimientos formales de selección, contratación y control del personal, la adquisición de las competencias técnicas necesarias mediante regímenes de formación intensiva y el subsumir la individualidad en estructuras

---

250 Vid. https://globalsportsdevelopment.org/sexual-abuse-sport-prevention/.

competitivas, a veces bajo la "tiranía del éxito"[251]. Algunos de estos factores pueden resumirse en el siguiente gráfico.

---

[251] PARENT, S. y DEMERS, G., "Sexual abuse in sport: A model to prevent and protect athletes", en *Child Abuse Review*, n. 20(2) 2011, pp. 120-133; SAVE THE CHILDREN, *Niños en competición*, Madrid, Save the Children, 2018; VERTOMMEN, T., SCHIPPER-VAN VELDHOVEN, N., WOUTERS, K., KAMPEN, J. K., BRACKENRIDGE, C. H., RHIND, D. J. A., et al., "Interpersonal violence against children in sport in the Netherlands and Belgium", en *Child Abuse Negl.*, n. 51 2016, pp. 223–236; VERTOMMEN, T., DEMARBAIX, S., KAMPEN, J. y VAN HAL, G., *CASES: National Report. The prevalence and characteristics of interpersonal violence against children inside and outside sport in Belgium*, Amberes, University of Antwerpen, 2021; ROBERTS, V., SOJO, V. y GRANT, F., "Organisational factors and non-accidental violence in sport: a systematic review", en *Sport Manag. Rev.*, n. 23 2020, pp. 8-27; MOUNTJOY, M., BRACKENRIDGE, C., ARRINGTON, M., BLAUWET, C., CARSKA-SHEPPARD, A., FASTING, K., et al., "International Olympic Committee consensus statement: harassment and abuse (non-accidental violence) in sport", en *Br. J. Sports Med.*, n. 50 2016, pp. 1019-1029; KOONTZ, J. S., MOUNTJOY, M., ABBOTT, K. E., ARON, C. M., BASILE, K. C., CARLSON, C. T., et al., "Sexual violence in sport: American medical Society for Sports Medicine Position Statement", en *Br. J. Sports Med.*, n. 55 2021, pp. 132-134; HARTILL, M. J., RULOFS, B., LANG, M., VERTOMMEN, T., ALLROGGEN, M., CIRERA, E., et al., *CASES: General Report. The prevalence and characteristics of interpersonal violence against children (IVAC) inside and outside sport in six European countries*, Edge Hill University, 2021, accessible en https://figshare.edgehill.ac.uk/articles/report/CASES_General_Report_The_prevalence_and_characteristics_of_interpersonal_violence_against_children_IVAC_inside_and_outside_sport_in_six_European_countries/17086616/1; BJØRNSETH, I. y SZABO, A., "Sexual violence against children in sports and exercise: a systematic literature review", en *J. Child Sex. Abus.*, n. 27 2018, pp. 365-385; VERHELLE, H., VERTOMMEN T., PETERS, G., "Preventing sexual violence in sport: De-

Asimismo, pueden ponerse en relación con los procesos de desvinculación moral selectiva, según el cuadro que se incluye a continuación.

terminants of positive coach-bystander behaviour", en *Frontiers in Psychology*, n. 13 2022.

Victimización (primaria/secundaria) sexual de menores y mecanismos de desvinculación moral selectiva en contextos deportivos[252]

Justificación moral	Se (auto) piensan y relatan los daños producidos de manera que parecen justificables	"Hacemos un favor no denunciando porque le arruinarán su vida (deportiva)"
Lenguaje eufemístico	Se utilizan otras palabras para parecer que no se trata de algo tan grave	"No puede garantizarse siempre un entorno seguro"
Comparación ventajosa	Se comparan comportamientos para parecer que uno de ellos no tiene tanta importancia	"Comparado con el caso de violación, esto no es nada"
Distorsión de las consecuencias	Se minimizan los efectos	"No es para tanto, no se ha quejado"
Difusión de la responsabilidad	Se desplaza la responsabilidad al grupo	"Ninguno nos dimos cuenta"

252 Adaptación de MARTIN, S. R., KISH-GEPHART, J. J., & DETERT, J. R., "Blind forces: Ethical infrastructures and moral disengagement in organizations", en *Organizational Psychology Review*, n. 4(4) 2014, pp. 295-325. Para ilustrar con casos reales en España algunos de estos aspectos, véanse, entre otras, la Sentencia de 21 de marzo de 2014 de la Sala de lo Penal del Tribunal Supremo ("caso karate") que condenó al presidente de la Federación de Karate de Gran Canaria como autor de delitos continuados de abuso sexual. En los hechos probados se mencionaba que los menores le consideraban un "héroe o Dios" deportivo y espiritual. Vid. también la Sentencia de 22 de diciembre de 2014 de la Sala de lo Penal del Tribunal Supremo que confirmó la condena de un entrenador de un club de fútbol por delitos de abusos sexuales, donde se menciona el abuso de la confianza creada en las familias. En 2020 la sala de lo penal del Tribunal Supremo desestimó el recurso del prestigioso exentrenador nacional de atletismo, Millán, contra su condena a 15 años y seis meses de cárcel por abusar sexualmente de dos jóvenes a los que entrenaba cuando eran menores de edad en Tenerife. Declaró contra él, aunque en su caso los delitos habían prescrito, Antonio Peñalver, campeón olímpico en Barcelona 92. Millán fue condenado en febrero de 2019 por la Audiencia Provincial de Santa Cruz de Tenerife y presentó un recurso de apelación al Tribunal Superior de Justicia de Canarias que fue desestimado.

Desplazar la responsabilidad	Se desplaza la responsabilidad a la autoridad	"Cumplí con lo que me dijeron que hiciera"
Atribución de la culpa	Se culpabiliza a la víctima	"Lo merece por tanta insinuación"
Deshumanización	Se considera a la víctima como no merecedora de respeto de sus derechos	"Estos menores delincuentes reciben su propia medicina"

La pertenencia a un grupo, club, federación... deportiva se basa en el valor intrínseco de las personas, el cual está por encima de cualquier otro interés individual, grupal u organizacional. Si esas personas han sido dañadas en el seno o con ocasión de las actividades de una organización deportiva, las necesidades de las víctimas deben ponerse en primer plano porque son importantes para la organización y minimizará la victimización secundaria y la traición institucional u organizacional, de forma que el apego hacia ella y sus compañeros (y la propia identidad de la víctima) no se vean drásticamente dañados y sea más fácil la recuperación y una colaboración para el esclarecimiento de los hechos, la responsabilización desde el aprendizaje y la prevención[253]. Una manera de detectar si realmente se dan estas condiciones que previenen y minimizan el impacto de los abusos es analizar si las víctimas saben dónde acudir y confían en los mecanismos previstos de revelación (o denuncia), así como el resultado del mismo. En este sentido, la Comisión Real australiana, aludida en este capítulo reiteradamente, concluyó que muchos los procedimientos establecidos de denuncia resultaron ineficaces e incluso dañinos porque, además, no consideraron el miedo de los menores a no ser creídos frente a la mayor credibilidad y poder del adulto, el miedo a las consecuencias en el ámbito deportivo, familiar y social de la denuncia, particularmente en comunidades pequeñas, y los

---

253 MILROY, Jeffrey J., et al., "Prevention of sexual violence in sport: A socioecological review", en *Journal of interpersonal violence*, n. 37 2022, p. NP10618-NP10641.

sentimientos de debilidad y vergüenza, desconocimiento sobre los límites de lo abusivo, a ello se unía un tipo de liderazgo de concentración del poder y de búsqueda de la excelencia a toda costa, de protección de la reputación y, en su caso, de culturas machistas u homófobas, donde tampoco se daba una buena rendición de cuentas ni se cuestionaba la propia organización escuchando, entendiendo y trabajando con las personas menores como protagonistas de sus propias vidas.

IV. LA MIRADA TRANSVERSAL RESTAURATIVA

Hasta el momento, la reacción de las organizaciones donde se produce la violencia sexual está mayormente presidida por el miedo reputacional[254] y económico, y no suele centrarse en el coraje institucional y la reparación individual, social e institucional que permita un aprendizaje no deshumanizador. La rendición de cuentas no tiene por qué lograrse solo con un endurecimiento de las medidas punitivas, también pueden buscarse respuestas restaurativas[255], siempre y cuando no se queden en lo

---

254 A mayor gravedad de la victimización, por el número o cargo de los ofensores, por el número o características de las víctimas y las características y el tiempo de la victimización, mayor miedo reputacional. Si bien la gravedad puede dificultar el ocultamiento en las sociedades donde los medios de comunicación prestan atención a estos casos (con mayor o menor alarma social y sensacionalismo), también puede acentuar la voluntad de ocultamiento por parte de la institución, particularmente en los primeros momentos.

255 La justicia restaurativa no es sinónimo de mediación por lo que la prohibición incorporada en la LO 10/2022 respecto de su uso en violencia sexual no la afectaría, particularmente a tenor de que el Convenio de Estambul se refiere solo a la mediación obligatoria, algo que nunca sucede en justicia restaurativa. IGARTUA, I. y VARONA, G., "Critical reflection on the Spanish regulatory prohibition to de-

meramente simbólico y respeten los estándares internacionales. Estas respuestas restaurativas podrían basarse en sistemas de prevención y respuesta, más allá de la gestión de riesgos, y coordinarse por parte del delegado de protección previsto en la legislación española[256], en coordinación, en su caso, con los servicios de justicia restaurativa vinculados a los tribunales de justicia.

Debe recordarse que la Ley 10/2022 modifica el delito contra la integridad moral regulado en el artículo 173.1, al introducir la posibilidad de condenar a las personas jurídicas si estas infligen a otra persona un trato degradante, menoscabando gravemente su integridad moral, además las personas

---

velop mediation processes in gender-based violence and sexual violence", *Revista de Victimología/Journal of Victimology*, n. 15 2023, pp. 329-338. Según la definición del Foro Europeo de Justicia Restaurativa, la justicia restaurativa puede entenderse como un enfoque amplio orientado hacia la reparación posible del daño causado por un delito u otras transgresiones, siendo uno de sus elementos fundamentales la participación activa de la víctima, la persona responsable y otros agentes de la comunidad, más allá del papel de los trabajadores en la administración de justicia penal como representantes de los intereses públicos. En este sentido, existen programas enteramente, mayormente, parcialmente o mínimamente restaurativos. Siguiendo los estándares internacionales en la materia, la contribución social de la justicia restaurativa reside en los elementos de justicia social, diálogo, encuentro, inclusión, empoderamiento o autonomía relacional (en el sentido de interdependencia, no autosuficiencia) y reparación de los daños. La justicia restaurativa comparte aspectos relevantes con la llamada justicia procedimental (la justicia como proceso basado en un trato justo al considerar la voz y el control de las personas afectadas y la buena praxis de los operadores jurídicos implicados) y la justicia terapéutica (la consideración del impacto de un proceso judicial en la salud física, psicológica y emocional de las personas afectadas y en la prevención de mayores daños). VARONA, G., *Resiliencia y crecimiento postraumático individual y social*, Barcelona, Huygens, 2022.

256 Véase el art. 48 de la LOPIVI.

jurídicas también podrían tener responsabilidad penal por el delito de acoso sexual, pudiendo llegarse incluso a la disolución de la persona jurídica. En el ámbito de las empresas deportivas, éstas pueden ser penalmente responsables si sus directivos o empleados, indebidamente controlados, cometen este tipo de conductas y las empresas obtienen algún tipo de beneficio directo o indirecto por las mismas. Normalmente, con los protocolos de prevención y los llamados planes de *compliance* se pretende prevenir futuras condenas, algo legítimo, pero resulta un leitmotiv distinto, menos eficaz y tal vez menos ético que el centrarse en prevenir futuras victimizaciones, lo cual conlleva un entendimiento más profundo de las mismas que la justicia restaurativa podría lograr. Estas victimizaciones deben verse como algo más profundo que un mero riesgo económico (y penal) y adoptarse medidas más allá de lo protocolario y de prevención situacional, es decir, más allá de certificaciones de entornos seguros. Por ello, terminamos este capítulo con una propuesta de adopción de medidas más coherentes de justicia restaurativa donde la idea fundamental son las relaciones seguras, aunque ello implique cambios culturales organizacionales y no meramente de gestión de riesgos.

-En el plano de la víctima (traición de la confianza institucional)

-En el plano de la persona agresora (distorsiones cognitivas y abuso de poder)

-En el plano organizacional/institucional (procesos de negación, minimización, culpabilización y ocultación frente al coraje institucional)

-En el plano social (víctimas y personas agresoras "ideales")

La mirada restaurativa es fundamentalmente una mirada a procesos dañinos complejos, resumidos en el cuadro anterior, que requieren elementos de justicia procedimental y terapéutica, para construir conjuntamente conversaciones honestas, desde la voluntariedad y la sinceridad en una red de confianza, co-elaborada cuidadosamente con las personas facilitadoras de justicia restaurativa, para propiciar una responsabilización preventiva de los daños, en sus diferentes dimensiones, si bien reconociendo que la intervención restaurativa no es suficiente por sí misma y necesita coordinarse con otras respuestas, en su caso en el ámbito educativo, laboral o de jurisdiccional (laboral, civil o penal). Ahora bien, la justicia restaurativa puede permitir una menor exposición para poder entablar una conversación reparadora que requiere de cierta confidencialidad para una responsabilización por los daños individuales, grupales, organizacionales y sociales.

La justicia restaurativa puede sostenerse en un plano teórico y empírico desde la llamada Criminología positiva, enfocada en los factores individuales, interpersonales, sociales y espirituales que facilitan la recuperación de una vida en común menos violenta. La Criminología positiva bebe de la Psicología positiva, la Criminología pacificadora, los factores de protección y resiliencia, la Sociología de la aceptación que huye de la estigmatización y separación, y la vergüenza reintegrativa[257]. Ahora bien, una de sus limitaciones es la necesidad de voluntariedad para iniciar un cambio, apoyado institucional y socialmente, desde el reconocimiento del daño del que hay que responsabilizarse, de forma individual y como organización. Supone querer conectar honestamente con las personas violentadas, asumiendo los riesgos que ello implica en la construc-

---

[257] RONEL, N., & ELISHA, E., "Positive criminology: Theory, research, and practice", en la obra *Oxford Research Encyclopedia of Criminology and Criminal Justice*, 2020.

ción de un sistema de confianza, guiarse por sus necesidades más que por los miedos (de las personas que provocaron los daños o de la organización donde se produjeron).

La justicia restaurativa cuestiona la interpretación al uso de la noción de vulnerabilidad. La idea de voluntariedad cuando hay desequilibrio de poder (individuo violentado versus organización) nos permite aproximarnos al misterio de interpretar un concepto tan complejo como el de vulnerabilidad. Generalmente, en Victimología se piensa en la vulnerabilidad como una condición de riesgo para sufrir delitos o verse agravado su impacto, en su caso, con riesgo de victimización múltiple. Así, los menores serían, como ya se ha comentado, sujetos vulnerables per se, algo reconocido legalmente en el ordenamiento jurídico-penal español. Además, esta situación puede empeorar si estos menores tienen otras condiciones de vulnerabilidad (como la discapacidad, cierto origen migratorio, género, la diversidad en su orientación sexual…) que podrían dar lugar a discriminaciones entrecruzadas específicas, lo que se conoce como interseccionalidad[258]

---

[258] Cfr., desde un punto de vista de género en el deporte, HAYNES, J., "Sport, Sexual Violence and the Law: A Feminist Critique and Call to Action", en *The International Sports Law Journal*, 2022, pp. 1-15 y BRACKENRIDGE, C., "'He owned me basically...' Women's Experience of Sexual Abuse in Sport", en *International Review for the Sociology of Sport*, n. *32*(2) 1997, pp. 115-130. En España, entre otros, ECHEGARAY, A. y MIRANDA, M., *Guía para la prevención de acoso y abuso sexual a mujeres en el deporte*, Vitoria/Gasteiz, Emakunde Instituto Vasco de la Mujer y Departamento de Educación, Política Lingüística y Cultura del Gobierno Vasco, 2015; MARTIN M., JUNCÀ, A., "El acoso sexual en el deporte: el caso de las estudiantes-deportistas del grado de Ciencias de la Actividad Física y el Deporte de Cataluña", en *Revista Apunts Educació Física i Esports*, 2014, pp. 72-81; y PUIG BARATA, N., "Deporte y cultura: género y nuevos y no tan nuevos espacios sociales. Opresión y sufrimiento: Acoso sexual en el deporte", *en XIX Semana Galega de Filosofía*, Pontevedra, 2002, pp. 100-118,

en la legislación española. El sentido en que se suele utilizar el término vulnerabilidad es, por tanto, negativo, algo a evitar y suprimir. Además, a pesar de su utilización activista, suele tenderse a un enfoque individual (con la idea de que las víctimas son vulnerables –como si fuera un problema suyo que simplemente merece una protección, en ocasiones peyorativamente paternalista-). Incluso cuando el enfoque es cultural o estructural, se corre el riesgo de caer en ese paternalismo en el sentido de que las personas vulnerables (los menores) son seres a proteger sin reparar en su capacidad de toma de decisiones, apoyados si es necesario. Sin embargo, en la teoría de la vergüenza- resiliencia de la trabajadora social Brené Brown[259], la vulnerabilidad se observa como algo positivo, parte de nuestra humanidad e interdependencia, es decir, tiene un sentido positivo, dinámico e interrelacional. Para Brown la vulnerabilidad es necesaria para hacer frente a la vergüenza victimal o a miedos reputacionales. En definitiva, la vulnerabilidad supone un proceso complejo de protección y resiliencia, no un factor de riesgo.

En este sentido, considerando la definición de la justicia restaurativa, solo mediante una conversación restaurativa ho-

---

https://inefcgiseafe.files.wordpress.com/2020/06/nuria-puig-barata.-deporte-y-cultura-gc3a9nero-y-nuevos-y-no-tan-nuevos-espacios-sociales.pdf. Véanse también otros documentos normativos en COUNCIL OF EUROPE (2015). Recommendation CM/Rec(2015)2 of the Committee of Ministers to member States on gender mainstreaming in sport, accesible en https://search.coe.int/cm/Pages/result_details.aspx?ObjectID=09000016805c4721; y The Botswana Big Five, The IWG World Conference on Women and Sport launches its legacy, en https://www.sportanddev.org/en/article/news/botswana-big-five-iwg-world-conference-women-and-sport-launches-its-legacy.

259 BROWN, B., "Shame resilience theory: A grounded theory study on women and shame", en *Families in Society*, n. 87(1) 2006, pp. 43-52.

nesta, y arriesgada frente (o junto) a procedimientos criminales al uso, donde todo queda protocolarizado y enmarcado en un procedimiento con un guión ya escrito o escrito mayormente por los profesionales del derecho, es posible arriesgarse a conectar, a la apertura al que se ha y hemos convertido en el "otro difícil"[260] o enemigo. La victimización produce una vergüenza incapacitante que tiende al ocultamiento, a sentirse solo en el caso de las víctimas y a una actitud defensiva en el caso de las personas y organizaciones que han de hacerse responsables de la violencia. Si conseguimos crear condiciones adecuadas para hablar de esa vergüenza, en sus múltiples sentidos[261], ésta pierde su poder de desconectarnos -porque la vergüenza tiende a ser autorreferente-, y podemos pensarnos como personas u organizaciones que pueden rectificar y reparar, aprendiendo juntos y buscando ayuda, sin enfocarse en lo malo intrínseco que puede haber en nosotros y buscar justificaciones que neutralicen la culpa en el caso de las personas o instituciones que provocaron o ayudaron a provocar o profundizar el daño. Esas conversaciones restaurativas nos permiten tomar perspectiva para entender la profundidad de lo que la violencia provoca en las personas que la sufren y la ejercen, el significado de esas experiencias para cada persona, en todas sus dimensiones éticas, sociales, organizacionales y personales. También permiten pensar en las personas no como seres monolíticos, estáticos, vengativos o monstruos, sin perjuicio de la necesidad de protección, y así se evita caer

260 La expresión del "otro difícil" (el victimario, la víctima en delitos graves) procede de la profesora italiana Claudia Mazzucato dentro de sus proyectos prácticos de justicia restaurativa en violencia política.

261 En el plano de las víctimas esa vergüenza puede ser sentida o derivar en humillación por ser objetos de algo inmerecido (primero el delito y luego el ocultamiento y la falta de apoyo), lo cual puede provocar desconcierto, confusión, impotencia, soledad, tristeza, enfado y rabia.

en una deshumanización similar a las que ellas mismas pudieron ejercer en primer lugar. Al mismo tiempo, la exigencia de responsabilización no es humillación, sino la voluntad de compromiso para reconocer y cambiar comportamientos, ayudados por los demás, a veces el otro difícil.

A pesar de legados determinantes y dependencias de procesos anteriores asentados (en línea con la llamada *path-dependence theory*), la justicia restaurativa puede ayudar a cambiar algunos elementos del guión de la cultura organizacional, aunque no pueda cambiarla totalmente por sí sola, pero las conversaciones restaurativas sí pueden posibilitar una triple híbridación de elementos contradictorios multiniveles (individuales, interpersonales, institucionales y sociales), con rendición de cuentas y control (información y responsabilización) de cara a la sociedad y a las víctimas, y con confidencialidad (confianza) de cara a ese espacio controlado, co-creado *ad hoc*, aunque no totalmente seguro, pero donde se aspira a cambiar la forma de relacionarnos, considerando las necesidades creadas por la experiencia de la violencia. La responsabilización implica una relación -de limitación, cuestionamiento y distribución de poder- que no existe si no se reconoce al otro[262]. La responsabilización, conecta la autoridad (un concepto más concreto o cercano) con la legitimidad como fundamento del poder (una noción más difusa y esquiva). Debe evitarse, reiteramos, en relación con los programas de *compliance* o los protocolos de prevención[263],

---

262 YAURI-MIRANDA, J. R., Constructing and restraining the societies of surveillance: Accountability, from the rise of intelligence services to the expansion of personal data networks in Spain and Brazil (1975-2020). Tesis doctoral. Universidad del País Vasco/Euskal Herriko Unibertsitatea, 2021.

263 Vid. el artículo 47 de la LOPIVI.

que la responsabilización sea un mero protocolo, provoque polarización o desconfianza radical entre quien pide cuentas y quien se hace cargo, y se configure como mera transparencia, sin participación y evaluación externa, considerando los estándares normativos y éticos.

No puede prevenirse sin aprender de lo ocurrido, de lo que la violencia causó y perpetúa, al tiempo que nos preguntamos qué podemos hacer nosotros ahora con esa violencia para aprender y poder reparar, intervenir y prevenir adecuadamente. Por ello, aquí, en el entendimiento no lineal del tiempo, la justicia restaurativa puede ser importante. También la justicia restaurativa permite ir más allá de meras negociaciones dinerarias de compensación que, siendo importantes, pueden complementarse con aspectos interrelacionales (interpersonales e institucionales) y simbólicos. En Irlanda y Australia[264], la conclusión es que, en la práctica, llevándose por instituciones (gubernamentales) diferentes a las de la investigación, muchos esquemas de reparación económica pueden experimentarse por algunas víctimas como inadecuados y "degradantes". Se abre la posibilidad de respuestas creativas restaurativas mediante reparación simbólica y preventiva. Aquí, atendiendo las distintas edades, pueden organizarse juegos[265] para los más pequeños para educar, prevenir y detectar, así como jornadas deportivas en homenaje a las víctimas o con trofeos que lleven su nombre. Las necesidades de las víctimas no pueden abarcarse mayormente con la justicia penal y, junto a ella, se requieren respuestas menos generales

---

264 GLEESON, K. y RING, S. "Confronting the past and changing the future? Public inquiries into institutional child abuse, Ireland and Australia", en *Griffith Law Review*, n. 29:1 2020, pp. 109-133.

265 En una reinterpretación de Graeber, el juego frente al partido. PEMBERTON, A. *Victimology with a hammer*, Tilburg, Intervict, 2015.

y más adecuadas para las personas afectadas y para los contextos en que se producen los daños.

Las jerarquías organizacionales contienen irreductibles elementos de desvinculación moral selectiva que asumen y producen deshumanización, particularmente en las personas que menos oportunidades tienen para defenderse, como son los menores. La justicia restaurativa puede permitir enfrentarse a la negación institucional y social, conscientes del miedo reputacional, y poder responder de forma honesta y efectiva, no defensiva, respecto de los derechos de los menores y jóvenes. Entre esos derechos, se encuentran los de protección y salvaguarda frente al estigma del superviviente, para impedir un círculo vicioso de creación de identidad de la víctima que favorezca su vergüenza, culpabilidad y baja autoestima (incluso se habla de auto-odio u odio a uno mismo[266]).

V. BIBLOGRAFÍA

ALDAZ, J. y PÉREZ, A., "Análisis criminológico de la ley orgánica de protección integral a la infancia y la adolescencia frente a la violencia en relación al deporte de alto rendimiento: un problema con forma de iceberg", *Revista Española de Educación Física y Deportes*, n. 435 2021, pp. 15-18.

BANDURA, A., *Moral disengagement: How people do harm and live with themselves*, Nueva York, Worth Publishers, 2016.

---

266 McPHILLIPS, K., "Traumatic isolation: institutional stigma and the Australian Royal Commission into Institutional Responses to Child Sexual Abuse", *Health and History*, n. 20(2) 2018, 75; TURNELL, A. I., FASSNACHT, D. B., BATTERHAM, P. J., CALEAR, A. L. y KYRIOS, M., "The Self-Hate Scale: Development and validation of a brief measure and its relationship to suicidal ideation", en *Journal of affective disorders*, n. 245 2019, pp. 779-787.

BJØRNSETH, I. y SZABO, A., "Sexual violence against children in sports and exercise: a systematic literature review", en *J. Child Sex. Abus.*, n. 27 2018, pp. 365-385.

BOCCHIOLA, M. y CEVA, E., "Whistleblowing, or the resistance to institutional wrongdoing from within", en *The Harvard Review of Philosophy*, n. 28 2021, pp. 53-70.

BRACKENRIDGE, C. H., "Fair play or fair game? Child sexual abuse in sport organisations", en *International Review for the Sociology of Sport*, n. 29(3) 1994, pp. 287-298.

BRACKENRIDGE, C., "'He owned me basically...' Women's Experience of Sexual Abuse in Sport", en *International Review for the Sociology of Sport*, n. *32(*2) 1997, pp. 115-130.

BRACKENRIDGE, C. H. y RHIND, D., "Child protection in sport: reflections on thirty years of science and activism", en *Social sciences*, n. 3(3) 2014, pp. 326-340; y OWTON, H., *Sexual abuse in sport: A qualitative case study*, Springer International, 2016.

BROWN, B., "Shame resilience theory: A grounded theory study on women and shame", en *Families in Society*, n. 87(1) 2006, pp. 43-52.

BUSHNELL, A. M., "Reframing the whistleblower in research: Truth-tellers as whistleblowers in changing cultural contexts", en *Sociology Compass*, n. 14 2020, pp. 1-13.

CENSE, M. y BRACKENRIDGE, C., "Temporal and developmental risk factors for sexual harassment and abuse in sport", *European Physical Education Review*, 7(1) 2001, pp. 61-79.

CODINA, M. y KANTER, B. Informe de la Comisión de Expertos en relación con los casos de abuso y explotación sexual en el ámbito de las personas menores de edad con medida jurídica de protección de Mallorca, Grup de Recerca en Victimització Infantil i Adolescent (GReVIA), 2020.

CYRULNIK, B., *Los patitos feos: La resiliencia. Una infancia infeliz no determina la vida*, Barcelona, DeBolsillo, 2013.

ECHEBURÚA, E. y AMOR, P. J., "Resiliencia y crecimiento postraumático en niños y adolescentes víctimas de sucesos violentos", En la obra (Coord. G. Varona), *Resiliencia y crecimiento postraumático individual y social*, Barcelona, Huygens, pp. 75-87.

ECHEGARAY, A. y MIRANDA, M., *Guía para la prevención de acoso y abuso sexual a mujeres en el deporte*, Vitoria/Gasteiz, Emakunde Instituto Vasco de la Mujer y Departamento de Educación, Política Lingüística y Cultura del Gobierno Vasco, 2015

FINKELHOR, D., *Childhood victimization: Violence, crime, and abuse in the lives of young people*, Oxford, Oxford university Press, 2008.

GAL, T., *Child victims and restorative justice: A needs-rights model*, Oxford, Oxford University Press, 2011.

GENERALITAT DE CATALUNYA, *La violencia sexual en el deporte. Guía para personas adultas (Re)conocer, hablar y actuar*, Barcelona, Generalitat, 2020.

GLEESON, K. y RING, S. "Confronting the past and changing the future? Public inquiries into institutional child abuse, Ireland and Australia", en *Griffith Law Review*, n. 29:1 2020, pp. 109-133.

GLEESON, K. y RING, S. "Confronting the past and changing the future? Public inquiries into institutional child abuse, Ireland and Australia", en *Griffith Law Review*, n. 29:1 2020, pp. 109-133.

GOBIERNO VASCO. *Protocolo y Caja de herramientas para iniciar el proceso de implementación de las exigencias derivadas de la LOPIVI y para seguir promoviendo una cultura de bienestar para los niños, niñas y adolescentes en el deporte organizado en Euskadi*, Vitoria/Gasteiz, Gobierno Vasco, 2022.

HAMILTON, M. A., "Child sex abuse in institutional settings: What is next", en *U. Det. Mercy L. Rev.*, n. 89 2011, p. 421.

HARTILL, M. J., RULOFS, B., LANG, M., VERTOMMEN, T., ALLROGGEN, M., CIRERA, E., et al., *CASES: General Report. The prevalence and characteristics of interpersonal violence against children (IVAC) inside and outside sport in six European countries*, Edge Hill University, 2021.

HAYNES, J., "Sport, Sexual Violence and the Law: A Feminist Critique and Call to Action", en *The International Sports Law Journal*, 2022, pp. 1-15.

HERRERO MEJÍAS, Ó., PÉREZ RAMÍREZ, M. Y NEGREDO LÓPEZ, L., *Experiencias abusivas en la infancia de delincuentes sexuales con víctimas menores de edad: Implicaciones para la intervención*, Madrid, Ministerio del Interior, 2021.

HERZ, D., "Key Findings from the OJJDP Dual System Youth Design Study", en *Presentation to the Federal Interagency Working Group on Child Abuse and Neglect*, Washington, 2019.

HOHL, K. y STANKO, E.A., "Five Pillars: A Framework for Transforming the Police Response to Rape and Sexual Assault", en *International Criminology*, n. 2 2022, pp. 222–229.

IGARTUA, I. y VARONA, G., "Critical reflection on the Spanish regulatory prohibition to develop mediation processes in gender-based violence and sexual violence", *Revista de Victimología/Journal of Victimology*, n. 15 2023, pp. 329-338.

KEENAN, M., *Child sexual abuse and the Catholic Church: Gender, power, and organizational culture* Oxford, Oxford University Press, 2013.

KEMPE, C. H., Sexual abuse, another hidden pediatric problem: the 1977 C. Anderson Aldrich lecture, en *Pediatrics*, 62(3) 1978, pp. 382-389.

KIRBY, S.L., GREAVES, L. y HAVINSKY, O., *The Dome of Silence: Sexual Harassment and Abuse in Sport*, Halifax, N.S., Fernwood, 2000.

KOONTZ, J. S., MOUNTJOY, M., ABBOTT, K. E., ARON, C. M., BASILE, K. C., CARLSON, C. T., et al., "Sexual violence in sport: American medical Society for Sports Medicine Position Statement", en *Br. J. Sports Med.*, n. 55 2021, pp. 132-134.

LATOUR, B., *Reensamblar lo social. Una introducción a la teoría del actor-red*, Buenos Aires, Manantial, 2008.

MARTIN M., JUNCÀ, A., "El acoso sexual en el deporte: el caso de las estudiantes-deportistas del grado de Ciencias de la Actividad Física y el Deporte de Cataluña", en *Revista Apunts Educació Física i Esports*, 2014, pp. 72-81.

MARTIN, S. R., KISH-GEPHART, J. J., & DETERT, J. R., "Blind forces: Ethical infrastructures and moral disengagement in organizations", en *Organizational Psychology Review*, n. 4 2014, pp. 295-325.

MATHEWS, B., "Optimising implementation of reforms to better prevent and respond to child sexual abuse in institutions: Insights from public health, regulatory theory, and Australia's Royal Commission", en *Child Abuse & Neglect*, n. 74 2017, pp. 86-98.

MCALINDEN, A.-M. Y NAYLOR, B., "Reframing Public Inquiries as Procedural Justice for Victims of Institutional Child Abuse: Towards a Hybrid Model of Justice", en *Sydney Law Review*, n. 38 2016, p. 277.

McPHILLIPS, K., "Traumatic isolation: institutional stigma and the Australian Royal Commission into Institutional Responses to Child Sexual Abuse", *Health and History*, n. 20(2) 2018, 75.

MOUNTJOY, M., BRACKENRIDGE, C., ARRINGTON, M., BLAUWET, C., CARSKA-SHEPPARD, A., FASTING, K., et al., "International Olympic Committee consensus statement: harassment and abuse (non-accidental violence) in sport", en *Br. J. Sports Med.*, n. 50 2016, pp. 1019-1029.

MOUNTJOY, M., VERTOMMEN, T., DENHOLLANDER, R., KENNEDY, S. y MAJOOR, R., "Effective engagement of survivors of harassment and abuse in sport in athlete safeguarding initiatives: a review and a conceptual framework", en *British Journal of Sports Medicine*, n. 56(4) 2022, pp. 232-238.

MOYA y DURÁN, C., "La inconsistente presunción de fragilidad de las víctimas menores en el Derecho penal (sustantivo y procesal). A propósito de la Ley Orgánica 8/2021", en I*nDret*, n. 1 2022.

PANKOWIAK, A., WOESSNER, M. N., PARENT, S., VERTOMMEN, T., EIME, R., SPAAIJ, R. et al., "Psychological, physical, and sexual violence against children in Australian community sport: frequency, perpetrator, and victim characteristics", en *Journal of interpersonal violence*, 08862605221114155.

PARENT, S. y DEMERS, G., "Sexual abuse in sport: A model to prevent and protect athletes", en *Child Abuse Review*, n. 20(2) 2011, pp. 120-133.

PARENT, S., "Disclosure of sexual abuse in sport organizations: A case study", en *Journal of child sexual abuse*, n. 20(3) 2011, pp. 322-337.

PATINO, B., *Tempestad en la pecera. La nueva civilización de la memoria de pez*, Madrid, Alianza, 2022.

PEMBERTON, A. *Victimology with a hammer*, Tilburg, Intervict, 2015.

PEREDA, N., ABAD, J. Y GUILERA, G., "Victimization and Polyvictimization of Spanish Youth Involved in Juvenile Justice, en J*ournal of Interpersonal Violence*", n. 32(21) 2017, pp. 3272- 3300.

PUIG BARATA, N., "Deporte y cultura: género y nuevos y no tan nuevos espacios sociales. Opresión y sufrimiento: Acoso sexual en el deporte", *en XIX Semana Galega de Filosofía*, Pontevedra, 2002, pp. 100-118.

ROBERTS, V., SOJO, V. y GRANT, F., "Organisational factors and non-accidental violence in sport: a systematic review", en *Sport Manag. Rev.*, n. 23 2020, pp. 8-27.

RONEL, N., & ELISHA, E., "Positive criminology: Theory, research, and practice", en la obra *Oxford Research Encyclopedia of Criminology and Criminal Justice*, 2020.

SAVE THE CHILDREN, *Niños en competición*, Madrid, Save the Children, 2018;

SELIGMAN, M. E., "Learned helplessness", en *Annual review of medicine*, n. 23(1) 1972, pp. 407-412.

SMIDT, A. M., ADAMS-CLARK, A. A., & FREYD, J. J., "Institutional courage buffers against institutional betrayal, protects employee health, and fosters organizational commitment following workplace sexual harassment", en *Plos one,* n. 18(1) 2023, e0278830.

STEVENSON, K., ROWBOTHAM, J. Y LOWTHER, J., "Reparation for betrayal of trust in child sexual abuse cases: the Christian duty of care, vicarious liability and the Church of England", en *Australian Feminist Law Journal,* n. 41(2) 2015, pp. 253-270.

TOFTEGAARD, J.N., "The forbidden zone: intimacy, sexual relations and misconduct in the relationship between coaches and athletes", *International Review for the Sociology of Sport,* n. 36(2) 2001, pp. 165-182.

TURANOVIC, J., "Heterogeneous effects of adolescent violent victimization on problematic outcomes in early adulthood", en *Criminology,* n. 57 2019, pp. 105-135.

TURNELL, A. I., FASSNACHT, D. B., BATTERHAM, P. J., CALEAR, A. L. y KYRIOS, M., "The Self-Hate Scale: Development and validation of a brief measure and its relationship to suicidal ideation", en *Journal of affective disorders,* n. 245 2019, pp. 779-787.

VARONA, G., "Procesos de victimización y desvictimización en las instituciones totales", en la obra *La respuesta de la Victimología ante las nuevas forma de victimización*", (Coord. J. M. Tamarit y N. Pereda), Madrid, Edisofer, 2014, pp. 247 - 302.

VARONA, G., *Resiliencia y crecimiento postraumático individual y social,* Barcelona, Huygens, 2022.

VERHELLE, H., VERTOMMEN T., PETERS, G., "Preventing sexual violence in sport: Determinants of positive coach-bystander behaviour", en *Frontiers in Psychology,* n. 13 2022.

VERTOMMEN, T., DEMARBAIX, S., KAMPEN, J. y VAN HAL, G., *CASES: National Report. The prevalence and characteristics of interpersonal violence against children inside and outside sport in Belgium,* Amberes, University of Antwerpen, 2021.

VERTOMMEN, T., SCHIPPER-VAN VELDHOVEN, N., WOUTERS, K., KAMPEN, J. K., BRACKENRIDGE, C. H., RHIND, D. J. A., et al., "Interpersonal violence against children in sport in the Netherlands and Belgium", en *Child Abuse Negl.,* n. 51 2016, pp. 223–236.

WRIGHT, K., "Challenging Institutional Denial: Psychological Discourse, Therapeutic Culture and Public Inquiries", en *Journal of Australian Studies*, n. 42(2) 2018, pp. 177-190.

YAURI-MIRANDA, J. R., Constructing and restraining the societies of surveillance: Accountability, from the rise of intelligence services to the expansion of personal data networks in Spain and Brazil (1975-2020). Tesis doctoral. Universidad del País Vasco/Euskal Herriko Unibertsitatea, 2021.

ZAPIAIN, J. G., "Iglesia y sexualidad. Claves para la comprensión de la violencia sexual en su seno", en la obra (Coord. G. Varona), *Macro-victimización, abuso de poder, y victimología: impactos intergeneracionales*, Cizur Menor, Aranzadi Thomson Reuters, pp. 297-331.

La justicia restaurativa y sus posibilidades en la lucha contra la violencia sobre la infancia

VIRGINIA DOMINGO DE LA FUENTE
Doctora en derecho penal
Presidenta de la Sociedad Científica de Justicia Restaurativa
y Miembro del Roster de Expertos de Justice Rapid Response

I. INTRODUCCIÓN

En España, la Ley Orgánica 8/2021, de 4 de junio, de protección integral a la infancia y la adolescencia frente a la violencia vino a uniformizar normas y criterios sobre niños, niñas y adolescentes existentes en diferentes Comunidades Autónomas. En esta ley también influyó las peticiones del Comité de los Derechos del Niño a España, de garantizar de manera homogénea los derechos de la infancia en todo el territorio y reforzar el interés superior del niño como principio rector de la legislación. Según la exposición de motivos de la mencionada ley, esta norma es una obligación prioritaria de los poderes públicos, reconocida en el artículo 39 de nuestra Constitución Española y en diversos tratados internacionales, entre los que destaca la Convención sobre los Derechos del Niño.[267] De esta ley cabe destacar la mejora esencial de la situación de los niños y niñas frente a la violencia, así los hijos de víctimas de violencia de género como no podía ser de otra manera, pasan a ser considerados víctimas y se impide que cualquier persona con antecedentes de pederastia pueda tener contacto con los niños y niñas.

Asimismo, para prevenir cualquier otro tipo de violencia se mejora el funcionamiento de los centros de protección de menores y se regula la violencia estructural, entendiendo por tal la situación en la que quedan los niños y niñas en desamparo o vulnerabilidad. Esta se regula de forma pormenorizada y la situación de pobreza de los progenitores no será ya una causa determinante del mismo.

Para comenzar sería bueno partir de qué entendemos por violencia en la infancia, en este caso la ley ha establecido una definición de violencia mucho más concreta que la establecida

[267] Al respecto cobra especial importancia para la elaboración y el desarrollo de esta ley, la Observación General número 12, de 2009, sobre el derecho a ser escuchado, la Observación General número 13, de 2011, sobre el derecho del niño y la niña a no ser objeto de ninguna forma de violencia y la Observación General número 14, de 2014, sobre que el interés superior del niño y de la niña sea considerado primordialmente.

en la Convención de los Derechos del Niño, donde en su artículo 19 establece el derecho a ser protegido frente al maltrato.[268]

En cambio la Ley Orgánica 8/2021, de 4 de junio, de protección integral a la infancia y la adolescencia frente a la violencia establece de forma pormenorizada en su artículo 2 que se entiende por violencia y así dice: "*...se entiende por violencia toda acción, omisión o trato negligente que priva a las personas menores de edad de sus derechos y bienestar, que amenaza o interfiere su ordenado desarrollo físico, psíquico o social, con independencia de su forma y medio de comisión, incluida la realizada a través de las tecnologías de la información y la comunicación, especialmente la violencia digital*".[269]

El listado que nos aporta la ley nos indica que comprende muchas clases de violencia ya sea por acción o por omisión y que en todo caso los profesionales que trabajen en contacto con los niños y niñas tienen que tener la formación adecuada

---

[268] Este artículo 19 de la Convención de los derechos del niño dice de forma literal: "*1. El estado debe protegerte contra cualquier tipo de maltrato, estés bajo el cuidado de tus padres o de otra persona. Tienes derecho a ser protegido contra la violencia, el abandono, el descuido, la explotación y la violencia sexual.2. El estado debe garantizar que nunca seas maltratado; y si llegara a sucederte, debe hacerse cargo de ti*".

[269] Continua el artículo 2 de la mencionada ley especificando conductas que implican violencia y así nos dice:" En cualquier caso, se entenderá por violencia el maltrato físico, psicológico o emocional, los castigos físicos, humillantes o denigrantes, el descuido o trato negligente, las amenazas, injurias y calumnias, la explotación, incluyendo la violencia sexual, la corrupción, la pornografía infantil, la prostitución, el acoso escolar, el acoso sexual, el ciberacoso, la violencia de género, la mutilación genital, la trata de seres humanos con cualquier fin, el matrimonio forzado, el matrimonio infantil, el acceso no solicitado a pornografía, la extorsión sexual, la difusión pública de datos privados así como la presencia de cualquier comportamiento violento en su ámbito familiar".

para ello y no contar con antecedentes por pederastia. Tenemos una ley que contempla medidas preventivas y reactivas si la violencia ya se ha producido.

Además de las medidas penales contempladas en otras leyes como el Estatuto de la víctima del delito del año 2015, esta ley nos habla de niveles y ámbitos de actuación en los que se debe garantizar el derecho del niño, niña y adolescente a no sufrir violencia. De esta forma se contemplan varios niveles: sensibilización, prevención y detección precoz y en diferentes ámbitos como el familiar, educativo, intervención social, centros de protección, sanitario, centros de deporte y ocio, digital y policial. Con esta ley se parte de una visión relacional de los seres humanos[270], todos como personas desde que nacemos nos relacionamos con el grupo (familia, colegio, amigos…) y desde este momento pueden dañarnos o podemos dañar, por eso es importante especialmente en el ámbito de la infancia determinar qué medidas pueden evitar el daño o si se da cómo aminorarlo cuanto antes proporcionando a los niños, niñas y adolescentes las medidas adecuadas para evitar su revictimización y garantizar su pronta recuperación.

Esto es lo que la justicia restaurativa nos enseña y aquí radica la importancia de aplicar el enfoque restaurativo y relacio-

---

[270] Como veremos más adelante Howard Zehr nos dice que la justicia restaurativa se configura como una forma de ser justos en nuestras relaciones con los demás miembros de la comunidad, nos dice que todos somos seres humanos y lo somos porque estamos conectados, los unos con los otros. En ZEHR, Howard, *El pequeño libro de la justicia restaurativa*. Intercourse PA, Good Books, 2007, pp. 25 y ss. Esto también lo describió perfectamente Bowlby en su teoría del apego, teoría que describe la dinámica de largo plazo de las relaciones humanas.

nal en las medidas necesarias para prevenir o luchar contra la violencia en la infancia.

Y es que aunque la justicia restaurativa surgió en el ámbito penal, en la actualidad precisamente por este enfoque de conexión entre todos los seres humanos, se puede aplicar a cualquier ámbito de nuestra vida en la que nos relacionamos con otras personas.

La siguiente pregunta sería si existe base legal para que la justicia restaurativa pueda ser una herramienta más en esta protección de la infancia. En este caso, aunque no hay referencias directas, si existe base legal suficiente para avalar este uso. Así podemos mencionar el artículo 1 de la mencionada ley del año 2021 que en su apartado final habla del buen trato y nos viene a decir que es aquel que respetando los derechos fundamentales promueve respeto mutuo, dignidad del ser humano, y solución pacífica de conflictos entre otros. Esta solución pacífica de conflictos vendría a avalar la posibilidad de usar mecanismos alternativos de solución de controversias para generar el uso del diálogo y la comunicación entre los niños, niñas y adolescentes entre sí y con los adultos que entran en contacto con ellos y ellas.

Pero también podría tener cabida el enfoque restaurativo para lograr la mejor atención a las necesidades de los niños, niñas y adolescentes víctimas de violencia en cualquier ámbito y de los que sean causantes de misma. En este enfoque restaurativo, también tendría cabida el uso de la justicia restaurativa como prevención.[271]

---

[271] DOMINGO DE LA FUENTE, V. , "Prevención del delito con la justicia restaurativa" en la obra Anuario Internacional de Criminología y Ciencias Forenses nº1 (Dir./Ed./Coord. Carlos Pérez Vaquero), 2016, p. 269-281.

Por otro lado, en su artículo 3 en el que la mencionada ley habla de sus fines, el apartado h) nos dice que uno de sus propósitos es garantizar la reparación y restauración de los derechos de las víctimas menores de edad. En este sentido la reparación y restauración es un objetivo fundamental de la justicia restaurativa, además potencia que este acto de mitigar el dolor causado se haga promoviendo la participación de los realmente afectados por el daño. Esto tiene que ver también con la intención de esta ley de promover la escucha de los niños, niñas y adolescentes para fortalecer la mejor toma de decisiones en su interés superior e incluye además de esta escucha, su participación activa, especialmente en hechos que les afecta directamente.[272]

Junto con esta norma, es aplicable la ley 4/2015 del Estatuto de la víctima del delito y aquí en su artículo 3. 1 como derechos de las víctimas nos habla del derecho a la justicia restaurativa. [273] Cuestión controvertida sería si esta justicia restaurativa se

---

272 LARSON, J., & ZEHR, H., "The ideas of engagement and empowerment" en la obra Handbook of restorative justice, (Dir./Ed./Coord. G. Johnstone & D. W. Van Ness), Devon, UK: Willan Publishing 2006 pp 41-58.

273 El texto completo de esta artículo 3 de la Ley 4/2015, de 27 de abril, del Estatuto de la víctima del delito nos viene a decir en su apartado 1 "1. *Toda víctima tiene derecho a la protección, información, apoyo, asistencia, atención y reparación, así como a la participación activa en el proceso penal y a recibir un trato respetuoso, profesional, individualizado y no discriminatorio desde su primer contacto con las autoridades o funcionarios, durante la actuación de los servicios de asistencia y apoyo a las víctimas y, en su caso, de justicia restaurativa, a lo largo de todo el proceso penal y por un período de tiempo adecuado después de su conclusión, con independencia de que se conozca o no la identidad del infractor y del resultado del proceso. En todo caso estará vedada la mediación y la conciliación en supuestos de violencia sexual y de violencia de género*". Esto puede causar revuelo ya que algunas personas erróneamente asociación justicia restaura-

puede aplicar en cualquier clase de delito. Partiendo de la idea de enfoque individualizado de cada caso y de cada niño, niña o adolescente víctima de violencia deberíamos pensar en sus circunstancias personales y sociales cuando sufren violencia para valorar si pudiera ser de aplicación la justicia restaurativa, más que directamente eliminar esta posibilidad en determinados delitos de más gravedad o que más repercusión. Sin embargo, no podemos obviar el debate que ha supuesto la modificación del Estatuto de la víctima tras la entrada en vigor de la Ley Orgánica 10/2022, de 6 de septiembre, de garantía integral de la libertad sexual en la que se añade a la parte final del mencionado artículo 3.1 que "en todo caso estará vedada la mediación y conciliación en supuestos de violencia sexual y violencia de género".

Si bien suele pensarse en mediación y conciliación como metodologías restaurativas debemos dejar claro que son instituciones diferentes con objetivos diferenciados.

Continuando con las referencias jurídicas al posible uso de la justicia restaurativa para erradicar la violencia contra la infancia podemos concluir con otras referencias en la ley 4/2015 del Estatuto de la víctima[274] en la que se habla del derecho de las víctimas (sin distinción) a ser informadas entre otras cosas de los ser-

---

tiva con mecanismos alternativos como mediación o conciliación. Sin embargo, son metodologías diferentes en objetivos y aplicación como veremos más adelante. Para esto nos remitimos a ZEHR, H, El pequeño libro de la justicia restaurativa" recuperado de https://www.icbf.gov.co/sites/default/files/el_pequeno_libro_de_las_justicia_restaurativa.pdf (2007) en el que en su página 11 y siguientes nos ilustra con qué no es justicia restaurativa.

274 GÓMEZ COLOMER, JL, "Estatuto jurídico de la víctima del delito: la posición jurídica de la víctima del delito ante la Justicia Penal: un análisis basado en el Derecho Comparado y en las grandes reformas españolas que se avecinan", Cizur Menor, Navarra, 2014, pp. 55 y ss.

vicios de justicia restaurativa existentes. Y para avalar su uso, la exposición de motivos de esta ley nos dice en referencia a estos servicios: "*en este punto, el Estatuto supera las referencias tradicionales a la mediación entre víctima e infractor y subraya la desigualdad moral que existe entre ambos. Por ello, la actuación de estos servicios se concibe orientada a la reparación material y moral de la víctima, y tiene como presupuesto el consentimiento libre e informado de la víctima y el previo reconocimiento de los hechos esenciales por parte del autor.*"

El legislador, parece tener claro en esta exposición de motivos las peculiaridades y características de la justicia restaurativa y sus herramientas y que no tienen nada que ver con una forma alternativa de resolver litigios, aquí hablamos de una persona que sufre un delito y otra que lo ha ocasionado, hay espacio para la reparación material y moral y la asunción de responsabilidad del infractor, no hay dos partes en condición de igualdad como en mediación.

La misma exposición de motivos, también habla de que "*el enfoque de la norma es no solo reparadora del daño en el marco de un proceso penal, sino minimizadora de otros efectos traumáticos en lo moral que su condición puede generar y con independencia de su situación procesal*".

Y es que la reparación del daño para la justicia restaurativa va más allá de lo material, y sobre todo está enfocada a ayudar a las víctimas (junto con otros profesionales) a superar el trauma del delito, es decir, a incorporar lo sufrido como una parte más de su historia vital.

Por esto, según Nistal Burón [275] "el Estatuto de la Víctima del Delito tiene la vocación de ser el catálogo general de los derechos, procesales y extraprocesales, de todas las víctimas de

---

[275] NISTAL BURÓN, J., La víctima en el derecho penitenciario, Valencia, Tirant lo Blanch,2018, pp. 114.

delitos, con un reconocimiento, protección y apoyo que no se limita a los aspectos material y a la reparación económica, sino que se extiende a su dimensión moral".

Además, reivindica la ayuda a la víctima, igual que postula la justicia restaurativa, hasta el momento que éstas puedan despojarse del rol de víctimas, por eso habla de su condición de víctima con independencia de su condición procesal[276] , es decir, se la ayudará incluso después del juicio, porque no se deja de ser víctima porque el juicio haya terminado. Estas referencias indirectas del Estatuto de la Víctima junto con las que hemos visto de la Ley Orgánica 8/2021, de 4 de junio, de protección integral a la infancia y la adolescencia frente a la violencia vendrían a avalar la posible aplicación de diferentes prácticas, programas y enfoque de justicia restaurativa para luchar y prevenir la violencia en la infancia.

II. JUSTICIA RESTAURATIVA

La justicia restaurativa surgió en los años setenta primero en la práctica y luego sobre la base de estas buenas prácticas se empezó a construir la teoría de lo que sería la justicia restaurativa y sus diferentes procesos y metodologías. Esta justicia surgió en el ámbito penal y como fórmula de superar el tradicional "olvido" de las víctimas, en este sentido éstas tienen poca participación puesto que incluso van a declarar como testigos en un hecho que las afecta tan directamente como es el delito. Además, como veremos cuando analicemos sus principios busca la responsabilización de la persona ofensora por el daño cometido y su volun-

---

276 BLANCO GARCIA, A. I.," Estatuto de la víctima del delito trascendencia de una ley", en *Actualidad jurídica iberoamericana*, nº. 3, 2015, pp. 765-774.

tad de reparar el daño. Prima la reparación o mitigación del dolor causado a las víctimas antes que el castigo y sobre todo escucha cuáles son las necesidades de los dañados. También, da participación a otros afectados indirectamente por el hecho delictivo esto es la comunidad.

La justicia restaurativa puede ser una forma de abordar las carencias del sistema penal y penitenciario, cumpliendo el principio de intervención mínima del derecho penal, pero a la vez fomentando la mejor satisfacción de las personas afectadas por el delito. Se trataría de sustituir el modelo penal de seguridad y para algunos retributivo por un enfoque que según Diez Ripollés [277] "fomente el bienestar social así en palabras de un modelo penal bienestarista, que anteponga una aproximación social a una aproximación represiva hacia la delincuencia ..."

1. Conceptualización

El concepto de justicia restaurativa es complicado de establecer, por cuanto se trata de una institución en continua evolución que se suele adaptar al contexto cultural y social del lugar donde se va a implementar, por eso, tampoco es aconsejable hablar de modelo ideal puro, ni de una única definición.

El manual de programas de Justicia Restaurativa de las Naciones Unidas define los procesos de Justicia Restaurativa, como "cualquier proceso en el que la víctima, infractor y cuando es apropiado otras personas o miembros de la comunidad afectados por el delito, participan conjunta y activamente en la resolución de las consecuencias del delito generalmente con la

---

[277] DIEZ RIPOLLÉS, J.L. "El nuevo modelo penal de seguridad ciudadana" en *Revista electrónica de Ciencia Penal y Criminología*, 2004, pag.03:31 http://criminet.ugr.es/recpc/06/recpc06-03.pdf.

ayuda de un facilitador". La definición de este manual se centra en las principales herramientas o manifestaciones prácticas "ideales" para hacer realidad esta justicia.

Según Howard Zehr[278], es "un proceso que involucra en la medida de lo posible a los afectados por el delito y así colectivamente identificar y abordar los daños, las necesidades y las obligaciones con el fin de curar y hacer las cosas bien". Para este autor no se debe perder el "elemento de justicia" en la justicia restaurativa, esto es más importante que cualquier definición.

De lo que se trata, como decía Howard Zehr,[279] es de mirarla a través de un lente diferente, que nos haga centrarnos en los seres humanos, que se ven afectados por el delito y como el daño que surge, desquebraja las relaciones entre los miembros de la comunidad.

Basándonos en Freire[280] y Buber[281], deberíamos comprender la justicia en torno a lo que significa ser humano: "aquella en la que la justicia se identifica como honrar el valor inherente de todos y promulgada a través de las relaciones." Estos dos términos juntos - honor y relaciones - proporcionan una aguja dentro de la brújula para guiar a los defensores de justicia restaurativa y los profesionales.

Analizando la caracterización de la justicia penal, incluida en "El pequeño libro de la justicia restaurativa" de Howard

---

278 ZEHR, H., El pequeño libro de la Justicia Restaurativa, Intercourse PA, Good Books, 2007, p.10.

279 ZEHR, H., Cambiando de lente: un nuevo enfoque para el crimen y la delincuencia, Herald Press, 2012 pp.23 y ss.

280 FREIRE, P.," *Pedagogía del oprimido".* Buenos Aires: Siglo XXI, 1994, pp. 88 y ss.

281 BUBER, M., Yo y tú, Editorial Nueva visión argentina,2002, pp. 47 y ss.

Zehr (p.10 y ss.) se observa que lo que está en juego son estos dos conceptos:

- El sistema de justicia tiende a convertir a los que han provocado daños en objetos sobre los que se actúa.
- Como se omite a los que han sido dañados, se supone que no tienen necesidades importantes.

La justicia restaurativa, por otra parte, reconoce que el daño está hecho por seres humanos y dirigido a los seres humanos. Con esta "lente", la justicia restaurativa no es algo desde el exterior, como una solución para los demás. Es una forma de ser para todos nosotros.

La Directiva[282] 2012 /29/UE del Parlamento Europeo y del Consejo de 25 de octubre de 2012, por la que se establecen normas mínimas sobre los derechos, el apoyo y la protección de las víctimas de delitos define esta justicia como "cualquier proceso que permita a la víctima y al infractor participar activamente, si dan su consentimiento libremente para ello, en la solución de los problemas resultantes de la infracción penal con la ayuda de un tercero imparcial".

Un concepto de justicia restaurativa, que adolece de lagunas y, sobre todo, que parece no definir de forma acertada la amplitud de esta justicia. Por un lado, parece referirse solo a mediación penal, ya que habla de un proceso entre víctima e infractor, lo lógico hubiera sido incluir a la comunidad, para así dar cabida a otras herramientas restaurativas, que como ex-

282 DIRECTIVA 2012/29/UE DEL PARLAMENTO EUROPEO Y DEL CONSEJO de 25 de octubre de 2012 por la que se establecen normas mínimas sobre los derechos, el apoyo y la protección de las víctimas de delitos, y por la que se sustituye la Decisión marco 2001/220/JAI.

plicaremos posteriormente, son más restaurativas porque dan participación a otros indirectamente afectados por el delito.

Pero, además, llama la atención que no hable de la reparación del daño a la víctima o ni tan siquiera de la mejor atención a sus necesidades, tan solo a los "problemas resultantes de la infracción penal", algo muy neutral y poco concreto, sobre todo, para referirnos al ámbito penal. Son las Naciones Unidas las que definen la justicia restaurativa en una perspectiva amplia, como "*una respuesta evolucionada al crimen que respeta la dignidad de cada persona que construye comprensión y promueve armonía social a través de la sanación de las víctimas, infractores y comunidad*". [283]

Una definición interesante y muy acertada porque lo hace en sentido amplio, como filosofía o paradigma de justicia y no solo atendiendo a una forma de aplicarla como puede ser las prácticas restaurativas de mediación penal, círculos o conferencias restaurativas.

2. *¿Qué no es justicia restaurativa?*

Es importante entender qué no es justicia restaurativa y cuáles son las diferencias esenciales con otros mecanismos o

---

283 Definición que de forma muy similar pero no literal es recogida en la ley nacional del sistema integral de justicia penal para adolescentes de México, del año 2016 en su artículo 21. Justicia Restaurativa "*El principio de justicia restaurativa es una respuesta a la conducta que la ley señala como delito, que respeta la dignidad de cada persona, que construye comprensión y promueve armonía social a través de la restauración de la víctima u ofendido, la persona adolescente y la comunidad. Este principio puede desarrollarse de manera individual para las personas mencionadas y sus respectivos entornos y, en la medida de lo posible, entre ellos mismos, a fin de reparar el daño, comprender el origen del conflicto, sus causas y consecuencias*".

instituciones afines para así comprender mejor el uso de esta justicia y sus diferentes aplicaciones prácticas. Además esto nos ayudará a reflexionar cómo efectivamente la justicia restaurativa puede ser usada en delitos muy graves incluso en aquellos que más alarma social crean como el abuso o violencia de género. Entendiendo que para trabajar con enfoque restaurativo en estos delitos los facilitadores deben tener formación específica y adecuada a la gravedad de estos hechos.

Así Howard Zehr,[284]considera que:

Justicia restaurativa, no es sobre la reconciliación ni el perdón. El objetivo de la justicia restaurativa no es que las personas se pidan perdón o se reconcilien, se trata de que se establezca un diálogo profundo sobre cómo el delito impactó en sus vidas y qué se tiene que hacer para que las cosas mejoren. Sin embargo, curiosamente, no siendo un objetivo, el perdón es una consecuencia beneficiosa que frecuentemente surge tras la participación de las partes en un proceso restaurativo.

Justicia restaurativa no es mediación[285]. Zehr en este sentido dice que "en un conflicto o pleito mediado se asume que las partes se encuentran moralmente parejas, es decir, ninguna tiene toda la culpa porque muchas veces todas ellas han contribuido al conflicto y deben compartir las responsabilidades." Como afirma Zehr en una mediación se parte de un conflicto

---

284 ZEHR, H., El pequeño libro de la Justicia Restaurativa, Intercourse PA, Good Books, 2007, pp. 12 y ss.

285 De esta forma, lo que Zehr viene a resaltar es que a pesar de la frecuente confusión la mediación es un método alternativo de solución de controversias que se utiliza cuando hay conflictos co-construidos, es decir, (corresponsabilidad de ambas partes en el surgimiento del conflicto) mientras que la justicia restaurativa, no es un MASC y además se utiliza cuando ya hay un desequilibrio de poder no hay "mesas parejas" en el conflicto, una persona ha sufrido un daño y otra lo ha causado.

co construido, hay co responsabilidad, es decir las partes han contribuido en mayor o medida al conflicto y deben ceder un poco para ganar todas.

En Justicia restaurativa no hay esta co responsabilidad, existe un desequilibrio y no hay dos partes en igualdad de condiciones, tenemos una persona que sufrió un daño y una lo causó. En este caso, se va a trabajar para equilibrar la situación escuchando las necesidades de las víctimas y dando la oportunidad a la persona ofensora de hacer lo correcto. El facilitador no es imparcial como el mediador sino que tiene una parcialidad equilibrada[286], esto significa que trata igual a víctima y persona ofensora pero debe ser consciente de que se debe generar si hay encuentro conjunto, un espacio para que el ofensor escuche lo que la víctima necesita para sentirse reparada y vea esta reparación como una obligación y no como un castigo. Como se puede ver las diferencias entre mediación y justicia restaurativa son evidentes y a pesar de que como veremos una metodología para hacerla realidad es la mediación penal o reunión víctima-ofensor, esta mediación entendida como herramienta de la justicia restaurativa nada tiene que ver con la mediación y/o cualquier otro mecanismo alternativo como la conciliación.

Como en la mediación, muchos programas restaurativos se basan en la posibilidad del encuentro entre víctima, infractor y/o comunidad. No obstante, los encuentros no siempre son idóneos. Se puede actuar de forma restaurativa, aun cuando el

---

286 Este concepto de parcialidad equilibrada se le atribuye a Dave Gustafson, en este sentido, GUSTAFSON, D., "Encountering 'The Other': victim offender dialogue in serious crime",2018, recuperado de https://limo.libis.be/primoexplore/fulldisplay?docid=LIRIAS1996032&context=L&vid=Lirias&search_scope=Lirias&tab=default_tab&lang=en_US&fromSitemap=1

infractor, por ejemplo, no es conocido o no quiere participar. Por eso, limitar la justicia restaurativa a los encuentros significa limitar su aplicación y eficacia.

También hay que buscar fórmulas no ideales y también restaurativas[287].

Justicia restaurativa no está diseñada como objetivo principal para reducir la reincidencia. Para promover el uso y la implementación de la justicia restaurativa es común que se valore como un instrumento eficaz para reducir las tasas de reincidencia. Y en este sentido, algunas estadísticas podrían revelar que si puede resultar eficaz. Pero como dice Zehr[288]"Sin embargo, reducir reincidencia criminal no es la razón de ser de los programas de justicia restaurativa. La reducción de la tasa de reincidencia es un subproducto; pero la justicia restaurativa se implementa antes que nada debido a un imperativo moral[289]".

Justicia restaurativa no es un programa en particular o una herramienta. Hay multitud de herramientas o programas específicos, pero no se puede hablar de modelo puro o

---

287 En la actualidad, se puede utilizar una víctima subrogada, víctima de un delito similar que quiera tomar parte en una posible reunión conjunta, se pueden realizar programas individuales trabajando solo con víctimas, o solo con infractores o comunidad. Es decir, las posibilidades de utilizar la justicia restaurativa no se reducen como hemos visto y veremos a un encuentro conjunto.

288 *Op.Cit.* Zehr, p.14.

289 Para Zehr, este imperativo moral no es otro que atender las necesidades de las víctimas, dar la oportunidad al ofensor de responsabilizarse y promover la participación de todos los afectados, por eso, lo esencial es procurar atender estas necesidades con independencia de si el ofensor disminuye o cesa de delinquir. Aunque es cierto que parece ser efectiva en esta disminución de la reincidencia, pero para Zehr, en todo caso sería un subproducto.

ideal. Por eso Zehr dice que "la justicia restaurativa es una brújula no un mapa"[290].

La justicia restaurativa no está hecha exclusivamente para delitos leves e infractores no reincidentes. Es cierto, que para conseguir el apoyo de la comunidad suele utilizarse o comenzarse por delitos leves. Pero las experiencias prácticas han demostrado que en delitos graves tienen incluso un impacto más positivo.

Justicia restaurativa no es la panacea. No es la solución universal para todos los casos y todas las situaciones. Según Zehr "Yo creo que sería aún más preciso decir que el crimen tiene una dimensión social, así como una dimensión más local y personal. El sistema legal se ocupa principalmente de las dimensiones públicas; es decir, de los intereses y responsabilidades de la sociedad que son representados por el estado. Sin embargo, esta perspectiva minimiza o ignora en gran parte los aspectos personales e interpersonales del crimen"[291]. Por tanto, la justicia restaurativa se encargará del aspecto personal y emocional del delito y la justicia tradicional del aspecto social.

Tampoco está claro que esté destinada a reemplazar al sistema penal[292].

3. Principios de la justicia restaurativa

Se habla mucho de cuáles son los principios básicos de la justicia restaurativa y que la determinan y la dan su esencia. Creemos que los más destacados y que son los que explican el

---

290 *Op. Cit.* Zehr, p.18.

291 *Op.Cit.* Zehr, p.16.

292 Aun, así muchos abolicionistas son partidarios de la desaparición del derecho penal y su sustitución por la justicia restaurativa.

porqué de esta justicia, son los que expone Howard Zehr[293]. Estos principios se reconducen a lo siguiente: daño y necesidades, obligaciones y participación.

a. El delito produce daños (esto sin duda nos hace tener como un objetivo prioritario, a las personas que sufren estos daños: las víctimas) aunque también implica que nos preocupamos por el daño sufrido por la comunidad y por el propio infractor.

b. Los infractores pueden sufrir o haber sufrido daños, de hecho, muchos de ellos, fueron en su día víctimas. Esto nos llevará a ahondar en la búsqueda del origen o la causa del delito.

c. Estos daños generan obligaciones y la principal es la que recae sobre el infractor: reparar el daño causado. Se supera así la visión pasiva del proceso penal para el infractor, en la que éste se limita a esperar su sentencia condenatoria o absolutoria. Se le ayuda a entender que su obligación moral y natural es reparar o mitigar el daño que causó, ya que esto es la consecuencia lógica de su acción.

d. Por eso, la justicia restaurativa ofrece al infractor una oportunidad de hacer las cosas bien, de asumir su responsabilidad activa, constructiva y positiva.

e. Y para cumplir con las obligaciones y la responsabilidad, es necesaria que se ofrezca la participación a todos los que tengan interés directo o indirecto en el delito y la reparación.

---

293 ZEHR, H., El pequeño libro de la Justicia Restaurativa: principios de Una Justicia Transformadora Presentados Por Uno de Sus más renombrados exponentes. Brattleboro. Good Books,2005, pp. 22 y ss.

Cada una de las partes afectadas debe tener la posibilidad de participar en el proceso de decidir, qué se necesita para hacer justicia, en este caso. Se va a dar la oportunidad de expresarse a las víctimas, se les da voz y se las permite contar su historia, algo importante para comenzar el camino restaurativo hacia la sanación. De esta manera estaremos siendo restaurativos[294] si nos centramos en lo que las víctimas necesitan, no lo que nosotros pensamos que quieren, si damos oportunidades al ofensor de entender el impacto de sus acciones y si permitimos si fuera posible participación de todos ellos y de la comunidad.

Si es posible, se dará un encuentro cara a cara o indirectamente entre víctima, infractor y/o comunidad, durante el cual se abordarán las necesidades de las personas que sufrieron el crimen, las de la sociedad de recuperar su sentimiento de seguridad y confianza en el ser humano e incluso la del infractor, de tener la oportunidad de reparar el daño y demostrar que su voluntad de no volver a hacerlo y su remordimiento es sincero. Como no siempre será posible un encuentro directo, estos principios nos sirven para poder diseñar programas y otras prácticas que si bien no sean totalmente restaurativas por no implicar el encuentro puedan ser mayormente como veremos cuando hablemos de las clases de programas. El alcance de esta justicia, tal y como Howard Zehr[295] lo explica es el siguiente "La justicia restaurativa requiere, como mínimo, que atendamos los daños y necesidades de las víctimas, que instemos a los ofensores a cumplir con su obligación de reparar esos daños, e incluyamos a víctimas, ofensores y comunidades en este proceso. El "quién" y el "cómo" son importantes."

---

294 Estos principios nos van a servir de brújula para si realizamos un programa saber si efectivamente estamos siendo restaurativos y valorar su eficacia.

295 ZEHR, H. "*Conferencia sobre Justicia Restaurativa en delitos graves*", pronunciada durante el I Congreso Nacional de mecanismos alternativos de solución de conflictos, Tamaulipas (México), 2014.

4. Formas de aplicar la justicia restaurativa

Una vez que hemos realizado un acercamiento a cómo entender la justicia restaurativa de forma amplia y flexible podemos hablar de su uso en la práctica y sus diversas formas de implementarse. En este sentido la primera distinción sería hablar de prácticas restaurativas o metodologías y programas.

A) Prácticas o metodologías restaurativas

Son aquellas herramientas que se utilizan para implementar en la práctica la justicia restaurativa. Según Howard Zehr no se pueden extrapolar de forma "ideal" a cualquier lugar sino que necesitan adaptarse a la realidad cultural, social y legal del país donde se van a aplicar. En este sentido es conveniente recordar que "dos de las manifestaciones más importantes de la justicia restaurativa—las conferencias familiares y los círculos de paz—son adaptaciones (pero no réplicas) de estas prácticas tradicionales."[296]

Existen tres prácticas ideales la reunión víctima-ofensor, conferencias de familia también llamadas reuniones restaurativas o juntas en México y los círculos.[297]

---

[296] Zehr, *"El pequeño libro de la justicia restaurativa"* https://www.icbf.gov.co/sites/default/files/el_pequeno_libro_de_las_justicia_restaurativa.pdf 2007, pp.52.

[297] En este sentido, debemos recordar que la justicia restaurativa comenzó en el ámbito penal pero en la actualidad desde el momento que nos relacionamos con otras personas podemos dañar y aquí puede intervenir la justicia restaurativa para equilibrar esta situación, por tanto, estas metodologías ideales puras del ámbito penal son aplicables con adaptaciones a otros ámbitos como el escolar, laboral, familiar... como fórmula para fortalecer la cohesión social,

Se puede decir que las prácticas son aquellas formas de trabajar que en base a los principios y valores de la justicia restaurativa permiten aplicar de forma real y tangible esta justicia a casos concretos en los que hay un daño interpersonal. Por todo ello, son métodos para trabajar con víctimas y ofensores y/o comunidad y para resolver los daños que generan los delitos a nivel interpersonal. El proceso de justicia restaurativa se iniciaría una vez que se realiza un primer acercamiento con las partes afectadas y se valora qué práctica o metodología en base a sus necesidades se va a utilizar. Así, en este sentido proceso restaurativo se define por el Manual de las Naciones Unidas como "*todo proceso en que la víctima, el delincuente y, cuando proceda, cualesquiera otras personas o miembros de la comunidad afectados por un delito participen conjuntamente de forma activa en la resolución de las cuestiones derivadas del delito, por lo general con la ayuda de un facilitador*".

Podemos decir a modo de conclusión que los procesos restaurativos suponen todo un conjunto de actividades basadas en los principios y valores de la justicia restaurativa que usando una o varias prácticas concretas tiene como objetivo esencial la mejor atención a las necesidades de las personas dañadas y la reinserción y responsabilización de la persona que causó el daño, dando participación también a la comunidad, si así lo contempla la metodología concreta.

---

mejorar las relaciones entre los miembros de la comunidad y para prevenir otros conflictos que generen más daños.

B) Programas de justicia restaurativa.

Un programa según el diccionario es un proyecto o planificación ordenada de las distintas partes o actividades que componen algo que se va a realizar.

Por tanto un programa de justicia restaurativa sería un conjunto planificado de actividades incluyendo una o varias prácticas restaurativas encaminadas a trabajar con uno o varios grupos de afectados por el delito. Según el Manual de las Naciones Unidas[298], los Programas de "justicia restaurativa" son cualquier programa que usa procesos restaurativos (en los que se incluirían diferentes prácticas restaurativas) y busca lograr resultados restaurativos.

Podemos decir que la mayoría de las prácticas o metodologías no se aplican de forma aislada sino que forman parte de un programa que estructura: las prácticas que se van a utilizar, la población a la que se dirige, si existen otras actividades complementarias y si se van a elegir los delitos y su resultado dentro del proceso o fuera de él. En el pequeño libro de la justicia restaurativa de Howard Zehr, se recogen tres tipos de programas, por sus objetivos, creemos que pueden existir muchos más y que incluso los objetivos pueden entremezclarse, no olvidemos que la justicia restaurativa es por esencia más flexible y tiene en cuenta la individualidad y la particularidad de cada ser humano, que participa en sus procesos. Los programas restaurativos según Zehr podrían clasificarse a priori en tres categorías:

---

298 Manual de las Naciones Unidas, p.10. https://www.observatoriodelainfancia.es/ficherosoia/documentos/4385_d_Manual_sobre_programas_de_justicia_restaurativa.pdf

- **Los programas alternativos**

Estos programas suelen tener como objetivo desviar casos de la justicia tradicional, o proporcionan una alternativa en alguna parte del proceso de justicia penal. Tienen como principio básico el de oportunidad y suponen buscar una alternativa al proceso penal. Estos programas son idóneos en el ámbito de la justicia juvenil, y se enfocan en el aspecto educativo, pedagógico y reintegrativo de la justicia juvenil y que también comparte la justicia restaurativa para evitar que el o la adolescente entre en el sistema penal.

- **Programas de sanación**

Son programas desarrollados para tener un enfoque restaurativo en delitos más graves. Generalmente en estos casos el infractor está en prisión.

- **Programas transicionales**

Se desarrollan sobre los infractores y después de prisión o al menos cuando están a punto de salir de ella.

C) Programas individuales

Son proyectos diseñados[299] previamente basados en los pilares, principios y valores de la Justicia Restaurativa en los que participan hasta dos de las partes primarias involucradas en una ofensa, sin que exista un encuentro o comunicación indirecta entre la víctima y ofensor.

---

299 Recuperado de http://iidejure.com/que-son-los-programas-individuales-de-justicia-restaurativa/.

1.1. Características de los programas individuales

1. Tener enfoque restaurativo (relacionados con principios, pilares y valores de la justicia restaurativa) como: reconocimiento del daño causado, elaboración de un plan de reparación del daño incluida la simbólica, reflexión del porqué del delito, escuchar las necesidades de las personas que sufrieron el daño, pasar de víctima a sobreviviente, entre otros. Cada programa es diferente, la característica común es que están basados en los principios, pilares y valores restaurativos. Pueden contener actividades complementarias no restaurativas pero que potencien el enfoque humanizador y reinsertador como deporte, salud, capacitación para el trabajo u otros ejes constitucionales de reinserción, pero si se realiza estas actividades complementarias sin los componentes del párrafo anterior, no podemos hablar de que sea un programa de justicia restaurativa.
2. Ser voluntarios.
3. Ser parcial o principalmente restaurativos Se puede trabajar solo con grupo de ofensores, con víctimas o comunidad, o con dos de estos grupos.

1.2. Programas individuales con ofensores

Suponen una forma de rehabilitación del infractor, orientados en las víctimas como parte importante del enfoque. Son los infractores los que se reúnen, para tomar conciencia del daño que han causado, como punto de partida para querer no volver a delinquir, existen ejemplos variados y muy diferentes como el proyecto del árbol de sicómoro o puentes para la vida o reconexión en España. Para que sean realmente restaurativos deben realizarse usando una o varias prácticas restaurativas. Impartir uno o varios cursos no es realizar un programa de justicia restaurativa, es solo transmitir conocimientos de lo que esta justicia implica, lo cual no impide que como actividad complementaria y previa al programa se puedan impartir una o varias charlas o cursos sobre justicia restaurativa.

1.3. Programas individuales con víctimas

A veces los programas individuales tienen la forma de paneles de víctimas, donde un grupo de personas que han sufrido un delito tienen la oportunidad de contar su historia y sus necesidades y expectativas, en otras ocasiones la práctica utilizada son los círculos de diálogo.

Un ejemplo de estos programas individuales para víctimas es el que tiene la Sociedad Científica de Justicia Restaurativa, llamado Ave fénix[300]. En un momento posterior, en ocasiones se incluyen a infractores, es decir se puede comenzar un programa individual y convertirlo en parcial o totalmente restaurativo si se incluyen a los otros afectados por el delito en momentos posteriores.

---

300 Más información sobre este programa en el siguiente enlace: https://justiciarestaurativa.es/actividades/programa-de-atencion-a-victimas-de-delitos-ave-fenix/.

III. APLICACIÓN DE LA JUSTICIA RESTAURATIVA PARA LUCHAR CONTRA LA VIOLENCIA EN LA INFANCIA.

1. Introducción

Una vez que hemos visto como las diferentes normas existentes pueden dar cabida a la aplicación y uso de la justicia restaurativa para luchar contra la violencia en diferentes ámbitos de la infancia y hemos visto algunas de las principales aplicaciones prácticas de esta justicia, no es descabellado pensar que su uso debiera ser la norma general. Este uso de la justicia restaurativa para con los niños, niñas y adolescentes debe estar guiado por una serie de garantías y ciertas precauciones que conlleva el trabajo con este sector de la población. Sin embargo, negar esta posibilidad de aplicación de la justicia restaurativa sería vulnerar los derechos fundamentales establecidos en las convenciones internacionales y en las observaciones generales que tratan precisamente de fomentar la escucha de los niños y niñas, todo ello en el interés superior de los mismos.

La pregunta sería si es posible aplicar la justicia restaurativa en cualquier caso, momentos de aplicación y ámbito y fórmulas más eficaces. De esto vamos a tratar a continuación sin embargo, nos parece adecuada añadir en este punto que al menos la justicia restaurativa debiera ser un derecho más para todos los niños, niñas y adolescentes que se sufran violencia o la puedan haber causado con independencia del lugar donde se hallen. Otra cosa es que visto el caso específico y analizado sus circunstancias, se pueda considerar que no es adecuado para este niño o niña o no en ese momento concreto.

2. Ámbitos de aplicación de la justicia restaurativa para luchar contra la violencia en la infancia

Como vimos desde el momento que el niño o niña entra en contacto con otras personas pueden sufrir daños o causarlos y en este caso sería aplicable la justicia restaurativa.

La Ley Orgánica 8/2021, de 4 de junio, de protección integral a la infancia y la adolescencia frente a la violencia contempla diferentes ámbitos de actuación y en todos y cada uno de ellos podría usarse la justicia restaurativa como metodologías concretas y como programas.

A) Justicia restaurativa para luchar contra la violencia ejercida cuando los niños y niñas entran el sistema de justicia como víctimas o personas ofensoras.

La violencia contra la infancia se puede dar en diferentes contextos, en este sentido muchos estudios realizados[301] se centran en la violencia dentro del sistema de justicia penal. No solo se refieren los estudios a la violencia ejercida sobre niños y niñas infractores sino también cuando entran en el sistema como víctimas o testigos. Frente a esta violencia institucional que se da cuando un niño o niña entra en el sistema, la justicia restaurativa se ofrece como una forma complementaria al sistema tradicional pero además como garante para que los derechos de los niños y niñas sean reconocidos y respetados. Esta apuesta por

---

301 Informe conjunto de la Oficina del Alto Comisionado para los Derechos Humanos, la Oficina de las Naciones Unidas contra la Droga y el Delito y la Representante Especial del Secretario General sobre la violencia contra los niños sobre prevención de la violencia contra los niños en el sistema de justicia juvenil y las medidas con las que responder a dicha violencia, Nueva York, 2012, A/HRC/21/25.

la justicia restaurativa es congruente con el artículo 40[302] de la Convención de los Derechos del Niño, en su texto nos recuerda que los estados deben promover el trato humano y el respeto a su dignidad cuando el niño entra en conflicto con la ley penal garantizando su reinserción. Para los niños que entran en el sistema judicial, la justicia restaurativa ofrece un enfoque flexible e individualizado, basado en valores como el diálogo, empatía, respeto y responsabilidad. Esto hace que la justicia restaurativa pueda adaptarse a las circunstancias específicas de cada niño y niña y a su contexto social, familiar y cultural. Entra en juego el principio de especialidad[303] de la justicia juvenil el cual prescribe que el sistema que intervenga sobre los adolescentes acusados o procesados por cometer un delito debe ser diferenciado.

Es decir tiene en cuenta las características especiales de los delitos cometidos por adolescentes y su gestión se lleva por personal especializado. Estas características de la justicia juvenil en consonancia con algunos de sus principios como el de especialidad nos lleva a una reflexión, ¿no debiera ser la justicia juvenil per se restaurativa? ¿Si hablamos de justicia juvenil restaurativa para niños y niñas no sería una redundancia? Creemos que la respuesta es afirmativa ya que la especialidad viene fundamenta-

---

302 "*Los Estados Partes reconocen el derecho de todo niño de quien se alegue que ha infringido las leyes penales o a quien se acuse o declare culpable de haber infringido esas leyes a ser tratado de manera acorde con el fomento de su sentido de la dignidad y el valor, que fortalezca el respeto del niño por los derechos humanos y las libertades fundamentales de terceros y en la que se tengan en cuenta la edad del niño y la importancia de promover la reintegración del niño y de que éste asuma una función constructiva en la sociedad…*"

303 La especialidad de la respuesta penal a los adolescentes es reflejo de los especiales principios reconocidos por la Convención internacional de los derechos del niño a las personas menores de dieciocho años, fundamentalmente en los Arts. 37 y 40 de ese tratado internacional.

da en las características especiales de los adolescentes, la necesidad de gestionar el delito de una manera pedagógica, humana y siempre que sea posible fuera del derecho penal privilegiando el principio de oportunidad. Y aún si hubiera que usarlo, cualquier medida tiene que tener un enfoque educativo y reinsertador (que ayude al adolescente a reconectar con su entorno y en la comunidad). Esto es la esencia de la justicia restaurativa y precisamente por eso su uso se ha generalizado mucho más en niños y niñas que en adultos. Todo esto hace que los enfoques de justicia restaurativa tengan el potencial, de promover y proteger el interés superior del niño a lo largo de las diversas etapas procesales, tanto de los niños víctimas como de los responsables de la infracción. Para los niños, niñas y adolescentes que entran en el sistema penal, sería de aplicación los programas alternativos de los que hemos hablado donde primaría su responsabilización, compromiso de no repetición a cambio de reparar el daño o realizar alguna actividad con enfoque restaurativo que les permita reflexionar sobre lo realizado. En general, en la mayoría de las normas sobre adolescentes en conflicto con la ley se contemplan medidas alternativas para evitar que entren en el sistema. Muchas de estas medidas no son propiamente restaurativas pero se usan con el fin de dar prioridad al principio de intervención mínima que rige el sistema penal juvenil. Dentro de estos programas podríamos usar diferentes metodologías restaurativas como la reunión víctima-ofensor, conferencias o círculos.

Cuando los niños y niñas son víctimas y especialmente en delitos de más gravedad como abusos sexuales podrían utilizarse los programas individuales de justicia restaurativa para que junto con la terapia si fuera necesario, puedan comenzar el camino hacia la superación del trauma y despojarse del rol de víctima para sentirse supervivientes. Algo muy importante sobre todo si no queremos tener adultos con diferentes problemas. Y es que como dice Rohr todo trauma que no se cura se transfiere. Esto significa que muchas personas ofensoras fueron víctimas en su infancia, el sistema no les ayudó y no escuchó sus necesidades, esto lleva a las personas a dañarse a sí mismos (adicciones, intento de suicidio…) o a dañar a los demás (reflejar los deseos de venganza dañando a otras personas, incluso cometiendo delitos similares…)[304]. Por tanto, debemos tener en cuenta lo importante que es ofrecer a los niños y niñas que han sido víctimas de violencia, todas las herramientas necesarias para poder abordar lo sufrido, y encontrar un significado diferente a lo vivido que les permita continuar con su vida. No se trata de justificar los delitos de los futuros adultos, pero si comprender el impacto de la atención adecuada en los primeros años de vida de los niños y niñas que han sufrido todo tipo de violencia. El sistema penal gestiona el aspecto legal del delito, pero la justicia restaurativa gestiona este aspecto emocional que va a permitir que junto con la terapia, puedan quitarse el rol de víctima de por vida.

Además de los programas individuales nada impide que el niño o niña que lo necesite (bajo supervisión de su tutor o progenitor o en su caso de un adulto responsable) pueda participar en una metodología restaurativa que incluya un encuentro conjunto con la persona agresora. En estos casos, los facilitadores deben igual que el sistema penal de justicia juvenil lo exige, tener formación especializada no solo en justiciano solo en justicia restaurativa sino en infancia, para así poder contar con todas las herramientas necesarias que les permita abordar el caso y el trabajo individual con el niño o niña en las mejores condiciones, respetando sus derechos fundamentales, el interés superior de el o ella y evitando la revictimización.

En estos casos, (y en general en las diferentes metodologías) la reunión conjunta solo se daría si una vez realizadas

---

304 YODER, C.E., *The Little book of trauma Healing. When violence strikes and community security is threatened.* Good Books. New York, 2020, p.44.

las diferentes reuniones preparatorias se ha visto que se dan las condiciones necesarias para realizar este encuentro. Existen varias condiciones, pero las más importantes es la seguridad de la víctima y si sus expectativas de la reunión conjunta son claras y pueden conseguirse y en todo caso, si la persona ofensora asume el daño que ha causado. Es importante que el facilitador use un lenguaje adecuado, claro y amigable, si se considera conveniente podría podría participar en la reunión conjunta otra persona de confianza del niño, niña o adolescente que le proporcione más seguridad y tranquilidad como una persona del área de la psicología o educación social. Si el niño o niña tiene poca edad, puede valorarse la participación exclusiva de sus progenitores en la práctica concreta o buscar fórmulas adecuadas para explicar al niño o niña lo que se va a hacer a través de muñecos, dibujos, cuentos etc.

El encuentro conjunto dependerá de la edad del niño o niña, sus circunstancias personales, el grado de trauma, el informe de idoneidad que pueda realizar su psicólogo y en todo caso los beneficios que pudieran darse si se celebra para este niño o niña. En todo caso, los programas individuales pueden ser muy útiles si la práctica concreta se desaconseja ya que permite generar un espacio con otros niños y niñas y/o sus progenitores donde van a poder contar su historia, necesidades, miedos y expectativas de futuro. El objetivo es que puedan dejar de sentirse víctimas. Como dice Carolyn Yoder (2020) "la violencia suele generar trauma y un trauma no sanado se vuelve en más violencia y más sentimiento de perdida de seguridad". Es importante buscar estas intervenciones restaurativas que puedan ayudar junto con otras psicológicas y sociales a que los niños, niñas y adolescentes puedan superar el trauma, resignificar lo vivido para que puedan incorporarlo como un aspecto más de su historia vital. Los beneficios de las prácticas y programas restaurativos demuestran que en la escala de la salud psicológica se presentan avances importantes como la recuperación del sentimiento de seguridad, alivio del miedo y la ira, u otros sentimientos como la vergüenza, mejora la autoestima, la reducción de la ansiedad y depresión entre otros muchos efectos positivos[305].

La mayoría de las víctimas y personas ofensoras experimentan cambios positivos y transformadores en su salud física y psicológica, tras participar en un encuentro o programa restaurativo. Asimismo, podría usarse una víctima o persona ofensora subrogada, es decir realizar encuentros conjuntos con una víctima o una persona ofensora de un delito similar. Supone menos estrés al saber que no es la persona agresora pero también una oportunidad de expresar cómo se ha sentido ante una persona que puede entender los daños. En estos casos, la preparación debe incluir la idea de que el encuentro no es con la persona directa, pero sí que es una oportunidad para la víctima de poder ser escuchada y para la persona ofensora de hacer lo correcto.

Todas las prácticas y las recomendaciones para trabajar con niños niñas y adolescentes víctimas que entran en el sistema pueden y deben aplicarse, con mayor motivo, a aquellos que son víctimas indirectas de determinados delitos como violencia de género (incluso los que son testigos de agresiones a familiares o amigos, son testigos de algún delito grave…).

En estos casos el trauma puede impactar de la misma manera que cuando son víctimas directas y necesitan todas las medidas necesarias para que puedan superarlo. No siendo la justicia restaurativa una forma de terapia, tiene efectos terapéuticos por eso, lo ideal sería combinar intervenciones terapéuticas

---

305 DOMINGO DE LA FUENTE, V., *Beneficios de la justicia restaurativa*, 2022, recuperado de https://www.lajusticiarestaurativa.com/beneficios-de-la-justicia-restaurativa.

con restaurativas que puedan realizar una intervención global sobre el niño o niña para darle las herramientas necesarias para generar resiliencia y superar el trauma de lo vivido o experimentado. Para ello no podemos silenciar su historia, no podemos pensar que no hablar de ello los puede ayudar, que dejar pasar página es bueno. No podemos generalizar esta idea y habría que estar al caso concreto para valorar si es conveniente que el niño o niña participe en un programa individual de justicia restaurativa o quizá es mejor que no. En todo caso, debemos debemos individualizar la respuesta sin dar sin dar por sentado que sabemos lo que es más conveniente para ellos y ellas, debemos escuchar a estos niños y niñas, sus necesidades y en base a esto decidir. Como dice Maya Angelou[306] "No hay mayor agonía que llevar una historia no contada dentro de ti"

B) Justicia restaurativa para prevenir la violencia

En las estrategias para la erradicación de la violencia en la infancia creada por el Ministerio de derechos sociales y agenda 2030[307] se habla como uno de los objetivos fundamentales: el de crear una cultura de buen trato y tolerancia cero ante la violencia contra la infancia y adolescencia. Esto implica no solo campañas de sensibilización sino realizar intervenciones que ayuden a generar valores como la comunicación, el diálogo y la no violencia. Y que se centren en herramientas para fortalecer los lazos sociales y la pacificación de las relaciones tanto entre los niños y niñas como entre niños y niñas y adultos. Uno de los ámbitos más im-

---

306 ANGELOU, M, *Yo sé por qué canta el pájaro enjaulado (traductor Carlos Manzano de Frutos),* Barcelona, libros del asteroide, 2016.

307 El mencionado texto se puede consultar en el link https://www.mdsocialesa2030.gob.es/derechos-sociales/docs/EstrategiaErradicacionViolenciaContraInfancia.pdf

portantes para prevenir la violencia es el escolar, en el que podemos incluir actividades deportivas. Al respecto el informe anual de la Representante Especial del Secretario General sobre la violencia contra los niños (2014) [308] viene a decir lo siguiente: "Las escuelas pueden ser un entorno ideal para promover el desarrollo y la difusión de los valores de la no violencia y el respeto de los derechos humanos entre los alumnos y el personal, así como en la comunidad en general.

Por este motivo, las escuelas de muchos países promueven prácticas de justicia restaurativa para prevenir la intimidación y la violencia en el patio de recreo y responder a esas prácticas, así como para hacer frente a las infracciones graves en la escuela, incluida la violación". Las prácticas restaurativas en el ámbito escolar se han revelado como un instrumento idóneo para generar una cultura de paz en los niños y niñas, y el respeto a una convivencia pacífica. En estas prácticas se deben incluir a los adultos que trabajan en contacto con ellos y ellas para prevenir conductas violentas no solo entre niños y niñas sino también entre adultos y niños o entre adultos. Se trata de generar una comunidad restaurativa en los entornos donde niños, niñas y adolescente pasan mucho tiempo esto es el colegio y los lugares de ocio y deporte.

Para ello sería necesario además de la sensibilización y formación especializada de todos los profesionales que trabajan en el entorno escolar y deportivo, la puesta en práctica de diferentes metodologías restaurativas para que de manera cotidiana formen parte de la actividad diaria de los chicos y chicas. Estas metodologías servirían para fortalecer los lazos sociales, conocerse mejor y mejorar la convivencia. En este caso,

---

[308] Al respecto se puede consultar el mencionado Informe , 2014, en https://www.acnur.org/fileadmin/Documentos/BDL/2014/9626.pdf?view=1

son recomendables por sus excelentes resultados los círculos de diálogo de Kay Pranis.[309] Estos círculos son una metodología muy versátil y democrática que sirven para favorecer el diálogo, permiten a los participantes compartir historias en un espacio seguro.

Asimismo, sería importante la formación y sensibilización de los padres y madres de los chicos y chicas, aunque el entorno escolar es importante, la familia es el eje esencial. La familia no solo es el núcleo social primario de cualquier comunidad, también es el más importante, es ahí donde se forman los primeros vínculos sociales de cualquier ser humano, donde el sentido de pertenencia, el afecto y el reconocimiento cobran verdadero valor y un significado determinante en la vida de las personas.[310]Por eso, la sensibilización de los padres y madres en diferentes prácticas restaurativas que fomenten el diálogo y la comunicación puede ayudarlos a detectar posibles daños y violencias sobre los hijos que han quedado silenciadas y pueden coadyuvar a prevenir las que no se hayan producido. Se trata de generar espacios de escucha mutua y de compartir historias que puedan fortalecer los lazos familiares y la confianza.

Asimismo, tampoco es descabellado empezar a pensar que la justicia restaurativa como dijimos no solo se aplica al ámbito penal sino que desde que nos relacionamos podemos dañar a otras personas y puede aplicarse la justicia restaurativa. Por esto, sería deseable pensar también en una justicia restaurativa familiar. Así serviría no solo para prevenir la violencia y generar comunidad

---

309 Con respecto a los círculos de diálogo se puede consultar un manual para iniciarse en cómo facilitarlos en el siguiente link http://www.bufetealternativo.com/pdf/manual_faclitadores_circulos.pdf

310 VILLAVICENCIO, C, “La justicia restaurativa aplicada a los conflictos familiares” recuperado de http://www.iidejure.com/la-justicia-restaurativa-aplicada-a-los-conflictos-familiares/

sino para reparar los daños que se puedan causar en el entorno familiar. A este respecto según Claudia Villavicencio: "los procesos de restauración familiar tienen como objetivo primordial identificar y atender los daños que nacen en el seno y entorno familiar, para dar la oportunidad a que los mismos sean atendidos de forma colectiva y sus integrantes asuman responsabilidades y busquen repararlos de manera efectiva e integral". Igual que en el proceso penal, la justicia restaurativa cuando se generan daños no suple a la justicia tradicional sino supone un complemento. En todo caso, las intervenciones restaurativas pueden contribuir al enfoque de multidisciplinariedad, transversalidad e interseccionalidad que contempla la estrategia de erradicación de la violencia sobre la infancia y la adolescencia de la que ya hemos hablado. Según este documento: "La complejidad del fenómeno de la violencia requiere estrategias multidisciplinares, intersectoriales y transversales. La protección de los derechos de la infancia y adolescencia es una cuestión transversal que debe integrarse en todos los procesos, políticas y actuaciones que les afecten…" En este sentido el enfoque restaurativo entendido como este trato más humano e individualizado así como las diferentes metodologías y programas que pueden aplicarse suponen un plus a esta multidisciplinariedad y una gran ayuda para crear una cultura de paz y fomentar medidas más humanas y cercanas para erradicar la violencia contra la infancia.

IV. CONCLUSIONES

Aunque la justicia restaurativa surgió en los años setenta en Estados Unidos y Canadá es ahora cuando está poniéndose en auge en nuestro país. Sin embargo, en la mayoría de las ocasiones se piensa en un uso muy determinado y limitado, ya que se suele asociar justicia restaurativa a encuentros víctima-ofensor excluyendo determinados delitos de más gravedad. Se suelen excluir los delitos graves porque se piensa en la vulnerabilidad de las víctimas, y en definitiva es un pensamiento protector en el que se decide por las posibles víctimas que no es conveniente estas prácticas porque pueden revictimizarlas. Si esto se piensa de manera general, pareciera que con más razón si las víctimas son niños, niñas o adolescentes.

Sin embargo, debemos entender que si la justicia restaurativa ayuda a víctimas de delitos más leves con más razón puede marcar la diferencia para víctimas de delitos de más gravedad que deseen tomar parte en una práctica o un proceso restaurativo. La diferencia para evitar dañar a las posibles víctimas será la formación, especialización y dedicación del facilitador o facilitadora para poder gestionar estos procesos restaurativos de una manera satisfactoria.

Si vamos a trabajar con menores de edad la capacitación de estos facilitadores por supuesto será mayor e incluso pueden coadyuvar a esta tarea otros profesionales que puedan aportar esta especialización necesaria para que el proceso restaurativo concluya con éxito y se respete los derechos fundamentales de los niños, niñas y adolescentes. Pero además de las prácticas restaurativas habituales, la flexibilidad de la justicia restaurativa hace que se puedan usar otras fórmulas para gestionar, ayudar y prevenir la violencia. En este caso, los programas individuales de justicia restaurativa suponen una medida más para ofrecer a las niños y niñas víctimas o causantes de violencia directa o indirecta o incluso a sus familias[311].

Y por último y como forma de prevención, en la capacitación y sensibilización de los profesionales que están en con-

---

[311] Los resultados de programas como el de Ave fénix demuestran su viabilidad para ayudar a las victimas a sanar tras el delito sufrido https://justiciarestaurativa.es/actividades/programa-de-atencion-a-victimas-de-delitos-ave-fenix/

tacto con niños, niñas y adolescentes, así como sus familias se debería incluir la justicia restaurativa, y las diferentes prácticas como medida para gestionar los conflictos cotidianos, prevenir conductas violentas, promover una cultura de paz y de respeto.

Es hora de entender que la justicia restaurativa es un derecho para todas las personas que sufren y nuestra obligación es ofrecerla con las debidas garantías y ética que avale su uso sin causar daños ni revictimizar, respetando los derechos de los niños y niñas como el derecho a ser escuchados.

V. BIBLIOGRAFÍA

ANGELOU, M, *Yo sé por qué canta el pájaro enjaulado (traductor Carlos Manzano de Frutos)*Barcelona, libros del asteroide, 2016

BLANCO GARCIA, A. I.," Estatuto de la víctima del delito trascendencia de una ley", en Actualidad jurídica iberoamericana, nº. 3, 2015, pp. 765-774.

BUBER, M., Yo y tú, Editorial Nueva visión argentina,2002,

DIEZ RIPOLLÉS, J.L. "El nuevo modelo penal de seguridad ciudadana" en Revista electrónica de Ciencia Penal y Criminología, 2004, pag.03:31 http://criminet.ugr.es/recpc/06/recpc06-03.pdf

DOMINGO DE LA FUENTE, V. , "Prevención del delito con la justicia restaurativa" en la obra Anuario Internacional de Criminología y Ciencias Forenses nº1 (Dir./Ed./Coord. Carlos Pérez Vaquero), 2016, p. 269-281

DOMINGO DE LA FUENTE, V, Beneficios de la justicia restaurativa, 2022, recuperado de https://www.lajusticiarestaurativa.com/beneficios-de-la-justicia-restaurativa

FREIRE, P.," Pedagogía del oprimido". Buenos Aires: Siglo XXI, 1994

GÓMEZ COLOMER, JL, "Estatuto jurídico de la víctima del delito: la posición jurídica de la víctima del delito ante la Justicia Penal: un análisis basado en el Derecho Comparado y en las grandes reformas españolas que se avecinan", Cizur Menor, Navarra, 2014, pp. 55 y ss.

GUSTAFSON, D., "Encountering ‹The Other›: victim offender dialogue in serious crime",2018, recuperadohttps://limo.libis.be/primoexplore/fulldisplay?docid=LIRIAS1996032&context=L&vid=Lirias&search_scope=Lirias&tab=default_tab&lang=en_US&fromSitemap=1

LARSON, J., & ZEHR, H., "The ideas of engagement and empowerment" en la obra Handbook of restorative justice, (Dir./Ed./Coord. G. Johnstone & D. W. Van Ness), Devon, UK: Willan Publishing

NISTAL BURÓN, J., La víctima en el derecho penitenciario, Valencia, Tirant lo Blanch,2018

VILLAVICENCIO, C, "La justicia restaurativa aplicada a los conflictos familiares" recuperado de

http://www.iidejure.com/la-justicia-restaurativa-aplicada-a-los-conflictos-familiares/

YODER, C.E., *The Little book of trauma Healing. When violence strikes and community security is threatened.* Good Books. New York, 2020

ZEHR, H., El pequeño libro de la Justicia Restaurativa: principios de Una Justicia Transformadora Presentados Por Uno de Sus más renombrados exponentes. Brattleboro. Good Books,2005

ZEHR, H., El pequeño libro de la Justicia Restaurativa, Intercourse PA, Good Books, 2007

ZEHR, H., Cambiando de lente: un nuevo enfoque para el crimen y la delincuencia, Herald Press, 2012

ZEHR, H. "*Conferencia sobre Justicia Restaurativa en delitos graves*", pronunciada durante el I Congreso Nacional de mecanismos alternativos de solución de conflictos, Tamaulipas (México), 2014

Desamparo y acogimiento familiar. Breve referencia a la ley valenciana 26/2018

CRISTINA B. MOSQUERA ORDÓÑEZ
Profa. Derecho Civil
Universidad Católica de Valencia "San Vicente Mártir"

I. MARCO NORMATIVO

1. Marco normativo internacional

Teniendo presente que la necesidad de proporcionar al niño una protección especial ha sido enunciada en la Declaración de Ginebra de 1924 sobre los Derechos del Niño y en la Declaración de los Derechos del Niño adoptada por la Asamblea General el 20 de noviembre de 1959, y reconocida en la Declaración Universal de Derechos Humanos, en el Pacto Internacional de Derechos Civiles y Políticos, en el Pacto Internacional de Derechos Económicos, Sociales y Culturales y en los estatutos e instrumentos pertinentes de los organismos especializados y de las organizaciones internacionales que se interesan en el bienestar del niño, que, como se indica en la Declaración de los Derechos del Niño, *"el niño, por su falta de madurez física y mental, necesita protección y cuidados especiales, incluso la debida protección legal, tanto antes como después del nacimiento"*. Recordando lo dispuesto en la Declaración sobre los principios sociales y jurídicos relativos a la protección y el bienestar de los niños, con particular referencia a la adopción y la colocación en hogares de guarda, en los planos nacional e internacional. La Convención sobre los Derechos del Niño[312]

---

312 Art.9: "*1. Los Estados Partes velarán porque el niño no sea separado de sus padres contra la voluntad de éstos, excepto cuando, a reserva de revisión judicial, las autoridades competentes determinen, de conformidad con la ley y los procedimientos aplicables, que tal separación es necesaria en el interés superior del niño. Tal determinación puede ser necesaria en casos particulares, por ejemplo, en los casos en que el niño sea objeto de maltrato o descuido por parte de sus padres o cuando éstos viven separados y debe adoptarse una decisión acerca del lugar de residencia del niño.*
2. En cualquier procedimiento entablado de conformidad con el párrafo 1 del presente artículo, se ofrecerá a todas las partes interesadas la oportunidad de participar en él y de dar a conocer sus opiniones.
3. Los Estados Partes respetarán el derecho del niño que esté separado de uno o de ambos padres a mantener relaciones personales y contacto directo con ambos padres de modo regular, salvo si ello es contrario al interés superior del niño.
4. Cuando esa separación sea. resultado de una medida adoptada por un Estado Parte, como la detención, el encarcelamiento, el exilio, la deportación o la muerte (incluido el fallecimiento debido a cualquier causa mientras la persona esté bajo la custodia del Estado) de uno de los padres del niño, o de ambos, o del niño, el Estado Parte

ha convenido el compromiso de los Estados Partes a asegurar al niño la protección y el cuidado que sean necesarios para su bienestar, teniendo en cuenta los derechos y deberes de sus padres, tutores u otras personas responsables de él ante la ley, que velarán porque el niño no sea separado de sus padres contra la voluntad de éstos, excepto cuando la separación es necesaria en el interés superior del niño. Los Estados Partes respetarán el derecho del niño que esté separado de uno o de ambos padres a mantener relaciones personales y contacto directo con ambos padres de modo regular[313], salvo si ello es contrario al

---

proporcionará cuando se le pida, a los padres, al niño o, si procede, a otro familiar, información básica acerca del paradero del familiar o familiares ausentes, a no ser que ello resultase perjudicial para el bienestar del niño. Los Estados Partes se cerciorarán, además, de que la presentación de tal petición no entrañe por sí misma consecuencias desfavorables para la persona o personas interesadas".

Art. 19: "*1. Los Estados Partes adoptarán todas las medidas legislativas administrativas, sociales y educativas apropiadas para proteger al niño contra toda forma de perjuicio o abuso físico o mental, descuido o trato negligente, malos tratos o explotación, incluido el abuso sexual, mientras el niño se encuentre bajo la custodia de los padres, de un representante legal o de cualquier otra persona que lo tenga a su cargo*".

2. Esas medidas de protección deberían comprender, según corresponda, procedimientos eficaces para el establecimiento de programas sociales con objeto de proporcionar la asistencia necesaria al niño y a quienes cuidan de él, así como para otras formas de prevención y para la identificación, notificación, remisión a una institución, investigación, tratamiento y observación ulterior de los casos antes descritos de malos tratos al niño y, según corresponda, la intervención judicial. https://www.boe.es/eli/es/ai/1989/11/20/

313 En las Reglas de las Naciones Unidas para la protección de los menores privados de libertad Adoptadas por la Asamblea General en su resolución 45/113, de 14 de diciembre de 1990. Se

interés superior del niño y adoptarán todas las medidas legislativas administrativas[314], sociales y educativas apropiadas para proteger al niño contra toda forma de perjuicio o abuso físico o mental, descuido o trato negligente, malos tratos o explotación, incluido el abuso sexual, mientras el niño se encuentre bajo la custodia de los padres, de un representante legal o de cualquier otra persona que lo tenga a su cargo. Las medidas de

---

establece en sus artículos 59 y 60 que deberán utilizar todos los medios posibles para que los menores tengan una comunicación adecuada con el mundo exterior, pues ella es parte integrante del derecho a un tratamiento justo y humanitario y es indispensable para preparar la reinserción de los menores en la sociedad. Deberá autorizarse a los menores a comunicarse con sus familiares, sus amigos y otras personas o representantes de organizaciones prestigiosas del exterior, a salir de los centros de detención para visitar su hogar y su familia, y se darán permisos especiales para salir del establecimiento por motivos educativos, profesionales u otras razones de importancia. En caso de que el menor esté cumpliendo una condena, el tiempo transcurrido fuera de un establecimiento deberá computarse como parte del período de cumplimiento de la sentencia. Todo menor tendrá derecho a recibir visitas regulares y frecuentes, en principio una vez por semana y por lo menos una vez al mes, en condiciones que respeten la necesidad de intimidad del menor, el contacto y la comunicación sin restricciones con la familia y con el abogado defensor.

314 El Convenio Europeo de Derechos Humanos en su artículo 8 dedicado al Derecho al respeto a la vida privada y familiar. Establece que: "*1. Toda persona tiene derecho al respeto de su vida privada y familiar, de su domicilio y de su correspondencia. 2. No podrá haber injerencia de la autoridad pública en el ejercicio de este derecho, sino en tanto en cuanto esta injerencia esté prevista por la ley y constituya una medida que, en una sociedad democrática, sea necesaria para la seguridad nacional, la seguridad pública, el bienestar económico del país, la defensa del orden y la prevención del delito, la protección de la salud o de la moral, o la protección de los derechos y libertades de los demás*". https://www.derechoshumanos.net/Convenio-Europeo-de-Derechos-Humanos-CEDH/articulo8CEDH.htm

protección deberían comprender, según corresponda, procedimientos eficaces para el establecimiento de programas sociales con objeto de proporcionar la asistencia necesaria al niño y a quienes cuidan de él, así como para otras formas de prevención y para la identificación, notificación, remisión a una institución, investigación, tratamiento y observación ulterior de los casos antes descritos de malos tratos al niño y, según corresponda, la intervención judicial.

2. Marco normativo nacional

El cuerpo normativo español ha incorporado importantes avances en la defensa de los derechos de las personas menores de edad, así como en su protección frente a la violencia. En esta evolución encaja la reforma operada en la Ley Orgánica 1/1996, de 15 de enero, de Protección Jurídica del Menor, de modificación parcial del Código Civil y de la Ley de Enjuiciamiento Civil, por la Ley Orgánica 8/2015, de 22 de julio, y la Ley 26/2015, de 28 de julio, ambas de modificación del sistema de protección de la infancia y la adolescencia, que introduce como principio rector de la actuación administrativa el amparo de las personas menores de edad contra todas las formas de violencia, incluidas las producidas en su entorno familiar, de género, la trata y el tráfico de seres humanos y la mutilación genital femenina, entre otras y más recientemente por la Ley Orgánica 8/2021, de 4 de junio, de protección integral a la infancia y la adolescencia frente a la violencia. Con acuerdo a la ley, los poderes públicos tienen la obligación de desarrollar actuaciones de sensibilización, prevención, asistencia y protección frente a cualquier forma de maltrato infantil, así como de establecer aquellos procedimientos necesarios para asegurar la coordinación entre las administraciones públicas competentes y, en este orden, revisar en profundidad el funcionamiento de las instituciones del sistema de protección a las personas menores de edad y constituir así una protección efectiva ante las situaciones de riesgo y desamparo[315].

La Ley Orgánica 1/1996, de 15 de enero, de Protección Jurídica del Menor[316], comienza su exposición de motivos con el siguiente mandato constitucional: La Constitución Española de 1978 al enumerar, en el capítulo III del Título I, los principios rectores de la política social y económica, establece la obligación de los Poderes Públicos de asegurar la protección social, económica y jurídica de la familia y dentro de ésta, con carácter singular, la de los menores[317]. Esta preocupación por dotar al menor de un adecuado marco jurídico de protección trasciende también de diversos Tratados Internacionales ratificados en los últimos años por España y, muy especialmente, de la Convención de Derechos del Niño, de Naciones Unidas, de 20 de noviembre de 1989, ratificada por España el 30 de noviembre de 1990, que marca el inicio de una nueva filosofía en relación con el menor, basada en un mayor reconocimiento del papel que este desempeña en la sociedad y en la exigencia de un mayor protagonismo para el mismo. Esta necesidad ha sido compartida por otras instancias internacionales, como el Parlamento Europeo que, a través de la Resolución A

---

315 Ley Orgánica 8/2021, de 4 de junio, de protección integral a la infancia y la adolescencia frente a la violencia. Jefatura del Estado «BOE» núm. 134, de 05 de junio de 2021 Referencia: BOE-A-2021-9347

316 Ley Orgánica 1/1996, de 15 de enero, de Protección Jurídica del Menor, de modificación parcial del Código Civil y de la Ley de Enjuiciamiento Civil. Jefatura del Estado «BOE» núm. 15, de 17 de enero de 1996 Referencia: BOE-A-1996-1069.

317 Art. 39 CE: "Los poderes públicos aseguran la protección social, económica y jurídica de la familia. Los poderes públicos aseguran, asimismo, la protección integral de los hijos, iguales éstos ante la ley con independencia de su filiación, y de las madres, cualquiera que sea su estado civil". BOE núm.311-1, de 29 de diciembre de 1978.

3-0172/92, aprobó la Carta Europea de los Derechos del Niño. Consecuente con el mandato constitucional y con la tendencia general apuntada, se ha llevado a cabo, en los últimos años, un importante proceso de renovación de nuestro ordenamiento jurídico en materia de menores. Primero fue la Ley 11/1981, de 13 de mayo, de modificación de la Filiación, Patria Potestad y Régimen Económico del Matrimonio, que suprimió la distinción entre filiación legítima e ilegítima, equiparó al padre y a la madre a efectos del ejercicio de la patria potestad e introdujo la investigación de la paternidad. Después se han promulgado, entre otras, las Leyes 13/1983, de 24 de octubre, sobre la tutela; la Ley 21/1987, de 11 de noviembre, por la que se modifican determinados artículos del Código Civil y de la Ley de Enjuiciamiento Civil en materia de adopción; la Ley Orgánica 5/1988, de 9 de junio, sobre exhibicionismo y provocación sexual en relación con los menores; la Ley Orgánica 4/1992, de 5 de junio, sobre reforma de la Ley reguladora de la competencia y el procedimiento de los Juzgados de Menores; y la Ley 25/1994, de 12 de julio, por la que se incorpora al ordenamiento jurídico español la Directiva 89/552/CEE, sobre la coordinación de disposiciones legales reglamentarias y administrativas de los Estados miembros relativas al ejercicio de actividades de radiodifusión televisiva. De las Leyes citadas, la ley 21/1987, de 11 de noviembre, es la que, sin duda, ha introducido cambios más sustanciales en el ámbito de la protección del menor. A raíz de la misma, el anticuado concepto de abandono fue sustituido por la institución del desamparo, cambio que ha dado lugar a una considerable agilización de los procedimientos de protección del menor al permitir la asunción automática, por parte de la entidad pública competente, de la tutela de aquél en los supuestos de desprotección grave del mismo. Asimismo, introdujo la consideración de la adopción como un elemento de plena integración familiar, la configuración del acogimiento familiar como una nueva institución de protección del menor, la generalización del interés superior del menor como principio inspirador de todas las actuaciones relacionadas con aquél, tanto administrativas como judiciales; y el incremento de las facultades del Ministerio Fiscal en relación con los menores, así como de sus correlativas obligaciones[318].

---

318 La introducción en el Código civil por la Ley 21/1987, de 11 de noviembre, de la "tutela administrativa", en un intento de privatizar el sistema tradicional de protección de menores abandonados, atribuyó a las entidades públicas con competencia en materia de protección de menores una potestad administrativa que, mediante el dictado de una resolución administrativa de desamparo, sometía al menor a una situación que la ley calificó como "tutela" y que comportaba la "guarda" de los declarados en situación de desamparo. Las insuficiencias de esa regulación inicial y la complejidad de las relaciones entre el ejercicio y el contenido de las potestades públicas y su relación con situaciones jurídicas de derecho privado (patria potestad y tutela) se han tratado de subsanar en sucesivas reformas legales que han ido precisando aspectos relacionados con la información a los afectados por las declaraciones de desamparo, régimen de impugnación de las resoluciones, su revocación, efectos que conllevan, entrada a domicilio cuando sea necesaria la ejecución forzosa de la medida de protección, tipos de acogimiento, el carácter preferente de los procedimientos, la exigencia ineludible de las pertinentes resoluciones administrativas para la declaración de las diferentes situaciones jurídicas que se prevén, o la facultad de la Entidad pública de promover, si procediere, la privación de la patria potestad y la remoción de la tutela. En este sentido deben citarse las reformas introducidas por la LO 1/1996, de 15 de enero, de protección jurídica del menor, la Ley 1/2000, de 7 de enero, de enjuiciamiento civil, la Ley 54/2007, de 28 de diciembre, de adopción internacional, la Ley 26/2015, de 28 de julio, de modificación del sistema de protección a la infancia y a la adolescencia y, más recientemente, por la Ley Orgánica 8/2021, de 4 de junio, de protección integral a la infancia y la adolescencia frente a la violencia. STS 720/2022 de 2/11/2022 *(TOL 9.291.533)*.

II. LA SITUACIÓN DE DESAMPARO

1. Distinción entre situación de riesgo y situación de desamparo

De innovadora se puede calificar la distinción, dentro de las situaciones de desprotección social del menor, entre situaciones de riesgo y de desamparo que dan lugar a un grado distinto de intervención de la entidad pública. No se contiene en el CC ningún precepto que aluda expresamente a la situación de riesgo en que puede encontrarse una persona menor, en cambio, el art. 17 de la LOPJM, modificado por la Ley 8/2021, se ocupa detalladamente de las situaciones de riesgo, conteniendo en su apartado primero una definición de la situación de riesgo[319], ca-

---

319 Art. 17: "*1. Se considerará situación de riesgo aquella en la que, a causa de circunstancias, carencias o conflictos familiares, sociales o educativos, la persona menor de edad se vea perjudicada en su desarrollo personal, familiar, social o educativo, en su bienestar o en sus derechos de forma que, sin alcanzar la entidad, intensidad o persistencia que fundamentarían su declaración de situación de desamparo y la asunción de la tutela por ministerio de la ley, sea precisa la intervención de la administración pública competente, para eliminar, reducir o compensar las dificultades o inadaptación que le afectan y evitar su desamparo y exclusión social, sin tener que ser separado de su entorno familiar.*
2. Serán considerados como indicadores de riesgo, entre otros: a) La falta de atención física o psíquica del niño, niña o adolescente por parte de los progenitores, o por las personas que ejerzan la tutela, guarda, o acogimiento, que comporte un perjuicio leve para la salud física o emocional del niño, niña o adolescente cuando se estime, por la naturaleza o por la repetición de los episodios, la posibilidad de su persistencia o el agravamiento de sus efectos. b) La negligencia en el cuidado de las personas menores de edad y la falta de seguimiento médico por parte de los progenitores, o por las personas que ejerzan la tutela, guarda o acogimiento. c) La existencia de un hermano o hermana declarado en situación de riesgo o desamparo, salvo que las circunstancias familiares hayan cambiado de forma evidente. d) La utilización, por parte de los progenitores, o de quienes ejerzan funciones de tutela, guarda o acogimiento, del castigo habitual y desproporciona-

racterizada por la existencia de un perjuicio para el menor que no alcanza la gravedad suficiente para justificar su separación del núcleo familiar, la citada intervención se limita a intentar eliminar, dentro de la institución familiar, los factores de riesgo, de las situaciones de desamparo, donde la gravedad de los hechos aconseja la extracción del menor de la familia, aquélla se concreta en la asunción por la entidad pública de la tutela del menor y la consiguiente suspensión de la patria potestad o tutela ordinaria[320].

---

do y de pautas de corrección violentas que, sin constituir un episodio severo o un patrón crónico de violencia, perjudiquen su desarrollo. e) La evolución negativa de los programas de intervención seguidos con la familia y la obstrucción a su desarrollo o puesta en marcha. f) Las prácticas discriminatorias, por parte de los responsables parentales, contra los niños, niñas y adolescentes que conlleven un perjuicio para su bienestar y su salud mental y física, en particular: 1.º Las actitudes discriminatorias que por razón de género, edad o discapacidad puedan aumentar las posibilidades de confinamiento en el hogar, la falta de acceso a la educación, las escasas oportunidades de ocio, la falta de acceso al arte y a la vida cultural, así como cualquier otra circunstancia que por razón de género, edad o discapacidad, les impidan disfrutar de sus derechos en igualdad. 2.º La no aceptación de la orientación sexual, identidad de género o las características sexuales de la persona menor de edad". Ley Orgánica 8/2021, de 4 de junio, de protección integral a la infancia y la adolescencia frente a la violencia. Jefatura del Estado «BOE» núm. 134, de 05 de junio de 2021 Referencia: BOE-A-2021-9347

320 "*La situación en que se pueden encontrar los menores a los que resulta aplicable el sistema de intervención de la Administración en materia de protección del menor son: a) la "situación de riesgo" de un futuro desamparo, orientada a disminuir los indicadores de riesgo y dificultad que inciden en la situación personal, familiar y social en que se encuentra el menor y cuya declaración no comporta la separación del menor de su entorno familiar (art. 17.4 LOPJM); b) la situación de desamparo (art. 18 LOPJM y 172.1 CC), que requiere la previa constatación de la situación "que se produce de hecho a causa del incumplimiento o del imposible o inadecuado ejercicio de los deberes de protección establecidos por las leyes para la guarda de los menores, cuando éstos queden privados de la necesaria asistencia moral o material". La constatación de esta falta de asistencia moral o*

2. Concepto de Desamparo

El desamparo es un concepto jurídico relativamente indeterminado, que ha de integrarse mediante juicios de valoración, atendiendo básicamente a criterios de la legislación precedente de protección de menores, respecto a la cual se ha sustituido el anticuado concepto de abandono por la institución del desamparo en la Ley 21/1987, de 11 de noviembre, por entender que el segundo era, conceptual y gramaticalmente hablando, de mayor amplitud, confiriéndose así al órgano encargado la posibilidad de una más amplia interpretación y predominio del interés del menor. En efecto, el concepto de abandono se incorporó al Código Civil por Ley de 24 de abril de 1958 procedente de la legislación administrativa sobre actividades de beneficencia y tras la reforma de 4 de julio de 1970, en el artículo 174 del Código Civil se prescindía del consentimiento de padres o tutores para la adopción en caso de abandono, el cual era definido como la carencia, respecto del menor de catorce años, de persona que le asegure la guarda, alimento y educación con abstracción de la causa, voluntaria o involuntaria, que lo pudiera originar. También integraban el abandono otros supuestos sobre la base de la entrega del menor en una casa o establecimiento benéfico sin

---

material ha de ir precedida del examen con detenimiento de la situación del menor, lo que puede llevarse a cabo: i) Durante la situación de riesgo declarada por resolución administrativa. En este sentido, dispone el art. 17.8.I LOPJM: "En los supuestos en que la Administración pública competente para apreciar e intervenir en la situación de riesgo estime que existe una situación de desprotección que puede requerir la separación del menor de su ámbito familiar o cuando, concluido el período previsto en el proyecto de intervención o convenio, no se hayan conseguido cambios en el desempeño de los deberes de guarda que garanticen que el menor cuenta con la necesaria asistencia moral o material, lo pondrá en conocimiento de la Entidad pública a fin de que valore la procedencia de declarar la situación de desamparo, comunicándolo al Ministerio Fiscal". STS 720/2022 de 2/11/2022 *(TOL 9.291.533).*

que los padres mostraran en treinta días (esto por Ley de 13 de mayo de 1981) voluntad de asistencia efectiva. De otro lado, la situación de abandono debía ser apreciada y declarada por el juez competente para conocer del expediente de adopción.

En contraste con la situación anterior, el desamparo se configura como base imprescindible para una inmediata intervención administrativa de protección, sin el límite de los catorce años, que no ha de desembocar necesariamente en adopción; además, el desamparo abarca supuestos, no sólo de carencia de personas que se hagan cargo del menor, sino también aquellos casos en que, existiendo tales personas, están imposibilitadas para el ejercicio de los deberes de protección o se revele el mismo como inadecuado. Se sustrae, en fin, de la intervención judicial, la apreciación y declaración del desamparo. Por consiguiente, el antiguo abandono tenía la tacha de culpabilidad de quien abandonaba, requería resolución judicial y el transcurso de cierto lapso de tiempo, pretendiendo la reforma de 1987 (y lográndolo, al decir de la Exposición de Motivos de la LO 1/1996) una agilización considerable de los procedimientos de protección del menor, al permitir la asunción automática de la tutela por parte de la entidad pública competente, en los casos de grave desprotección del menor.

La Administración Pública[321] adquiere la condición de última garante de los derechos de los menores cuando la patria

---

321 *"En el sistema vigente de protección de menores son principios de la actuación de los poderes públicos en relación con los menores la primacía del interés del menor, la preferencia de las actuaciones de prevención, el mantenimiento del menor en su familia de origen y la preferencia del acogimiento familiar frente al residencial. El art. 11.1.de. de la Ley Orgánica 1/1996, de 15 de enero, de protección jurídica del menor, modificada por la Ley 26/2015, de 28 de julio (en adelante, LOPJM) establece como principio rector de la actuación de los poderes públicos en relación con los menores la supremacía de su interés superior. En la medida que sea posible, este interés debe ponderarse en cada caso de manera proporcional a todos los intereses en conflicto, incluido el de los progenitores a*

potestad o la tutela no se ejercitan en forma adecuada, y ello al margen de posibles procedimientos de privación de la patria potestad del art. 170 CC[322]. Conforme lo dispuesto en el artículo 172 CC, la Administración asume de forma urgente, drástica e inmediata las funciones de protección del menor por medio de una tutela legal atribuida ex lege. El objeto de esta tutela legal y de su asunción por las Entidades Públicas tiene como única finalidad y fundamento la inmediata adopción de medidas de protección del menor. La asunción de la tutela por la Administración tiene un presupuesto objetivo, la situación de des-

---

ser oídos, a tener al niño o la niña en su compañía, salvo que ello comprometa su bienestar y les perjudique. Así, conforme al art. 11.2. b. LOPJM, es principio rector de la actuación de los poderes públicos en relación con los menores: "El mantenimiento en su familia de origen, salvo que no sea conveniente para su interés, en cuyo caso se garantizará la adopción de medidas de protección familiares y estables priorizando, en estos supuestos, el acogimiento familiar frente al institucional". También es principio rector de la actuación de los poderes públicos en relación con los menores "la prevención y la detección precoz de todas aquellas situaciones que puedan perjudicar su desarrollo personal" (art. 11.2.d. LOPJM). Como precisa el art. 12.1 LOPJM: "La protección de los menores por los poderes públicos se realizará mediante la prevención, detección y reparación de situaciones de riesgo, con el establecimiento de los servicios y recursos adecuados para tal fin, el ejercicio de la guarda y, en los casos de declaración de desamparo, la asunción de la tutela por ministerio de la ley. En las actuaciones de protección deberán primar, en todo caso, las medidas familiares frente a las residenciales, las estables frente a las temporales y las consensuadas frente a las impuestas". STS 720/2022 de 2/11/2022 *(TOL 9.291.533).*

322 "*Cualquiera de los progenitores podrá ser privado total o parcialmente de su potestad por sentencia fundada en el incumplimiento de los deberes inherentes a la misma o dictada en causa criminal o matrimonial*".

"*Los Tribunales podrán, en beneficio e interés del hijo, acordar la recuperación de la patria potestad cuando hubiere cesado la causa que motivó la privación*". https://www.boe.es/buscar/doc.php?id=BOE-A-1889-4763

amparo[323]. Es el propio legislador el que establece y concreta el concepto de desamparo en el artículo 172 CC: "Se considera como situación de desamparo la que se produce de hecho a causa del incumplimiento o del imposible o inadecuado ejercicio de los deberes de protección establecidos por las leyes para la guarda de los menores, cuando éstos queden privados de la necesaria asistencia moral o material"[324]. De esta definición legal se infiere que la situación de desamparo es una situación de hecho que se produce por la concurrencia de dos requisitos: uno de resultado, que el menor quede privado de la necesaria asistencia moral o material, y otro causal, que dicha privación de asistencia se haya producido a causa del incumplimiento, o del imposible o inadecuado ejercicio de los derechos de protección establecidos por las leyes para la guarda de menores[325].

---

323 SALAS CARCELLER, A y otros. *Código Civil Comentarios y Jurisprudencia*, Tomo I, Sepín, Madrid 2009, pág. 741.

324 En principio, pocas consideraciones procede hacer sobre el concepto de desamparo pues es el propio legislador quien lo establece y concreta, por un lado, en el incumplimiento, sea voluntario o involuntario, por imposibilidad, sea absoluta o parcial, e inadecuado de los deberes legales de guarda (arts. 154 y 269 CC) y, por otro, en que esos incumplimientos generen la consecuencia de la privación del menor de la asistencia, tanto de bienes materiales: educación, alimentación, vestido, formación, como morales; sobre todo cuando el menor pueda estar incurso en actividades impropias de su edad. Es preciso que concurra tanto la infracción de los deberes de la guarda como la consecuencia del abandono o privación de la asistencia moral y material. SALAS CARCELLER, A y otros. Código Civil Comentarios y Jurisprudencia, cit., pág. 741.

325 MORENO FLOREZ, R.M y otros. *Comentarios al Código Civil*, Tomo II, Vol. 2º, Bosh, Barcelona, 2.000, pág. 1558.

El desamparo como recuerda la SAP de Baleares de 2005[326], se define esencialmente por tres notas:

---

326 SAP de Baleares, 111/2005, de 11 de marzo de 2005. *(TOL605.214): "a) Incumplimiento de los deberes. Este requisito se produce, no sólo en los casos de un abandono absoluto del menor, carente de personas que se hagan cargo de los deberes de guarda, sino que comprende también aquellos supuestos en que los guardadores incumplen de hecho, ejercen inadecuadamente o están imposibilitados para llevar a cabo aquellos deberes que es precisamente, en el caso enjuiciado en que quizás por razones ajenas a la voluntad de la madre (el dato de la voluntariedad es ajeno a la declaración de desamparo) las niñas no estaban debidamente cuidadas, con independencia de episodios concretos a los que se alude en el expediente administrativo y que no tienen otro valor que el de síntomas de una determinada situación inadecuada para que en ella puedan crecer y educarse correctamente las niñas. No puede olvidarse que los deberes incumplidos a los que venimos haciendo constante referencia son "los deberes de protección establecidos por las leyes para la guarda de los menores", es decir, los relativos a la esfera personal del menor, que integran el contenido moral de la patria potestad (artículo 154 del Código Civil). b) Privación de asistencia material o moral. El segundo de los requisitos para que pueda hablarse de desamparo es la privación de la asistencia al menor. Este es el elemento determinante, puesto que el desamparo se concreta en un resultado determinado, cual es la desprotección del menor de edad, prescindiendo de las causas que hayan producido aquel resultado de privación de la necesaria asistencia material o moral. Por tanto, el desamparo se produce tanto si incide en la esfera material (alimentos) como en la esfera moral (afectividad; relaciones personales). No pueden olvidarse datos que aparecen en el expediente relativos al mal estado de higiene de las menores, a la situación de insalubridad de la casa en que habitan, a las peleas de las madres con sus parejas, a la inasistencia injustificada a la escuela, o al estado de ansiedad de las menores. c) Nexo casual. Por último, debe mediar un nexo causal entre el incumplimiento de los deberes de protección y la inasistencia al menor. La inasistencia material o moral debe ser consecuencia directa del incumplimiento (voluntario o forzoso) de los deberes tuitivos, sin que en el supuesto enjuiciado se haya puesto en duda la relación de causalidad entre los deberes propios de la guarda y la situación de las menores".*

A. El incumplimiento de los deberes de protección, requisito que abarca no solo los casos de un abandono absoluto del menor, carente de personas que se hagan cargo de los deberes de guarda, sino que comprende también aquellos supuestos en los que los guardadores incumplen de hecho, ejercen inadecuadamente o están imposibilitados para llevar a cabo aquellos deberes;

B. La privación de la necesaria asistencia moral o material del menor, tanto si incide en la esfera material (alimentos) como en la esfera moral (afectividad, relaciones personales);

C. un nexo causal entre el incumplimiento de los deberes tuitivos y la privación de la asistencia al menor.

Así, podemos apreciar que la situación de desamparo es una situación de hecho que no precisa ser declarada por el juez[327], su apreciación corresponde al órgano competente de la respectiva Comunidad Autónoma[328], y en cuanto a la determinación de la situación de desamparo, el Tribunal Supremo ha concluido: *"para que entre en funcionamiento la institución de acogimiento se precisa la demostración de la existencia de un menor en situación de*

327 VALLADARES RASCÓN, E. La tutela de los menores en relación con el concepto legal de desamparo. Centenario del Código Civil, II, Madrid 1990, pág. 2049 y PÉREZ ÁLVAREZ, M.A. La nueva adopción, Civitas, Madrid 1989, pág. 78 ss.

328 Que no corresponde al juez apreciar y declarar la situación de desamparo de los menores es algo que fue dado por supuesto, unánimemente en la normativa autonómica dictada en su día, partiendo de las prescripciones de la ley de 1987. Dichas disposiciones de las Comunidades Autónomas, en efecto, coincidieron en estimar que la situación de desamparo había de ser apreciada y declarada por la Administración, y no por la autoridad judicial. DE PABLO CONTRERAS, P. Comentarios a las reformas del Código Civil, Técnos, Mdrid, 1993, pág.41.

desamparo, tal como ésta es definida en el artículo 172.1, párrafo segundo, del Código Civil, que se determina por la falta de atenciones a aquél a consecuencia del incumplimiento de los deberes de asistencia y protección"[329], por tanto, es requisito necesario, el indudable quebrantamiento por los progenitores de las obligaciones que constituyen el contenido de la patria potestad respecto de los hijos para que se provoque la tutela del Estado a través de la institución pública correspondiente.

III. ACOGIMIENTO FAMILIAR

1. Concepto

Consiste el acogimiento de un menor en, sin ser recibido en adopción ni cesar de ser jurídicamente miembro de su familia, ser recibido en otra, acogimiento familiar, en cuya vida se integra como un miembro más, o en pasar a insertarse en un centro, acogimiento residencial, que lo toma[330].

Con el objetivo de favorecer que la vida del menor se desarrolle en un entorno familiar, mención especial merece el acogimiento familiar, figura que introdujo la Ley 21/1987 y que prioriza frente al acogimiento residencial, La Ley 8/2021 en su artículo 12.1: "La protección de los menores por los po-

---

[329] STS 1275/2001 de 31/12/2001 (*TOL4.924.533*).

[330] Se estimó por la Ley de 11 de noviembre de 1987 poseer el acogimiento la sustantividad necesaria para ser digno de incluirse en el CC., siendo que hasta entonces o bien en precedentes legislativos anteriores relativos a supuestos análogos, estuvo regulado por dispersas disposiciones administrativas o, en todo caso no codificadas. ALBALADEJO GARCÍA, Manuel. Curso de Derecho Civil. IV. Derecho de Familia, Bosh, Barcelona, 1997, pág. 284.

deres públicos se realizará mediante la prevención, detección y reparación de situaciones de riesgo, con el establecimiento de los servicios y recursos adecuados para tal fin, el ejercicio de la guarda y, en los casos de declaración de desamparo, la asunción de la tutela por ministerio de la ley. En las actuaciones de protección deberán primar, en todo caso, las medidas familiares frente a las residenciales, las estables frente a las temporales y las consensuadas frente a las impuestas"[331] y el artículo 172 ter del CC: "*La guarda se realizará mediante el acogimiento familiar y, no siendo éste posible o conveniente para el interés del menor, mediante el acogimiento residencial*".

La figura jurídica del acogimiento ha sido definida por la doctrina científica como aquella situación temporal y revocable, orientada a la protección de menores que se encuentran privados, aunque sea circunstancialmente, de una adecuada atención familiar, y consiste en confiar al menor al cuidado de personas que reúnan las condiciones morales y materiales necesarias para proporcionarle sustento, habitación, vestido y, especialmente una vida familiar conforme a los usos sociales[332].

---

[331] Ley Orgánica 8/2021, de 4 de junio, de protección integral a la infancia y la adolescencia frente a la violencia. Jefatura del Estado «BOE» núm. 134, de 05 de junio de 2021 Referencia: BOE-A-2021-9347

[332] SALAS CARCELLER, A y otros. *Código Civil Comentarios y Jurisprudencia*, cit., pág. 755.
El acogimiento es entendido por O´Callaghan como aquella forma de ejercer la guarda a través de una o varias personas que reciben al menor en su medio familiar hasta que mejore su situación familiar de origen o hasta que finalmente se adopte una medida de carácter definitivo. El acogimiento es por propia definición, una medida transitoria, aunque puede prolongarse en el tiempo y convertirse en una medida definitiva. Su fin aboca en una reincorporación del menor en su núcleo familiar de origen. O´CALLAGHAN MUÑOZ, X. *Código Civil comentado y con jurisprudencia*, La Ley, Madrid, 2006, pág.750.

A tenor de lo dispuesto en los artículos 173 y 173 bis del CC[333], el acogimiento familiar produce la plena participación

---

[333] Artículo 173. 1.“*El acogimiento familiar produce la plena participación del menor en la vida de familia e impone a quien lo recibe las obligaciones de velar por él, tenerlo en su compañía, alimentarlo, educarlo y procurarle una formación integral en un entorno afectivo. En el caso de menor con discapacidad, deberá continuar con los apoyos especializados que viniera recibiendo o adoptar otros más adecuados a sus necesidades.2. El acogimiento requerirá el consentimiento de los acogedores y del menor acogido si tuviera suficiente madurez y, en todo caso, si fuera mayor de doce años.3. Si surgieren problemas graves de convivencia entre el menor y la persona o personas a quien hubiere sido confiado la guarda en acogimiento familiar, aquél, el acogedor, el Ministerio Fiscal, los progenitores o tutor que no estuvieran privados de la patria potestad o de la tutela o cualquier persona interesada podrán solicitar a la Entidad Pública la remoción de la guarda.4. El acogimiento familiar del menor cesará: a) Por resolución judicial. b) Por resolución de la Entidad Pública, de oficio o a propuesta del Ministerio Fiscal, de los progenitores, tutores, acogedores o del propio menor si tuviera suficiente madurez, cuando se considere necesario para salvaguardar el interés del mismo, oídos los acogedores, el menor, sus progenitores o tutor. c) Por la muerte o declaración de fallecimiento del acogedor o acogedores del menor. d) Por la mayoría de edad del menor.5. Todas las actuaciones de formalización y cesación del acogimiento se practicarán con la obligada reserva*”.

Artículo 173 bis. 1. “*El acogimiento familiar podrá tener lugar en la propia familia extensa del menor o en familia ajena, pudiendo en este último caso ser especializado. 2. El acogimiento familiar podrá adoptar las siguientes modalidades atendiendo a su duración y objetivos: a) Acogimiento familiar de urgencia, principalmente para menores de seis años, que tendrá una duración no superior a seis meses, en tanto se decide la medida de protección familiar que corresponda. b) Acogimiento familiar temporal, que tendrá carácter transitorio, bien porque de la situación del menor se prevea la reintegración de éste en su propia familia, o bien en tanto se adopte una medida de protección que revista un carácter más estable como el acogimiento familiar permanente o la adopción. Este acogimiento tendrá una duración máxima de dos años, salvo que el interés superior del menor aconseje la prórroga de la medida por la previsible e inmediata reintegración familiar, o la adopción de otra medida de protección definitiva.*

del menor en la vida de familia e impone a quien lo recibe las obligaciones de velar por él, tenerlo en su compañía, alimentarlo, educarlo y procurarle una formación integral en un entorno afectivo. En el caso de menor con discapacidad, deberá continuar con los apoyos especializados que viniera recibiendo o adoptar otros más adecuados a sus necesidades.

El acogimiento familiar se constituye hoy por vía administrativa y no judicial. La Ley 26/2015 suprimió la constitución judicial del acogimiento reservada para casos en los que los progenitores no privados de patria potestad o el tutor no removido de la tutela se oponían a que se formalizara el acogimiento. Pero por remisión a lo dispuesto en el Código Civil, no podemos dejar de lado, la importancia de los otros protagonistas del acogimiento, pues además de la Administración, la constitución del acogimiento requiere el consentimiento de las personas acogedoras y de la persona acogida que tenga suficiente juicio, tal y como establece el art. 173.2 CC[334].

---

c) Acogimiento familiar permanente, que se constituirá bien al finalizar el plazo de dos años de acogimiento temporal por no ser posible la reintegración familiar, o bien directamente en casos de menores con necesidades especiales o cuando las circunstancias del menor y su familia así lo aconsejen. La Entidad Pública podrá solicitar del Juez que atribuya a los acogedores permanentes aquellas facultades de la tutela que faciliten el desempeño de sus responsabilidades, atendiendo, en todo caso, al interés superior del menor". https://www.boe.es/buscar/doc.php?id=BOE-A-1889-4763

334 173.2: "*El acogimiento requerirá el consentimiento de los acogedores y del menor acogido si tuviera suficiente madurez y, en todo caso, si fuera mayor de doce años*". https://www.boe.es/buscar/doc.php?id=BOE-A-1889-4763

2. Modalidades de acogimiento

En el artículo 173 bis del CC se regulan tres modalidades de acogimiento familiar en función de su finalidad y objetivo.

A) Acogimiento familiar de urgencia

En este sentido, el art. 173.bis 2 a. CC dispone: «*El acogimiento familiar podrá adoptar las siguientes modalidades atendiendo a su duración y objetivos: a) Acogimiento familiar de urgencia, principalmente para menores de seis años, que tendrá una duración no superior a seis meses, en tanto se decide la medida de protección familiar que corresponda*». Y, conforme al art. 21.3 LOPJM: «*Con el fin de favorecer que la vida del menor se desarrolle en un entorno familiar, prevalecerá la medida de acogimiento familiar sobre la de acogimiento residencial para cualquier menor, especialmente para menores de seis años. No se acordará el acogimiento residencial para menores de tres años*[335] *salvo en supuestos de imposibilidad, debidamente acreditada,*

---

335 Art. 12: 6. "*Cualquier medida de protección no permanente que se adopte respecto de menores de tres años se revisará cada tres meses, y respecto de mayores de esa edad se revisará cada seis meses. En los acogimientos permanentes la revisión tendrá lugar el primer año cada seis meses y, a partir del segundo año, cada doce meses. 7. Además, de las distintas funciones atribuidas por ley, la Entidad Pública remitirá al Ministerio Fiscal informe justificativo de la situación de un determinado menor cuando este se haya encontrado en acogimiento residencial o acogimiento familiar temporal durante un periodo superior a dos años, debiendo justificar la Entidad Pública las causas por las que no se ha adoptado una medida protectora de carácter más estable en ese intervalo. 8. Los poderes públicos garantizarán los derechos y obligaciones de los menores con discapacidad en lo que respecta a su custodia, tutela, guarda, adopción o instituciones similares, velando al máximo por el interés superior del menor. Asimismo, garantizarán que los menores con discapacidad tengan los mismos derechos respecto a la vida en familia. Para hacer efectivos estos derechos y a fin de prevenir su ocultación, abandono, negligencia o se-*

de adoptar en ese momento la medida de acogimiento familiar o cuando esta medida no convenga al interés superior del menor. Esta limitación para acordar el acogimiento residencial se aplicará también a los menores de seis años en el plazo más breve posible. En todo caso, y con carácter general, el acogimiento residencial de estos menores no tendrá una duración superior a tres meses».

B) Acogimiento familiar temporal

En atención a su duración y objetivos, el art. 173 bis.2 CC, redactado por la Ley 26/2015, contempla también un acogimiento familiar temporal, esencialmente provisional, que tendrá carácter transitorio, bien porque de la situación del menor se prevea la reintegración de éste en su propia familia, o bien en tanto se adopte una medida de protección que revista un carácter más estable como el acogimiento familiar permanente o la adopción. Este acogimiento tendrá una duración máxima de dos años, salvo que el interés superior del menor aconseje la prórroga de la medida por la previsible e inmediata reintegración familiar, o la adopción de otra medida de protección definitiva.

C) Acogimiento familiar permanente

El Acogimiento familiar permanente, se constituirá bien al finalizar el plazo de dos años de acogimiento temporal por no ser posible la reintegración familiar, o bien directamen-

---

gregación velarán porque se proporcione con anticipación información, servicios y apoyo generales a los menores con discapacidad y a sus familias." Ley Orgánica 8/2021, de 4 de junio, de protección integral a la infancia y la adolescencia frente a la violencia. Jefatura del Estado «BOE» núm. 134, de 05 de junio de 2021 Referencia: BOE-A-2021-9347

te en casos de menores con necesidades especiales o cuando las circunstancias del menor y su familia así lo aconsejen. La Entidad Pública podrá solicitar del Juez que atribuya a los acogedores permanentes aquellas facultades de la tutela que faciliten el desempeño de sus responsabilidades, atendiendo, en todo caso, al interés superior del menor».

3. El mantenimiento y reintegración del menor en su familia de origen

El art. 2.2.c) de la Ley Orgánica 1/1996, de 15 de enero, de Protección Jurídica del Menor establece: «A efectos de la interpretación y aplicación en cada caso del interés superior del menor, se tendrán en cuenta los siguientes criterios generales, sin perjuicio de los establecidos en la legislación específica aplicable, así como de aquellos otros que puedan estimarse adecuados atendiendo a las circunstancias concretas del supuesto: La conveniencia de que su vida y desarrollo tenga lugar en un entorno familiar adecuado y libre de violencia. Se priorizará la permanencia en su familia de origen y se preservará el mantenimiento de sus relaciones familiares, siempre que sea posible y positivo para el menor. En caso de acordarse una medida de protección, se priorizará el acogimiento familiar frente al residencial. Cuando el menor hubiera sido separado de su núcleo familiar, se valorarán las posibilidades y conveniencia de su retorno, teniendo en cuenta la evolución de la familia desde que se adoptó la medida protectora y primando siempre el interés y las necesidades del menor sobre las de la familia»[336].

---

336 Ley Orgánica 1/1996, de 15 de enero, de Protección Jurídica del Menor, de modificación parcial del Código Civil y de la Ley de Enjuiciamiento Civil. Jefatura del Estado «BOE» núm. 15, de 17 de enero de 1996 Referencia: BOE-A-1996-1069.

En el art. 19.bis de la citada Ley Orgánica 1/1996, añadido por la Ley 26/2015, de 28 de julio, de modificación del sistema de protección a la infancia y a la adolescencia, establece en su apartado 3: «*Para acordar el retorno del menor desamparado a su familia de origen será imprescindible que se haya comprobado una evolución positiva de la misma, objetivamente suficiente para restablecer la convivencia familiar, que se hayan mantenido los vínculos, que concurra el propósito de desempeñar las responsabilidades parentales adecuadamente y que se constate que el retorno con ella no supone riesgos relevantes para el menor a través del correspondiente informe técnico. En los casos de acogimiento familiar, deberá ponderarse, en la toma de decisión sobre el retorno, el tiempo transcurrido y la integración en la familia de acogida y su entorno, así como el desarrollo de vínculos afectivos con la misma*». *Respecto de este art. 19 bis, el preámbulo de la Ley 26/2015 que lo introduce advierte que «este artículo incorpora los criterios que la sentencia 565/2009, de 31 de julio de 2009, del Tribunal Supremo ha establecido para decidir si la reintegración familiar procede en interés superior del menor, entre los que destacan el paso del tiempo o la integración en la familia de acogida»*[337].

---

337 *"En efecto, la sentencia 565/2009, de 31 de julio, ya había dicho que: "El principio de reinserción en la propia familia que, junto con el interés del menor, aparece recogido en el artículo 172.4 CC como uno de los principios que rigen en materia de protección de menores desamparados, está proclamado en la Declaración de la Asamblea General de las Naciones Unidas de 3 de diciembre de 1986 y en el artículo 9 de la Convención de las Naciones Unidas sobre los Derechos del Niño de 20 de noviembre de 1989, ratificada por España el día 30 de noviembre de 1990, y ha sido reconocido, en relación con los derechos de los padres biológicos, por el TC a partir de la STS 298/1993, de 18 de octubre. Las medidas que deben adoptarse respecto del menor son las que resulten más favorables para el desarrollo físico, intelectivo e integración social del menor y hagan posible el retorno a la familia natural; pero este retorno no será aceptable cuando no resulte compatible con las medidas más favorables al interés del menor". Conforme a la STS 170/2016, de 17 de marzo: "El derecho de los menores a desarrollarse y ser educados en su familia*

En concreto el artículo 19 bis, que incluye las disposiciones comunes a la guarda y tutela, con entrada en vigor el 18 de agosto de 2015, pero que sirve de guía a la hora de interpretar el interés del menor a situaciones anteriores, dispone en el número 3 que «para acordar el retorno del menor desamparado a su familia de origen será imprescindible que se haya comprobado una evolución positiva de la misma....En los casos de acogimiento familiar, deberá ponderarse, en la toma de decisión sobre el retorno, el tiempo transcurrido y la integración en la familia de acogida y su entorno, así como el desarrollo de vínculos afectivos con la misma»[338].

El acogimiento familiar por la familia extensa aparece mencionado expresamente en el art. 20.1.I de la LO 1/1996, de 15 de enero, de Protección Jurídica del Menor, en los siguientes términos: «Cuando no sea posible la permanencia en el entorno familiar de origen, el acogimiento familiar, de acuerdo con su finalidad y con independencia del procedimiento en que se acuerde, revestirá las modalidades establecidas en el Código

---

de origen no es un derecho absoluto sino que cede cuando el propio interés del menor haga necesarias otras medidas (STS Sala 1ª de 13 de junio de 2011 o de 17 de febrero de 2012); y el derecho de los padres biológicos no es reconocido ni por las normas legales propias ni por las internacionales como un principio incondicional cuando se trata de adoptar medidas de protección respecto de un menor desamparado y tampoco tiene carácter de derecho o interés preponderante, sino de fin subordinado al fin al que debe atenderse de forma preferente, que es el interés del menor. "Las medidas que deben adoptarse respecto del menor son las que resulten más favorables para el desarrollo físico, intelectivo e integración social del menor contemplando el posible retorno a la familia natural siempre que sea compatible con las medidas más favorables al interés del menor". STS 147 /2022 DE 23/02/2022 (*TOL8.820.208).*

338 Ley Orgánica 1/1996, de 15 de enero, de Protección Jurídica del Menor, de modificación parcial del Código Civil y de la Ley de Enjuiciamiento Civil. Jefatura del Estado «BOE» núm. 15, de 17 de enero de 1996 Referencia: BOE-A-1996-1069.

Civil y, en razón de la vinculación del menor con la familia acogedora, podrá tener lugar, de acuerdo al interés superior del menor, en la propia familia extensa del menor o en familia ajena». El mismo art. 20.2 de la LO 1/1996, al referirse a la valoración de la adecuación de la familia para el acogimiento establece: «*Cuando el tipo de acogimiento así lo aconseje, se valorará la adecuación de la edad de los acogedores con la del menor acogido, así como la relación previa entre ellos, priorizando, salvo que el interés del menor aconseje otra cosa, a las personas que, perteneciendo a su familia extensa, reúnan condiciones adecuadas para el acogimiento*». Se atiende, en definitiva, al beneficio que en abstracto puede reportar para los niños y adolescentes que el cuidado y la guarda sea asumida por personas de su familia, lo que sin duda en muchos casos puede proporcionar una mayor estabilidad de los menores, propiciada por la continuidad en las relaciones y favorecedora cuando sea posible de la reunificación de la familia. Con todo, ello supeditado siempre a la valoración del interés del concreto menor de que en cada caso se trate y de todas las circunstancias concurrentes[339].

---

339 *"Como dice la STS 444/2015, de 14 de julio: "El interés que se valora es el de unos menores perfectamente individualizados, con nombres y apellidos, que han crecido y se han desarrollado en un determinado entorno familiar, social y económico que debe mantenerse en lo posible, si ello les es beneficioso (STS 13 de febrero 2015). El interés en abstracto no basta ni puede ser interpretado desde el punto de vista de la familia biológica, sino desde el propio interés del menor. Tampoco bastan las simples conjeturas para alterar la situación de estabilidad alcanzada por los menores sobre la base de la simple posibilidad de que la medida va a funcionar y de que ello no implica la separación de los niños de su familia de origen, dado el carácter definitivo y no meramente simple y temporal de la medida".* STS 147 /2022 DE 23/02/2022 (*TOL8.820.208*).

IV. BREVE REFERENCIA A LA LEY VALENCIANA 26/2018

La situación legal de desamparo de un menor determina, por ministerio de la ley, la tutela automática por parte de la entidad pública correspondiente y lleva, como remedio mediato, a la búsqueda de la reinserción social del menor en su propia familia, siempre que no sea contrario al interés del menor, o a su inserción en otro ámbito familiar mediante la figura jurídica del acogimiento. Las entidades públicas ostentan la tutela sobre los menores y la principal consecuencia de la declaración de desamparo es la asunción ex lege de manera automática de la tutela de la persona menor por la administración autonómica, que tiene por finalidad la inmediata adopción de medidas de protección.

Actualmente, la mayoría de las leyes autonómicas, entre las que se encuentra la ley valenciana[340], diferencian entre situación de riesgo, en la que, por su gravedad o intensidad, no procede una intervención administrativa que exija una separación del menor de su núcleo de familiar, sino la elaboración e implementación de un proyecto de intervención para revertir la situación en que se encuentra el menor y la situación de desamparo. Otras, en cambio, no contemplan la situación de riesgo y únicamente regulan la situación de desamparo y sus efectos[341].

---

340 Ley 26/2018, de 21 de diciembre, de derechos y garantías de la infancia y la adolescencia. Comunidad Valenciana «DOGV» núm. 8450, de 24 de diciembre de 2018 «BOE» núm. 39, de 14 de febrero de 2019 Referencia: BOE-A-2019-1986

341 Entre las que las que diferencian la situación de riesgo, aparte de la ley valenciana citada, están: Ley 1/1998, de 20 de abril, de los Derechos y la.Atención del Menor de Andalucía (art. 22); Ley 1/1997, de 7 de febrero, de Atención integral de menores de Canarias (arts. 41 y sigs.); Ley 12/2001, de 2 de julio, de la Infancia y la Adolescencia de Aragón (arts. 56 y sigs.);.Ley 14/2002, de 25 de julio, de Promo-

1. Competencia para la declaración de desamparo

Como expone el Decreto 35/2021. La Comunidad Valenciana ha sido pionera en la ordenación del recurso del acogimiento familiar en familias educadoras, habiendo sido muchas las

---

ción, Atención y Protección a la Infancia en Castilla y León (arts. 47 y sigs.); Ley 3/2005, de 18 de febrero, de.Atención y Protección a la Infancia y la Adolescencia de País Vasco (arts. 51 y sigs.); Ley Foral de Navarra 15/2005, de 5 de diciembre, de promoción, atención y protección de la infancia y adolescencia (arts. 34 y sigs.); Ley 1/2006, de 28 de febrero, de protección de menores de La Rioja (arts. 40 y sigs.); Ley 3/2011, de apoyo a la familia y a la convivencia de Galicia (arts.48 y sigs.); Ley 5/2014, de 9 de octubre, de protección social y jurídica de la infancia y la adolescencia, de Castilla-La Mancha (arts. 34 y sigs.); Ley 9/2019, de 19 de febrero, de la atención y los derechos de la infancia y la adolescencia de las Illes Balears (arts. 104 y sigs.).Incluso, algunas han precisado las causas que pueden dar lugar a una declaración de riesgo. Así sucede con la Ley 3/2011, de apoyo a la familia y a la convivencia de Galicia (art. 49)42, la Ley 14/2010, de 27 de mayo, de los derechos y las oportunidades en la infancia y la adolescencia, de Cataluña (art.102)43 y la Ley 9/2019, de 19 de febrero, de la atención y los derechos de la infancia y la adolescencia de las Islas Baleares (art. 104)44. La ley 8/2010, de23 de diciembre, de Cantabria distingue entre tres situaciones: riesgo de desprotección, desprotección moderada y desprotección grave, correspondiendo la segunda a la situación de riesgo prevista en el art. 17 LOPJM (art. 53.2). Otras, en cambio, normalmente más antiguas, solo regulan la situación de desamparo y sus efectos, no contemplando expresamente la declaración de la situación de riesgo, como la Ley 4/1994, de 10 de noviembre, de protección de menores de Extremadura (arts. 5 y sigs.); la Ley 1/1995, de 27 de enero, de Protección de Menores de Asturias (arts. 31 y sigs.)45;.Ley 3/1995, de 21 de marzo, de la infancia de la Región de Murcia (arts.22 y sigs.); Ley 6/1995, de 28 de marzo, de Garantías de los Derechos de la Infancia y la Adolescencia en la Comunidad de Madrid (arts. 50 y sigs). SERRA RODRÍGUEZ, A. Comentarios a la ley valenciana de infancia y adolescencia. Tirant lo Blanch, Valencia, 2022, pág.945.

familias que desde 1986 han participado y siguen participando en este programa, junto a las familias extensas que acogen a los niños y las niñas con los que mantienen un vínculo previo de parentesco o afinidad y que suponen un alto porcentaje de los acogimientos familiares[342].

Se mantiene la distribución de competencias que ha caracterizado hasta ahora el sistema de protección de la infancia de la Comunidad Valenciana. La intervención en la situación de riesgo corresponde a las entidades locales, y en la situación de desamparo, a la Generalitat. El desamparo se declara por resolución motivada del órgano de la Generalitat competente para adoptar medidas de protección de la infancia y la adolescencia, actualmente, la competencia recae en la Conselleria d'Igualtat i Polítiques Inclusives, que actúa a través de sus servicios territoriales.

La Generalitat Valenciana considerando la importancia que tienen las relaciones afectivas en el desarrollo infantil, constituye el acogimiento familiar, en la forma preferente para el ejercicio de la guarda, especialmente en el caso de los niños y las niñas menores de seis años, cuyo acogimiento residencial se limita a supuestos excepcionales debidamente acreditados. Con independencia del título jurídico en virtud del cual la Generalitat asuma su guarda, la restitución de los derechos de la persona protegida exige que esta acción protectora esté planificada y dirigida a un objetivo, que ha de ser, en principio, la vuelta a su familia de origen, pero si no es posible, la integración estable en un entorno familiar o en último caso, la preparación para una vida independiente.

---

342 Decreto 35/2021, de 26 de febrero, del Consell, de regulación del acogimiento familiar. (DOGV núm. 9036 de 08.03.2021) Ref. 002014/2021

Por tanto, el órgano competente de la Generalitat, que asume la tutela de la persona menor desamparada, se hará cargo también de su guarda y cuidado[343].

2. Alcance de esta medida de protección

Esta medida de protección supone confiar su guarda a persona o personas que resulten aptas y reúnan las condiciones

---

[343] Artículo 110. "*Asunción de la guarda. 1. La Generalitat asumirá temporalmente la guarda de una persona protegida menor de edad en los siguientes casos: a) Si está bajo su tutela. b) A solicitud de las personas titulares de su tutela o patria potestad, cuando se den las circunstancias previstas en el artículo 172 bis del Código civil. c) Cuando así lo acuerde la autoridad judicial, en los casos que legalmente proceda. d) Con carácter provisional, en cumplimiento de la obligación de prestarle atención inmediata, en tanto se les identifica, se investigan sus circunstancias y se constata si se encuentra en situación de desamparo. 2. La guarda se realizará mediante el acogimiento familiar y, no siendo este posible o conveniente para el interés de la persona protegida, mediante el acogimiento residencial. Se otorgará especial prioridad al acogimiento familiar en el caso de niños o niñas menores de seis años. No se acordará el acogimiento residencial de niños o niñas de menos de tres años, salvo en supuestos de imposibilidad, debidamente acreditada, de adoptar en ese momento la medida de acogimiento familiar o cuando esta medida no convenga al interés superior del menor. El acogimiento residencial de niños o niñas de menos de seis años no podrá acordarse por un periodo de más de tres meses, sin perjuicio de las posibles prórrogas excepcionales, que también tendrán esta duración máxima. 3. La forma de ejercicio de la guarda y sus variaciones se determinará mediante resolución del órgano que ejerza la tutela o asuma la guarda, previo acuerdo de aquel de los órganos colegiados, a los que se refiere el capítulo III del título VI de esta ley, que resulte competente en función de la medida, y se notificará al padre y la madre, o la persona tutora, y al ministerio fiscal. Ley 26/2018, de 21 de diciembre, de derechos y garantías de la infancia y la adolescencia*". Comunitat Valenciana «DOGV» núm. 8450, de 24 de diciembre de 2018 «BOE» núm. 39, de 14 de febrero de 2019 Referencia: BOE-A-2019-1986

necesarias para velar por la persona acogida, tenerla en su compañía, atenderla, alimentarla, cuidarla y procurarle una formación integral a fin de proporcionarle una vida familiar sustitutiva o complementaria de la propia. De tal suerte que la familia de acogida sea, en este sentido, colaboradora de la administración competente en el ejercicio de las funciones de protección que tiene encomendadas.

La definición que del acogimiento familiar ofrece el legislador valenciano se realiza desde los efectos que provoca en el niño y en la familia que acoge y los fines que cumple; se estructura, cabe destacarlo, de una manera muy marcada sobre los principios básicos sobre los que se cimenta la Convención de Derechos del niño, en particular: el interés superior del niño y su derecho de participación[344].

El artículo 3 del Decreto 35/2021 define el acogimiento familiar como una medida de protección por la que, en virtud de una resolución administrativa, la guarda de una persona menor de edad se ejerce por una familia o persona que asume las obligaciones de velar por ella, tenerla en su compañía, alimentarla, educarla y procurarle una formación integral y comunitaria durante el tiempo que dure el acogimiento, todo ello en los términos descritos en el artículo 125 de la Ley 26/2018, de 21 de diciembre, de la Generalitat, de derechos y garantías de la infancia y la adolescencia. El acogimiento ha de sustentarse en el buen trato y apego seguro, con especial atención a las necesidades específicas de la niña, niño o adolescente[345].

---

344 MECO TEBAR, F. *Comentarios a la ley valenciana de infancia y adolescencia*, cit., pág. 1145.

345 Decreto 35/2021, de 26 de febrero, del Consell, de regulación del acogimiento familiar (DOGV núm. 9036 de 08.03.2021) Ref. 002014/2021

3. Formalización del acogimiento

El Tribunal Constitucional en sentencia de 20 de mayo de 2002 manifiesta que *"el acogimiento en nuestro Ordenamiento, después de las reformas llevadas a cabo por la Ley 21/1987, de 11 de noviembre, y por la Ley Orgánica 1/1996, de 15 de enero, es un negocio jurídico perteneciente al Derecho de familia, de carácter personal y temporal, que las entidades competentes en materia de protección infantil en cada Comunidad Autónoma proponen celebrar a los acogedores y a los progenitores de los acogidos, para que aquéllos, con o sin contraprestación económica, reciban en su casa a un niño, y lo cuiden como si de un hijo se tratara durante el tiempo en el que el negocio se mantiene vigente. Así resulta del art. 173 CC, precepto en el que se imponen a los acogedores los deberes de velar por el acogido, tenerlo en su compañía, alimentarlo, educarlo y procurar para él una formación integral, sin que por ello el acogido pierda su status familiae"*[346].

La constitución del acogimiento familiar precisa de un acto administrativo, de una resolución de la Generalitat que ejerce la tutela o asume la guarda. La resolución es necesaria e imprescindible como resultado de un proceso en el que se han tomado en cuenta las circunstancias del caso y concretado el interés superior del niño o niña y no podrá iniciarse la convivencia en régimen de acogimiento familiar sin la resolución específica del mismo ni la preparación de la familia acogedora seleccionada[347].

---

346 STC 124/2002 de 24 de mayo. RTC.2002/124.

347 MECO TEBAR, F. *Comentarios a la ley valenciana de infancia y adolescencia*, cit., pág. 1151.
Como afirma el art. 38 del Decreto 35/2021 no podrá iniciarse la convivencia en régimen de acogimiento familiar sin la resolución específica del mismo ni la preparación de la familia acogedora seleccionada. Decreto 35/2021, de 26 de febrero, del Consell, de regulación del acogimiento familiar. (DOGV núm. 9036 de 08.03.2021) Ref. 002014/2021

En este sentido, para poder emitir dicha resolución se precisa que exista:

El previo acuerdo de la Comisión de Protección de la Infancia y Adolescencia o de la Comisión de Adopción y alternativas familiares. Se trata de dos órganos colegiados e interdisciplinares para la protección de niños, niñas y adolescentes, regulados en los arts. 183 y 184 de la Ley 26/2018[348].

---

348 Artículo 183. "*Comisión de Protección de la Infancia y la Adolescencia. 1. La Comisión de Protección de la Infancia y la Adolescencia es el órgano adscrito a los servicios territoriales de la conselleria competente para la protección de la infancia y la adolescencia mediante el que se garantiza el carácter colegiado e interdisciplinar de las decisiones en esta materia. 2. Este órgano desempeñará las siguientes funciones: a) Formular las propuestas de resolución y adoptar los acuerdos que le atribuye la presente ley y su normativa de desarrollo. b) Informar previamente los actos de disposición que se adopten respecto del patrimonio de las personas menores de edad tuteladas por la Generalitat y asesorar a los órganos que ejercen su tutela sobre las restantes cuestiones relativas a las funciones tutelares que estos les consulten. c) Cualquier otra función que le atribuya el ordenamiento en materia de protección de la infancia y la adolescencia. 3. El régimen de funcionamiento y la composición de esta comisión se determinará reglamentariamente, de acuerdo con los siguientes criterios: a) Estarán representadas las distintas administraciones que, en el ámbito territorial de la Comisión, tengan competencia para el ejercicio de la acción protectora. b) Únicamente podrán forma parte de este órgano personas empleadas públicas de dichas administraciones o personas expertas en infancia y adolescencia. c) Entre sus miembros, determinados conforme a la regla anterior, habrá profesionales de distintas disciplinas, de manera que pueda valorarse adecuadamente el interés de las personas protegidas. d) En su composición se garantizará la paridad entre hombres y mujeres. e) Se limitará la duración del mandato y se excluirán las designaciones sucesivas de quienes no formen parte de este órgano en razón de su cargo*".
Artículo 184. "*Comisión de Adopción y Alternativas Familiares. 1. La Comisión de Adopción y Alternativas Familiares es el órgano, adscrito a la conselleria con competencia en materia de la infancia y la adolescen-*

Consentimiento de las personas acogedoras y el consentimiento de la persona acogida que tenga suficiente madurez: "El acogimiento requerirá el consentimiento de los acogedores y del menor acogido si tuviera suficiente madurez y, en todo caso, si fuera mayor de doce años"[349].

---

cia, mediante el que se garantiza el carácter colegiado e interdisciplinar de las decisiones relativas a la adopción o a otras medidas estables de integración familiar. 2. Este órgano desempeñará las siguientes funciones: a) Acordar las medidas y declaraciones que le atribuye la presente ley y su normativa de desarrollo. b) Asesorar a los órganos directivos de la Generalitat en aquellas cuestiones relativas a la adopción y a las restantes medidas de integración familiar de las personas menores de edad sobre las que estos les consulten. c) Cualquier otra función que le atribuya el ordenamiento. 3. El régimen de funcionamiento y la composición de esta comisión se determinará reglamentariamente, de acuerdo con los siguientes criterios: a) Únicamente podrán forma parte de este órgano altos cargos, personas empleadas públicas o personas expertas en infancia y adolescencia. b) Entre sus miembros, determinados conforme a la regla anterior, habrá profesionales de distintas disciplinas, de manera que pueda valorarse adecuadamente el interés de las personas protegidas. c) En su composición se garantizará la paridad entre hombres y mujeres. d) Se limitará la duración del mandato y se excluirán las designaciones sucesivas de quienes no formen parte de este órgano en razón de su cargo. Ley 26/2018, de 21 de diciembre, de derechos y garantías de la infancia y la adolescencia". Comunidad Valenciana «DOGV» núm. 8450, de 24 de diciembre de 2018 «BOE» núm. 39, de 14 de febrero de 2019 Referencia: BOE-A-2019-1986

349 Art. 173.2 CC. https://www.boe.es/buscar/doc.php?id=BOE-A-1889-4763
El consentimiento de las personas acogedoras resulta un criterio lógico toda vez que el acogimiento determina el nacimiento de una serie de obligaciones de la familia de acogida con respecto a la persona acogida. La reforma operada en 2015 eliminó la necesidad de contar con el consentimiento de los progenitores suspendidos de patria potestad o tutores que tengan la tutela en suspenso. En todo caso, podrán oponerse a las decisiones que se adopten como protección en el plazo de

Por último, la resolución en que se formalice el acogimiento familiar, acordada conforme a los términos previstos en el Código Civil, acompañará un documento anexo que incluirá

---

dos años desde que les fueran notificadas; y se les reserva la posibilidad de que si surgen problemas graves de convivencia entre el niño o niña o adolescente y la persona o personas acogedoras a quienes se hubiera atribuido la guarda en acogimiento familiar, estos progenitores o tutores no privados de patria potestad puedan pedir al Ministerio Fiscal la remoción de la guarda (art. 173.3 CC). Su opinión puede ser tenida en cuenta, junto con otras, para que cese el acogimiento. En cuanto al consentimiento de la persona acogida que tenga suficiente madurez. Este consentimiento no es baladí, si pensamos en el alcance que esta medida de protección tiene para el niño, niña y adolescente. art. 9 de la Ley orgánica 1/1996 establece que en todo caso tendrá suficiente madurez cuando tenga doce años cumplidos y también que "con anterioridad la madurez habrá de valorarse por personal especializado, teniendo en cuenta tanto el desarrollo evolutivo del menor como su capacidad para comprender y evaluar el asunto concreto a tratar en cada caso". En cualquier caso, se deberá siempre oír y escuchar la opinión del niño, niña o adolescente, tenga la edad que tenga, en relación con su acogimiento y con carácter previo a dictar la resolución. Somos de la opinión que su voluntad tendrá carácter constitutivo y no podrá acordarse por la Administración, aunque redunde en su interés superior, con su oposición al acogimiento en concreto o a la medida en sí. art. 9 de la Ley orgánica 1/1996 establece que en todo caso tendrá suficiente madurez cuando tenga doce años cumplidos y también que "con anterioridad la madurez habrá de valorarse por personal especializado, teniendo en cuenta tanto el desarrollo evolutivo del menor como su capacidad para comprender y evaluar el asunto concreto a tratar en cada caso". En cualquier caso, se deberá siempre oír y escuchar la opinión del niño, niña o adolescente, tenga la edad que tenga, en relación con su acogimiento y con carácter previo a dictar la resolución. Somos de la opinión que su voluntad tendrá carácter constitutivo y no podrá acordarse por la Administración, aunque redunde en su interés superior, con su oposición al acogimiento en concreto o a la medida en sí. Meco Tebar Fabiola. *Comentarios a la ley valenciana de infancia y adolescencia*, cit., pág. 1152 y ss.

los siguientes extremos de acuerdo lo dispuesto en el art. 20.3 de la Ley orgánica 1/1996[350]:

a) La identidad del acogedor o acogedores y del acogido.

b) Los consentimientos y audiencias necesarias.

c) La modalidad del acogimiento, duración prevista para el mismo, así como su carácter de acogimiento en familia extensa o en familia ajena en razón de la vinculación del menor con la familia o persona acogedora.

d) Los derechos y deberes de cada una de las partes, y en particular: 1.º El régimen de visitas, estancia, relación o comunicación, en los supuestos de declaración de desamparo, por parte de la familia de origen, que podrá modificarse por la Entidad Pública en atención al interés superior del menor. 2.º El sistema de cobertura por parte de la Entidad Pública de los daños que sufra el menor o de los que pueda causar a terceros. 3.º La asunción por parte de los acogedores de los gastos de manutención, educación y atención socio-sanitaria.

e) El contenido del seguimiento que, en función de la finalidad del acogimiento, vaya a realizar la Entidad Pública y el compromiso de colaboración con dicho seguimiento por parte de la familia acogedora.

f) En el caso de menores con discapacidad, los recursos de apoyo que precisa.

---

350 Ley Orgánica 1/1996, de 15 de enero, de Protección Jurídica del Menor, de modificación parcial del Código Civil y de la Ley de Enjuiciamiento Civil. «BOE» núm. 15, de 17 de enero de 1996 Referencia: BOE-A-1996-1069 «BOE»

g) La compensación económica, apoyos técnicos y otro tipo de ayudas que, en su caso, vayan a recibir los acogedores.

h) El plazo en el cual la medida vaya a ser revisada.

4. Modalidades de acogimiento familiar

El acogimiento familiar adoptará alguna de las modalidades previstas en el CC, que atendiendo a su duración y objetivos son: acogimiento familiar de urgencia, acogimiento familiar temporal y acogimiento familiar permanente[351].

---

[351] Artículo 127. "*Modalidades de acogimiento familiar. 1. El acogimiento familiar adoptará alguna de las modalidades previstas en el Código civil, que atendiendo a su duración y objetivos son: acogimiento familiar de urgencia, acogimiento familiar temporal y acogimiento familiar permanente. 2. En razón de la vinculación, se distingue el acogimiento en familia extensa, entendiendo por tal toda persona con la que la persona protegida mantenga un vínculo de parentesco o una relación afectiva previa relevante, y el acogimiento en una familia ajena, a la que se denominará familia educadora. 3. El acogimiento familiar de urgencia se llevará a cabo por una familia educadora que haya sido declarada apta para esta modalidad. La declaración de aptitud requerirá estar disponible para acoger a cualquier hora del día y durante todo el año, y contar con las condiciones necesarias para obtener y aportar, a partir de la relación con la persona acogida, información relevante para las decisiones sobre las medidas de protección. 4. El carácter especializado del acogimiento se determinará por el órgano competente para formalizarlo cuando, además de haber constatado que la familia reúne las condiciones exigidas en el artículo 20.1 de la Ley orgánica 1/1996, estime que la persona acogida presenta alguna necesidad o circunstancia especial. Los acogimientos de esta modalidad podrán ser especializados. 5. El órgano competente en materia de infancia y adolescencia velará por la formación continuada de las familias de acogida. Ley 26/2018, de 21 de diciembre, de derechos y garantías de la infancia y la adolescencia*". Comunidad Valenciana «DOGV» núm. 8450, de 24 de diciembre de 2018 «BOE» núm. 39, de 14 de febrero de 2019 Referencia: BOE-A-2019-1986

En atención a la existencia de vínculo de parentesco o de afinidad previo de una de las familias acogedoras con los niños o niñas acogidos, al amparo del artículo 20 de la Ley Orgánica 1/1996, de 15 de enero, de protección jurídica del menor y del artículo 6 del Decreto 35/2021, las familias acogedoras pueden ser[352]:

Extensas: toda familia que tenga un vínculo de parentesco con la persona menor de edad acogida, así como con aquellas que se encuentren unidas al niño, niña o adolescente por una relación afectiva previa y positiva a la de parentesco.

Educadoras o ajenas: toda familia que no tenga un vínculo de parentesco con la persona menor de edad acogida o relación afectiva previa referida en el apartado anterior. El acogimiento se establece en atención al perfil de las personas menores de edad, la dedicación, características y disponibilidad del ofrecimiento para el que han sido declaradas aptas. En el ámbito de la Comunidad Valenciana las familias acogedoras denominadas ajenas por la Ley orgánica 1/1996, serán denominadas por la administración de la Generalitat como familias educadoras.

En atención a la dedicación, disponibilidad y relación con la entidad pública protectora, las familias acogedoras pueden ser:

Genéricas: las familias declaradas aptas para el acogimiento de niños, niñas y adolescentes en quienes no concurre ninguna circunstancia cualificada que determine

---

[352] Ley Orgánica 1/1996, de 15 de enero, de Protección Jurídica del Menor, de modificación parcial del Código Civil y de la Ley de Enjuiciamiento Civil. «BOE» núm. 15, de 17 de enero de 1996 Referencia: BOE-A-1996-1069 «BOE»
Decreto 35/2021, de 26 de febrero, del Consell, de regulación del acogimiento familiar. (DOGV núm. 9036 de 08.03.2021) Ref. 002014/2021

su especialización, estando su disponibilidad limitada a la formalización de acogimientos familiares temporales o permanentes menores de edad que dispongan de plan de protección elaborado.

De atención inmediata: las familias que se ofrecen para esta modalidad son formadas y declaradas aptas, previa valoración para formalización de acogimientos familiares de urgencia descritos en la letra a del apartado 1 del artículo 5[353], debiendo estar disponibles las 24 horas de los 365 días del año.

Especializadas: las familias declaradas aptas para la formalización de los acogimientos a los que se refiere la letra b) del apartado 2 del artículo 5 de este decreto[354].

De dedicación exclusiva: cuando así se determine por la Entidad Pública por razón de las necesidades y circunstancias especiales de la persona menor de edad en situación de ser acogido, percibiendo en tal caso la persona o personas designadas como acogedoras una compensación en atención a dicha dedicación.

---

353 Acogimiento familiar de urgencia: Tendrá una duración máxima de seis meses y tiene como objetivo determinar las circunstancias que permitan decidir la medida de protección más adecuada para personas, principalmente, menores de seis años. Transcurrido el plazo máximo no será posible acordar una prórroga del acogimiento de urgencia. Decreto 35/2021, de 26 de febrero, del Consell, de regulación del acogimiento familiar. (DOGV núm. 9036 de 08.03.2021) Ref. 002014/2021

354 Profesionalizado: se define de igual manera que el especializado, del que únicamente se distingue porque en este caso sí existe una relación laboral entre la familia acogedora y la entidad pública con competencia en materia de protección de la infancia y la adolescencia. Decreto 35/2021, de 26 de febrero, del Consell, de regulación del acogimiento familiar. (DOGV núm. 9036 de 08.03.2021) Ref. 002014/2021

V. CONCLUSIONES

La Convención sobre los Derechos del Niño ha convenido el compromiso de los Estados Parte a asegurar al niño la protección y el cuidado que sean necesarios para su bienestar, teniendo en cuenta los derechos y deberes de sus padres, tutores u otras personas responsables de él ante la ley, que velarán porque el niño no sea separado de sus padres contra la voluntad de estos, excepto cuando la separación es necesaria en el interés superior del niño.

El cuerpo normativo español ha incorporado importantes avances en la defensa de los derechos de las personas menores de edad, así como en su protección frente a la violencia. De innovadora se puede calificar la distinción, dentro de las situaciones de desprotección social del menor, entre situaciones de riesgo y de desamparo que dan lugar a un grado distinto de intervención de la entidad pública. Mientras la situación de riesgo se caracteriza por la existencia de un perjuicio para el menor que no alcanza la gravedad suficiente para justificar su separación del núcleo familiar, la situación de desamparo se caracteriza porque la gravedad de los hechos aconseja la extracción del menor de la familia. En las actuaciones de protección deberán primar, en todo caso, las medidas familiares frente a las residenciales, las estables frente a las temporales y las consensuadas frente a las impuestas.

Para la apreciación de la situación de desamparo, es requisito necesario, el indudable quebrantamiento por los progenitores de las obligaciones que constituyen el contenido de la patria potestad respecto de los hijos para que se provoque la tutela del Estado a través de la institución pública correspondiente.

Actualmente, La situación legal de desamparo de un menor determina, por ministerio de la Ley, la tutela automática por parte de la entidad pública correspondiente y lleva, como remedio mediato, a la búsqueda de la reinserción social del menor en su propia familia, siempre que no sea contrario al interés del menor, o a su inserción en otro ámbito familiar mediante la figura jurídica del acogimiento. Las entidades públicas ostentan la tutela sobre los menores y la principal consecuencia de la declaración de desamparo es la asunción ex lege de manera automática de la tutela de la persona menor por la administración autonómica, que tiene por finalidad la inmediata adopción de medidas de protección.

El acogimiento familiar produce la plena participación del menor en la vida de familia e impone a quien lo recibe las obligaciones de velar por él, tenerlo en su compañía, alimentarlo, educarlo y procurarle una formación integral en un entorno afectivo. Siendo necesario que las Comunidades Autónomas incentiven el acogimiento familiar y el número de familias acogedoras, aumentando las cuantías de las ayudas y prestaciones, y dando más y mejor apoyo, con programas de refuerzo psicológico y psicopedagógico, así como formación constante.

VI. BIBLIOGRAFÍA

ALBALADEJO GARCÍA, M. Curso de Derecho Civil. IV. Derecho de Familia, Bosh, Barcelona, 1997.

DE PABLO CONTRERAS, P. Comentarios a las reformas del Código Civil, Técnos, Mdrid, 1993.

MECO TEBAR, F. Comentarios a la ley valenciana de infancia y adolescencia. Tirant lo Blanch, Valencia, 2022.

MORENO FLOREZ, R.M y otros. Comentarios al Código Civil, Tomo II, Vol. 2º, Bosh, Barcelona, 2.000.

PÉREZ ÁLVAREZ, M.A. La nueva adopción, Civitas, Madrid 1989.

SALAS CARCELLER, A y otros. Código Civil Comentarios y Jurisprudencia, Tomo I, Sepín, Madrid 2009.

SERRA RODRÍGUEZ,A. Comentarios a la ley valenciana de infancia y adolescencia. Tirant lo Blanch, Valencia, 2022.

O´CALLAGHAN MUÑOZ, X. Código Civil comentado y con jurisprudencia, La Ley, Madrid, 2006.

VALLADARES RASCÓN, E. La tutela de los menores en relación con el concepto legal de desamparo. Centenario del Código Civil, II, Madrid 1990.